博士论文
出版项目

自我威胁情境下的消费者行为研究

The Research of Consumer Behavior under
Self-threat Situations

赵太阳 著

中国社会科学出版社

图书在版编目（CIP）数据

自我威胁情境下的消费者行为研究/赵太阳著.—北京：中国社会科学出版社，2020.8
ISBN 978-7-5203-6445-4

Ⅰ.①自…　Ⅱ.①赵…　Ⅲ.①消费者行为论—研究　Ⅳ.①F713.55

中国版本图书馆 CIP 数据核字（2020）第 077209 号

出 版 人	赵剑英
责任编辑	刘晓红
责任校对	王佳玉
责任印制	戴　宽

出　　版	中国社会科学出版社
社　　址	北京鼓楼西大街甲 158 号
邮　　编	100720
网　　址	http://www.csspw.cn
发 行 部	010-84083685
门 市 部	010-84029450
经　　销	新华书店及其他书店
印刷装订	北京君升印刷有限公司
版　　次	2020 年 8 月第 1 版
印　　次	2020 年 8 月第 1 次印刷
开　　本	710×1000　1/16
印　　张	19
字　　数	256 千字
定　　价	116.00 元

凡购买中国社会科学出版社图书，如有质量问题请与本社营销中心联系调换
电话：010-84083683
版权所有　侵权必究

出 版 说 明

为进一步加大对哲学社会科学领域青年人才扶持力度，促进优秀青年学者更快更好成长，国家社科基金设立博士论文出版项目，重点资助学术基础扎实、具有创新意识和发展潜力的青年学者。2019年经组织申报、专家评审、社会公示，评选出首批博士论文项目。按照"统一标识、统一封面、统一版式、统一标准"的总体要求，现予出版，以飨读者。

全国哲学社会科学工作办公室
2020年7月

摘　　要

　　自我威胁指来自外界的信息暗示个体在某些方面存在不足时，他们所感受到的现实自我和理想自我或现实自我和应该自我之间存在差距的心理状态。自我威胁对个体消费行为的影响存在着复杂性，并主要表现在以下三个方面：首先，自我威胁的来源具有多元性，消费者每天在日常生活中都可能会遭遇各种来源的自我威胁，如，能力受到质疑、遭到他人的社会排斥、感觉自己的吸引力不足等。其次，自我威胁情境下个体的消费行为具有多样性，如他们可以通过自我成长型消费来解决所面临的威胁，也可以通过享乐性和放纵性的消费来逃避问题，还可以通过炫耀性消费来补偿受损的自我形象。最后，解释自我威胁情境下个体消费行为的理论也具有多元性，如象征性自我完善理论、自我肯定理论、应对方式理论、防御机制理论等。因此，对自我威胁情境下消费者行为的研究领域进行文献的整理、理论的建构和实证的探索是必要且有价值的。

　　本书的前七章是理论研究部分。第一章，绪论。主要对本书的研究背景和研究价值进行了介绍，后续的章节是在这一章所定位的框架下展开的。第二章，自我威胁与消费者行为概念。主要介绍了自我威胁对消费者行为影响的理论基础，并且总结了消费者行为学对自我威胁研究的两种视角，即对不同类型威胁研究的共性视角和特性视角。第三章，特性视角下自我威胁对消费者行为的影响。以社会排斥、死亡凸显、权力感威胁和压力四个领域的研究为例，阐释了特性视角的研究思路和逻辑，即分别基于每种类型威胁的独特属性和特定理论研究它们对消费者行为的独特性影响。第四章，共性视角下自我威胁对消费者行为的影响。聚焦于介绍共性视角的研究思路，我们介绍了该研究视角的理论和方法，总结了四种消费者用于应对自我威胁的消费类型以及调节他们消费选择的因素，最后我们还总结了这些消费行为的后续影响。第五章，对自我威胁的应对方式与商品选择偏好。我们主要基于应对方式理论阐释了自我威胁情境下的消费者行为，并选取两种商品作为不同应对方式下商品偏好的代表。具体来说，问题聚焦应对会促进个体对自我成长型商品的偏好，情绪聚焦应对会促进个体对自我享乐型商品的偏好。第六章，对自我威胁的防御机制与个体的防御性消费倾向。我们提出了防御性消费的概念，具体指当消费者面对自我威胁时对宣称能够提高他们被威胁特质的商品表现出拒绝和排斥态度的行为，然后基于防御机制理论对防御性消费的心理逻辑进行了阐释。第七章，控制感与消费者行为研究。我们主要对控制感的概念、理论和其对消费者行为的影响进行了综述。

　　本书的后三章主要是实证研究部分。在第八章中，我们通过4个实验验证了控制感对自我威胁情境下消费者商品偏好的影响，即当消费者对所受威胁具有较强控制感时，他们更可能采取问题聚焦应对策略，并表现出对自我成长型商品的偏好；而当消费者对所受威胁的控制感较弱时，他们更可能采取情绪聚焦应对策略，并且表现出对自我享乐型商品的偏好。在第九章中，我们通过4个实验验证了控制感对自我威胁情境下个体消费倾向的影响，即相比高控制感的消费者，低控制感的消费者更倾向于采用心理防御机制，进而对宣称能够帮助他们提升被威胁特质的商品表现出拒绝和排斥的防御性消费倾向。最后，第十章我们对实证研究的理论贡献和实践启示进行了讨论。

　　关键词：自我威胁；消费者行为；控制感；应对方式；防御机制

Abstract

Self – threat refers to the negative psychological state which is evoked by the experience of the discrepancy between an actual – self and an ideal – self or ought – self when certain information or situations suggest they have deficiencies in certain self – domains. The effects of self – threat on consumer behavior are complex, which stems from the following three aspects. First, the sources of self – threat are diverse. Consumers are likely to experience various sources of self – threat in daily life, such as competence being doubted by others, suffering social exclusion, feeling lack of attractiveness, etc. Second, consumers' reactions to self – threat are diverse. For example, they are may engaged in problem solving by consuming self – improvement products, they may distract attentions and release themselves from the threats through hedonic and indulgent consumption, and they may also compensate for their damaged self – image by conspicuous consumption. Finally, the theories explaining consumer behavior under self – threat situations are also diverse, such as symbolic self – completion theory, self – affirmation theory, coping tactics theory, defense mechanism theory, etc. In view of the above, it is necessary and valuable to explore and integrate the theories in this research area through literature review and and empirical studies.

The first seven chapters of this book concern theoretical research. The first chapter introduces the research background and research value of this book. The second chapter introduces the theoretical basis of studying self-threat in the consumer behavior area and summarizes two perspectives on the study of how self-threat influences consumer behavior, namely, the perspective of studying the common effects of different threats and that of studying the specific effects of different threats. The third chapter takes the four research areas of social exclusion, mortality salient, powerlessness, and life pressure as examples to explain how studies are conducted from the perspective of specific effects. Studies undertaken from this perspective mainly explore the specific effects of each type of threat on consumer behavior based on the characteristics and specific theories of the given threat. The fourth chapter focuses on introducing the logic and contents of research from the perspective of common effects. In this chapter, the theories and methodology applied in this research perspective are reviewed, and four types of consumption are summarized as reactions to self-threats and four factors are identified that moderate consumers' choices between these consumption types. The consequences of such consumption types are also discussed. In the fifth chapter, we elaborate how to study consumer behavior under self-threat based on coping tactics theory. We also choose two types of products as typical representatives of consumers' preferences when they use different coping tactics. More specifically, problem-focused coping tactics will promote consumers' preferences for self-improvement products, while emotion-focused coping tactics will promote consumers' preferences for hedonic products. In the sixth chapter, we propose the concept of defensive consumption tendency, which refers to consumers' tendency to reject products that claim to improve their current deficiencies. We then elaborate the psychological logic underlying defensive consumption based on the defensive mechanism theory. In the seventh chapter, we review the conceptual development and theories of perceived control as well as its impact on consumer behavior.

The last three chapters of this book are empirical studies. In the eighth chapter, we examine the effect of perceived control on consumers' products preferences under self – threat situations through four experiments. Chapter 9 reports four experiments conducted to check the effect of perceived control on consumers' defensive consumption tendency under self – threat situations. Finally, in Chapter 10, we discuss the theoretical contributions and practical implications of these empirical studies.

Key words: Self – threat; Consumer behavior; Perceived control; Coping tactics; Defense mechanism

目　　录

第一章　绪论 ……………………………………………………（1）
　第一节　本书的研究背景与拟解决的研究问题 ………………（1）
　第二节　本书的研究内容与篇章结构 …………………………（7）
　第三节　本书的理论意义与实践价值 …………………………（13）

第二章　自我威胁与消费者行为研究概览 ……………………（21）
　第一节　自我和自我威胁的概念与理论基础 …………………（21）
　第二节　自我威胁为什么会影响消费者行为 …………………（27）
　第三节　自我威胁的来源及对消费行为的影响 ………………（31）
　第四节　自我威胁的两种研究视角 ……………………………（37）
　第五节　自我威胁的性质与本章总结 …………………………（44）

第三章　特性视角下自我威胁对消费者行为的影响 …………（46）
　第一节　社会排斥的消费者行为学研究 ………………………（46）
　第二节　死亡凸显的消费者行为学研究 ………………………（62）
　第三节　权力感威胁的消费者行为学研究 ……………………（73）
　第四节　压力的消费者行为学研究 ……………………………（81）
　第五节　特性视角的研究逻辑与本章总结 ……………………（87）

第四章　共性视角下自我威胁对消费者行为的影响……………（88）
第一节　共性视角下自我威胁对个体行为影响的相关理论………………………………………………………（88）
第二节　共性视角下自我威胁的研究方法与研究范式…………………………………………………（103）
第三节　自我威胁情境下消费者行为的类型……………（106）
第四节　调节自我威胁情境下消费者行为的因素………（111）
第五节　自我威胁情境下消费行为的后续影响…………（115）

第五章　对自我威胁的应对方式与商品选择偏好…………（118）
第一节　应对方式的概念……………………………………（119）
第二节　应对方式的分类……………………………………（121）
第三节　消费者的应对方式与商品选择偏好………………（123）
第四节　影响应对方式选择的因素…………………………（125）
第五节　本章总结：从补偿性消费的视角到应对性消费的视角………………………………………………………（129）

第六章　对自我威胁的防御机制与个体的防御性消费倾向……………………………………………（131）
第一节　防御机制的概念及理论发展………………………（131）
第二节　防御机制与应对方式之间的区别…………………（133）
第三节　防御机制如何帮助个体抵御自我威胁……………（135）
第四节　防御机制对个体消费倾向的影响…………………（139）
第五节　对防御机制的研究方法……………………………（144）

第七章　控制感与消费者行为研究……………………………（149）
第一节　控制感的概念………………………………………（149）
第二节　控制感的不同来源及相关理论……………………（150）
第三节　控制感对个体心理与行为的影响…………………（155）

第四节　控制感对消费者行为的影响 …………………………（156）

第八章　实证研究一：自我威胁情境下控制感对个体商品偏好的影响 ……………………………………………（159）

第一节　研究一的理论推演与假设提出 …………………………（159）

第二节　实验1：自我威胁是否可控对消费者商品偏好的影响 …………………………………………………………（164）

第三节　实验2：自我威胁是否可控对消费者商品偏好的影响 …………………………………………………………（172）

第四节　实验3：自我威胁情境下消费者控制源对商品偏好的影响 …………………………………………………（180）

第五节　实验4：消费者自我威胁的应对经验对商品偏好的影响 …………………………………………………………（187）

第六节　对研究一的总结与讨论 …………………………………（197）

第九章　实证研究二：自我威胁情境下控制感对个体消费倾向的影响 ………………………………………………（200）

第一节　研究一遗留的问题与研究二的扩展和深化 ……………（200）

第二节　研究二的理论推演与假设提出 …………………………（202）

第三节　实验5：自我威胁是否可控对消费者消费倾向的影响 …………………………………………………………（207）

第四节　实验6：自我威胁是否可控对消费者消费倾向的影响 …………………………………………………………（215）

第五节　实验7：自我威胁情境下消费者控制源对消费倾向的影响 …………………………………………………（220）

第六节　实验8：消费者自我威胁的应对经验对消费倾向的影响 …………………………………………………………（225）

第七节　对研究二的总结与讨论 …………………………………（231）

第十章 对实证研究的总结与未来研究展望 …………… (234)
 第一节 对实证研究一和实证研究二之间
     关系的总结 ………………………………… (234)
 第二节 本书实证研究的理论贡献 ………………………… (235)
 第三节 本书实证研究的实践启示 ………………………… (237)
 第四节 本书实证研究的局限与未来研究展望 …………… (239)

参考文献 ……………………………………………………… (241)

索　引 ……………………………………………………… (282)

Contents

Chapter 1 Introduction ·································· (1)
   Section 1   The Research Background and Research Questions to be Solved ·································· (1)
   Section 2   The Content and Structure of the Book ············ (7)
   Section 3   The Theoretical and Practical Value of the Book ··· (13)

Chapter 2 Overview of Self – threat and Consumer Behavior ·································· (21)
   Section 1   The Concepts and Theories of Self and Self – threat ·································· (21)
   Section 2   How Self – threats Affect Consumer Behavior ········ (27)
   Section 3   The Sources of Self – threat and Their Influence on Consumer Behavior ·································· (31)
   Section 4   Two Research Perspectives of Self – threat ············ (37)
   Section 5   A Summary of the Nature of Self – threat ············ (44)

Chapter 3 Focusing on Specific Effects of Self – threats on Consumer Behavior ·································· (46)
   Section 1   Social Exclusion and Consumer Behavior ············ (46)
   Section 2   Mortality Salient and Consumer Behavior ············ (62)
   Section 3   Powerlessness and Consumer Behavior ··············· (73)

Section 4　Psychological Pressure and Consumer Behavior ……(81)
Section 5　A Summary of Studing Specific Effects of
　　　　　　Self‑Threats ………………………………………(87)

**Chapter 4　Focusing on Common Effects of Self‑threats on
　　　　　　Consumer Behavior** ………………………………(88)
Section 1　The Theories about the Common Effects of
　　　　　　Self‑threats ………………………………………(88)
Section 2　The Methodology of Studing the Common Effects of
　　　　　　Self‑threats ………………………………………(103)
Section 3　The Types of Consumer Behavior under Self‑threat
　　　　　　Situations …………………………………………(106)
Section 4　The Moderators between the Effects of Self‑threat on
　　　　　　Consumer Behavior ………………………………(111)
Section 5　The Consequences of the Consumer Behaviors in
　　　　　　Self‑threat Situations ……………………………(115)

**Chapter 5　Coping Tactics to Self‑Threat and Corresponding
　　　　　　Product Preferences** ……………………………(118)
Section 1　The Concept of Coping Tactic ………………………(119)
Section 2　The Types of Coping Tactics …………………………(121)
Section 3　Coping Tactics and Corresponding Product
　　　　　　Preferences ………………………………………(123)
Section 4　The Factors Influencing Coping Tactics ……………(125)
Section 5　From the Compensatory Consumption to Coping
　　　　　　Consumption ………………………………………(129)

**Chapter 6　Defense Mechanisms and Consumers' Defensive
　　　　　　Consumption Tendencies** ………………………(131)

Section 1　The Concept and Theoretical Development of Defense
　　　　　　Mechanism .... (131)
Section 2　The Differences between Defense Mechanism and Coping
　　　　　　Tactic .... (133)
Section 3　How Defense Mechanisms Help Individuals Defend
　　　　　　against Self – threats .... (135)
Section 4　The Influence of Defense Mechanisms on Individuals'
　　　　　　Consumption Tendency .... (139)
Section 5　The Methodology of Studing Defense
　　　　　　Mechanisms .... (144)

Chapter 7　Perceived Control and Consumer Behavior ...... (149)
　Section 1　The Concept of Perceived Control .... (149)
　Section 2　The Sources of Perceived Control and the Related
　　　　　　Theories .... (150)
　Section 3　The Effects of Perceived Control on Individuals'
　　　　　　Psychological Processes .... (155)
　Section 4　The Effects of Perceived Control and Consumer
　　　　　　Behaviors .... (156)

**Chapter 8　Study 1: The Effect of Perceived Control on
　　　　　　Consumers' Product Preferences under
　　　　　　Self – Threat Situations** .... (159)
　Section 1　Theoretical Development and Hypotheses of
　　　　　　Study 1 .... (159)
　Section 2　Experiment 1: The Effect of Perceived Controllablity on
　　　　　　Consumers' Product Preferences under Self – Threat
　　　　　　Situations .... (164)
　Section 3　Experiment 2: The Effect of Perceived Controllablity on

	Consumers' Product Preferences under Self – Threat Situations …………………………………………… (172)	
Section 4	Experiment 3: The Effect of Locus of Control on Consumers' Product Preferences under Self – Threat Situations …………………………………………… (180)	
Section 5	Experiment 4: The Effect of Coping Experience on Consumers' Product Preferences under Self – Threat Situations …………………………………………… (187)	
Section 6	Conclusions and Discussions of Study 1 ………… (197)	

Chapter 9 Study 2: The Effect of Perceived Control on Consumers' Defensive Consumption Tendencies under Self – Threat Situations …………………… (200)

Section 1	The Relationship between Study 1 and Study 2 … (200)
Section 2	Theoretical Development and Hypotheses of Study 2 ……………………………………………… (202)
Section 3	Experiment 5: The Effect of Perceived Controllablity on Consumers' Defensive Consumption Tendencies under Self – Threat Situations …………………………… (207)
Section 4	Experiment 6: The Effect of Perceived Controllablity on Consumers' Defensive Consumption Tendencies under Self – Threat Situations …………………………… (215)
Section 5	Experiment 7: The Effect of Locus of Control on Consumers' Defensive Consumption Tendencies under Self – Threat Situations …………………………… (220)
Section 6	Experiment 4: The Effect of Coping Experience on Consumers' Defensive Consumption Tendencies under Self – Threat Situations …………………………… (225)
Section 7	Conclusions and Discussions of Study 2 ………… (231)

Chapter 10　The Summary of the Empirical Studies and the Future Research Direction ………………… (234)

　Section 1　Discussion about the Relationship between Study 1 and Study 2 ………………………………………………… (234)

　Section 2　The Theoretical Contributions of the Empirical Studies ………………………………………………………… (235)

　Section 3　The Practical Implications of the Empirical Studies ………………………………………………………… (237)

　Section 4　The Limitations of the Empirical Studies and Future Research Direction ……………………………………… (239)

References ……………………………………………………… (241)

Index …………………………………………………………… (282)

第 一 章
绪 论

消费者在日常生活中经常会感受到各种外在事件对自我产生的威胁，如考核受到挫折、能力遭到质疑、受到他人的排斥、地位受到挑战、自我价值受到贬损等。这些事件都会在个体的心理上产生一种被威胁感，进而给个体带来压力，并产生摆脱这种状态的强烈动机。为了摆脱这种自我威胁的状态，个体会进行各种努力和尝试，其中对营销学具有重要意义的发现便是——消费者可以通过对特定商品的消费来应对其所遭受的自我威胁。这使得对自我威胁情境下个体消费行为的研究成为近年来消费者行为学研究的一个重要领域，本书就是笔者扎根于该研究领域而产出的研究成果。在本书中，笔者致力于通过理论研究与实证研究相结合的方式对该研究领域进行梳理、继承和拓展。为了让大家更清晰地了解本书的研究对象和学术价值，下面我们首先对本书的研究背景和拟解决的研究问题进行介绍。

第一节 本书的研究背景与拟解决的研究问题

一 本书研究的现实背景

由于自我威胁的来源多种多样，这使得消费者在日常生活中经常感受到各种自我威胁。例如，在工作情境中，来自周围同事的排斥会让个体感受到自我威胁，业绩评估不理想会让个体感受到自我威胁，受到领导的批评会让个体感受到自我威胁，其他同事对自己的地位构成挑战也会让个体感受到自我威胁。又如，在生活情境中，感受到自己的经济状况捉襟见肘会让个体感受到自我威胁，同学聚会时发现他人比自己更成功的社会比较会让个体感受到自我威胁，感觉到自己的健康状况每况愈下会让个体感受到自我威胁，甚至在称体重和照镜子的时候也会让个体由于感受到魅力的下降而体验到自我威胁。

现代社会的生活方式又加重了大家对自我威胁的感知。首先，媒体和网络平台的发展使得个体所遭受的自我威胁并不仅来源于自己的现实生活，还可能来源于网络这个虚拟的世界。例如，别人在微博上炫耀自己财富或生活品质的照片会让你产生对自己生活不满意的感知，进而产生自我威胁；来自广告和新闻的报道会让你感觉到生活中充满了来自食品不安全、交通不安全、教育和医疗得不到保障的不安全感，这些也会加重你的自我威胁；网络上的明星和模特拉高了我们对人颜值的感知，进而产生了对自己身材、外貌、衣着和妆容上的不满意感，这也会造成个体的自我威胁。其次，现代社会生活节奏的加快也在客观上增加了我们感知的自我威胁。例如，购房的压力、养育的压力、职业晋升的压力都会让个体感觉自己在疲于奔命、应接不暇，这些都可能转化成个体对自己的自我怀疑和自我否定，进而转化成他们感知的自我威胁。

面对生活中日益频繁的自我威胁和现代社会消费主义盛行的现状，越来越多的人选择通过消费的方式来应对自我威胁。并且，商品和服务市场的日益丰富也给消费者提供了更加多元的应对自我威胁的消费选择。例如，个体可以通过享乐消费的方式来缓解自己面对自我威胁时的负面情绪，小到一块甜点，大到一次度假都可以起到这样的作用。此外，他们既可以选择听音乐会、看话剧等健康的方式来缓解情绪，也可能选择酗酒、蹦迪、放纵性购物的形式来逃避自我威胁的影响。当然，个体还可以通过自我成长型消费的方式来解决其所面临的问题，如通过考取MBA提升自己的学历，通过各种技能培训和书籍增强自己的能力。除此之外，通过购买炫耀性的商品来补偿自己的自尊，通过礼品消费来拓展自己的人脉等方式也经常被个体用来应对自我威胁。由此可见，消费者不仅在日常生活中经常感受到各种自我威胁，他们可以用于应对自我威胁的消费选择也非常多元，这些都使得自我威胁情境下个体的消费行为成为一个常见的现象和有价值的研究领域。

当聚焦于消费场景之后，我们会发现不仅个体在日常生活中感受到的自我威胁会提升他们的消费倾向，就在消费情境中消费者也经常会感受到各种自我威胁。例如，琳琅满目的高价格的奢侈品会让消费者感受到自己在经济条件上的拮据，进而产生自我威胁；一件穿在模特身上尽显完美，穿在自己身上却尽显臃肿的衣服，会让消费者感受到外貌上的自我威胁；来自销售员或服务员的歧视与较差的服务态度会让消费者感受到自己在地位和自我重要性上的自我威胁等。不仅如此，给消费者制造自我威胁还成为商家常用的营销手段，如减肥商品、化妆品或整容商家会通过让消费者感知到自己在外貌上的缺陷来进行营销；保险促销员会通过让消费者感知到自己更容易遭受健康问题或者意外事件的手段来提升消费者购买保险的意愿；课外辅导机构会通过宣传优秀的"别人家的孩子"来给家长制造焦虑进而拓展自己的客户群体等。

基于以上现实背景，无论是消费者还是商家都有必要了解自我威胁会对个体的消费行为产生哪些影响。这使得自我威胁情境下的消费者行为研究成为一个与实践密切相关的研究领域。

二　本书研究的理论背景

鉴于以上现实背景，学术界对自我威胁情境下的消费者行为也展开了理论上的研究，自我威胁（英文：Self-threat）也作为一个相对成熟的变量被引入实证研究当中，并积累了相对丰富的文献。

然而，在自我威胁与消费者行为关系的研究领域中仍然存在以下重要的理论问题和研究缺口。

首先，消费者所遭受的自我威胁可以有多种来源，这些不同来源的自我威胁既会对消费者行为产生共性的影响，也会产生独特性的影响。在独特性方面，已有研究在不同类型的威胁如何影响消费者的行为上积累了相对丰富的文献。例如，智力威胁、控制感威胁、死亡威胁和社会排斥等（Cutright, 2012; Gao et al., 2009; Mandel and Heine, 1999; Mead et al., 2011）。这些研究分别关注了不同类型威胁的独特性对消费者行为所产生的影响。例如，智力受到威胁的消费者更倾向于消费能够象征智力的商品，控制感受到威胁的消费者更偏好具有边框的商标来恢复控制感等。同时，还有另外一种研究视角把自我威胁当作一个整体来研究（Han et al., 2015b; Kim and Gal, 2014; Kim and Rucker, 2012; Sivanathan and Pettit, 2010），这些研究关注不同类型的自我威胁对消费者行为所产生的共性影响，并且在研究中通常对多种类型的威胁进行操纵。

虽然以上两类研究的研究对象同属于自我威胁，但是由于这两类研究取向的关注点不同，于是在消费者行为学领域逐步形成了两个不同的研究视角和研究传统，分别关注不同的研究问题，基于不同的理论基础，在本书中我们将其分别概括成"自我威胁研究的共性视角"和"自我威胁研究的特性视角"。这两种研究视角给自我威胁研究领域带来丰富性的同时，也给其带来了复杂性，因此对这两种视角的已有文献和研究逻辑进行系统的梳理与理论建构不仅有利于夯实该领域的理论基础、厘清该领域的发展脉络，同时还有利于发现新的研究问题，为该领域未来的研究展开提供启发。除此之外，在以上两种不同的研究视角中，共性的研究视角相比特性的研究视角仍处于初始的探索阶段，文献积累较少。因此，探索不同类型的自我威胁会对消费者行为产生何种一致性的影响仍然是一个重要的理论问题，需要更多的实证研究来完善和丰富这个理论问题。

其次，不仅自我威胁的来源具有多样性，自我威胁对消费者行为影响的结果也具有多样性。例如，能力遭到质疑的消费者既可以选择学习型商品，通过提升相应的能力来应对所受的威胁，也可以通过炫耀性地消费能够象征能力和地位的商品来向周围人展示自己精英的形象，还可以通过享乐消费甚至是放纵消费的方式来调节自己的负面情绪。也就是说，不仅不同类型的自我威胁会诱发消费者不同的消费行为，即使在相同类型的自我威胁下，消费者也可能会表现出完全不同的消费行为。这样的状况不仅会带来理论上的复杂性，还会带来指导实践上的困难。因此，探究何种因素会影响消费者在遭受自我威胁时的消费选择，构建更加综合的理论模型，无论对于理论建构还是应用实践都是一个值得关注的问题。近年来，已有少量的文献开始关注这个问题，如已有研究发现消费者所面临的自我威胁是即将到来的还是已经发生的，在自我威胁情境中消费者被引导进行自我肯定还是自我接纳等因素会影响消费者的商品选择（Kim and Rucker，2012；Kim and Gal，2014）。但是，相对于存在的理论缺口和实践需求，对该问题的探索仍然处于起步阶段，仍然需要展开大量的实证研究和理论模型。

三 本书拟解决的研究问题

基于以上现实背景和理论背景本书提出如下拟解决的研究问题：

本书第一个拟解决的研究问题是：消费者在日常生活中所遭遇的不同类型的自我威胁对他们的消费行为是否具有模式化的影响？即能力威胁、地位威胁、社会排斥、吸引力威胁等常见的不同类型的威胁是否会对个体的商品选择偏好和消费倾向产生具有一定模式的共性影响是本研究拟解决的第一个重要的研究问题。为了解决该问题，本书首先对已有的文献进行系统性的梳理，在第二章中将消费者日常生活中可能遭遇的威胁根据其特性进行分类，以结构化的方式整理消费者行为学对自我威胁的研究逻辑。其次，在第三章中选取几种典型的威胁来阐释特性视角的研究思路和主要研究成果，以便让读者了解已有文献是如何从独特性的视角对自我威胁展开研究的。最后，在第四章中，我们对共性视角的理论基础、研究方法和研究结论进行了介绍，并且总结了消费者面对自我威胁时可能产生的几类消费行为，以便为如何探究不同类型威胁对消费者的共性影响提供系统性的介绍和启发。

　　本书第二个拟解决的研究问题是：这种模式化影响背后的理论基础是什么？即用什么样的理论可以很好地解释消费者在不同类型威胁下所表现出的共性的消费行为是本研究拟解决的第二个重要的研究问题。为了解决该问题，本书在第二章中梳理并提出了五个可能应用于共性视角研究的心理学理论，分别为"象征性自我完善理论""自我肯定理论""意义维持模型""应对方式理论"和"防御机制理论"，第四章中我们着重对前三个理论进行了介绍。由于"应对方式理论"和"防御机制理论"分别为本书第八章和第九章实证研究的基础，因此本书分别在第五章和第六章对"应对方式理论"和"防御机制理论"以及他们可能对个体消费行为的影响进行了系统性的介绍。在本书介绍的五个理论当中，"象征性自我完善理论"是目前消费者行为学对自我威胁研究最常引用的理论，已有的实证主要是基于该理论展开的，并且已成为补偿性消费领域最重要的理论基础。对"自我肯定理论"的研究主要集中在心理学领域，虽然有一部分消费者行为学的研究是基于该理论展开或对该理论有所涉及，但是基于该理论的研究仍然相对薄弱。因此，对以上两个理论的介绍，第四章将主要基于已有的研究成果来进行阐释。而对"意义维持模型"的研究主要还在停留在心理学领域的理论探索阶段，尚未被引入消费者行为学的研究中。因此，我们在第四章将对意义维持模型的理论思想进行简要的介绍，并对其未来在消费者行为学中的应用提出预想。"应对方式理论"和"防御机制理论"虽然在已有消费者行为学的文献中有所提及，但是并没有基于这两个理论展开的系统性研究，因此我们选择这两个理论作为本书实证研究的理论基础。尽管解释自我威胁情境下消费者行为的理论并不局限于以上五个，但对这五个理论的系统介绍则有助于为该领域的研究找到坚实的理论基础。

本书第三个拟解决的研究问题是：何种因素会调节消费者在自我威胁情境下的行为选择？由于消费者在面对自我威胁时可以出现多种消费行为，为了让自我威胁情境下个体的消费行为更加可以预测，发现和验证调节因素是非常必要的。因此，总结和探索调节消费者自我威胁情境下消费行为选择的因素是本书拟解决的第三个重要的研究问题。在本书的第三章到第六章中，我们都会对已有研究发现的调节个体在自我威胁情境下行为选择的因素进行概括性的综述。除此之外，本书还选取控制感这一消费者经常感受到，且容易通过情境进行操纵的变量作为调节因素展开实证研究。我们在第七章将详细介绍控制感相关的概念、理论以及消费者行为学对控制感的已有研究。在第八章和第九章的实证研究中我们将以控制感为调节变量系统检验控制感的不同表现形式，即"威胁本身的可控性""消费者的控制源""消费者的应对经验"对自我威胁情境下消费者商品选择偏好和消费倾向的影响。

第二节　本书的研究内容与篇章结构

为了对以上研究问题展开探究，本书遵循以下的研究逻辑和谋篇布局：

本书的第一章为"绪论"。这一章的布局结构主要是向读者介绍整本书研究展开的背景和价值，后续的章节是在这一章定位的框架和纲领下展开的。这一章的主要内容为介绍本书的研究背景，根据研究背景提出研究问题，然后介绍本书研究内容的演进逻辑和篇章布局，最后对本书研究的理论意义和现实意义进行介绍。

本书的第二章为"自我威胁与消费者行为研究概览"。本章主要是对自我威胁的概念、理论和在消费者行为学中的研究现状进行一个统揽性的介绍，因此阅读这一章对于理解后续的章节和实证研究是非常必要的。在这一章中我们首先对自我的概念进行了介绍，并且着重强调了自我构成的复杂性，因为只有了解自我构成的复杂性才能理解自我威胁来源的多元性。其次，我们基于"自我差异理论"阐释了自我威胁的概念，并且强调了本书研究的自我威胁主要是被情境诱发的自我威胁，以及介绍了对情境性自我威胁进行研究的理论基础，因为只有深刻的理解自我威胁的情境性才能够很好地理解为什么自我威胁会在日常生活中灵活地影响个体的消费行为。再次，我们基于"延伸自我理论"介绍了为什么自我威胁会影响个体的消费行为，只有理解了"商品其实是自我的延伸"的观点，我们才能理解为什么在自我威胁下消费者会通过消费特定的商品来补偿受损的自我。然后，我们对自我威胁的来源及不同类型自我威胁情境下的消费者行为进行了简要的介绍，由于自我威胁的来源是多种多样的，这造成了对自我威胁情境下个体行为研究的复杂性，因此根据这些威胁的特点将它们划分为几种类型，将有利于我们对自我威胁与消费者行为的关系进行结构性地把握，从而有的放矢的展开研究。再然后，我们总结和概括了已有文献对消费者行为研究的两种视角，其中一种视角关注不同类型自我威胁对个体的消费行为会产生何种的独特性影响，另一种视角则关注不同类型的自我威胁会对个体产生何种共性影响，理解这两种视角的划分对于理解本书后续章节的内容非常必要，不仅第三章和第四章的结构就是基于这种视角的划分而布局的，而且第八章和第九章的实证研究也主要是基于共性研究视角展开的。在本章最后，我们总结了自我威胁的几个性质，以便强化读者对自我威胁的理解。

本书的第三章为"特性视角下自我威胁对消费者行为的影响"，本章的布局承接第二章中对自我威胁研究视角的划分，选取四种有代表性的自我威胁进行综述。这四种类型的威胁分别为：社会排斥、死亡凸显、权力感威胁和压力。通过文献综述可以看到这四种类型的威胁分别作用于个体自我的不同层面，基于不同的理论基础，通过不同的心理机制对消费者的行为产生差异化的影响。之所以选取这四种类型的威胁为代表，一方面是由于他们分别威胁了不同层面的自我，具有一定的典型性，如社会排斥主要作用于自我的社会属性层面，死亡凸显是对自我存在的终极威胁，权力感威胁作用于自我的价值和效能层面；另一方面是由于消费者行为学对这四种类型威胁的研究较为丰富，通过对这四种类型威胁的综述可以让读者较为全面地了解相关领域的研究现状。然而，第三章的最终目的是以这四种自我威胁为例阐释特性视角下消费者行为学研究的思路和逻辑，因此在本章的最后我们对该问题进行了总结和讨论。

本书的第四章为"共性视角下自我威胁对消费者行为的影响"，本章的布局与第三章一同延续第二章所划分的结构，着重介绍如何从共性的视角将不同类型的自我威胁当作一个更加整体性的概念展开研究。在第二章中，我们总结了五种与共性视角下自我威胁研究相关的理论。在第四章中我们首先对"象征性自我完善理论""自我肯定理论""意义维持模型"这三个理论进行了详细的介绍，并且对每个理论所能解释的消费行为进行了综述和展望。其次，我们对共性视角下自我威胁的研究方法与研究范式进行了介绍，并且强调了自我威胁操纵的情境性和多元性，即对自我威胁的操纵往往通过实验构建一个情景并通常在一个研究中操纵多个不同类型的自我威胁。再次，我们概括了自我威胁情境下消费者行为的四种类型，分别为"符号补偿性消费""流动补偿性消费""问题解决性消费"和"逃避性消费"，其中"符号补偿性消费"的理论基础主要是"象征性自我完善理论"，"流动补偿性消费"的理论基础主要是"自我肯定理论"，"问题解决性消费"和"逃避性消费"的理论基础主要是我们第五章介绍的"应对方式理论"。然后，我们对调节自我威胁情境下消费者行为的因素进行了总结，正如上文所述，由于面对自我威胁个体有很多消费行为可以选择，那么何种因素会调节个体选择哪种消费行为来应对自我威胁呢？在这一部分，我们从"个体差异因素""威胁本身的特征""情境性因素"和"文化因素"四个角度进行了阐释。最后，我们对自我威胁情境下消费行为的后续影响进行了总结。既然在自我威胁情境下个体选择不同消费行为的目的就是应对自我威胁，那么这些消费行为是否能够帮助他们解决威胁？是否有利于他们的身心健康？对他们后续的消费会产生何种影响？针对这些问题我们基于已有文献进行了总结和展望。

本书的第五章为"对自我威胁的应对方式与商品选择偏好"，本章在布局上是对前序章节的聚焦，在第二章中我们提出了共性视角下解释自我威胁情境下消费行为的5个理论，在第四章中我们对其中的3个理论进行了介绍，第五章我们拿出一章的篇幅来着重介绍另外两个理论中的一个理论：应对方式理论。由于应对方式理论是本书第八章实证研究一的理论基础，因此本章内容还是第八章内容的前序章节。在第五章中，我们首先对应对方式的概念和理论内涵进行了阐释。其次，我们总结了应对方式的分类。通过文献综述可以发现个体可以选择用于应对自我威胁的方式非常广泛，并且不同的研究者提出了不同的分类方式，为了更加简洁地理解应对方式的作用，我们最终选取了"问题聚焦应对"和"情绪聚焦应对"的分类作为解释个体消费行为的主要分类视角。前者指个体通过直接改变造成自我威胁的来源方法来应对自我威胁的应对方式，后者指个体通过调节自己对自我威胁的情绪反应来应对自我威胁的应对方式。再次，我们根据"问题聚焦应对"和"情绪聚焦应对"的分类选取两类商品作为消费者不同应对方式下消费偏好的代表，分别为：自我成长型商品和自我享乐型商品。自我成长型商品指在消费者遭遇自我威胁的情况下，能够帮助他们解决所面临的问题，帮助消费者在所受威胁方面有所成长的商品。自我享乐型商品指消费者遭遇自我威胁的情况下，能够帮助他们调节由自我威胁所导致的负面情绪，但是并不能帮助他们解决所受威胁来源的商品。自我成长型商品与问题聚焦应对相对应，自我享乐型商品与情绪聚焦应对相对应。然后，我们对调节个体自我威胁情境下应对方式选择的因素进行了总结，从"个体差异因素""情境性因素""威胁本身的特征"和"文化性因素"四个角度阐述了面对自我威胁时个体何时会选择问题聚焦应对何时会选择情绪聚焦应对的问题。最后，我们对本章内容进行了总结，并且提出应对方式理论的引入有助于该领域研究从补偿性消费视角向应对性消费视角转换的观点。

　　本书的第六章为"对自我威胁的防御机制与个体的防御性消费倾向"，本章在布局上既是对第二章所提出的五个理论中最后一个"防御机制"理论的详细阐释，同时也是第九章实证研究的理论基础，为第九章的前序章节。在第六章中，我们首先对防御机制的概念和理论发展进行了综述。其次，我们对防御机制与应对方式之间的区别进行了辨析。由于防御机制和应对方式都是解释个体自我威胁情境下行为的理论，并且都强调这些行为的适应性意义，因此在已有文献中经常存在将两者混淆的情况。我们基于前人的观点总结了防御机制与应对方式两个最主要的区分标准：第一，防御机制是一个无意识的心理过程，而应对方式是一个有意识的心理过程；第二，防御机制是个体无目的使用的、自动化产生的心理机制，而应对方式是个体有目的选择的心理策略。再次，我们基于防御机制的作用原理阐释了为什么防御机制可以帮助个体抵御自我威胁。在这一部分我们介绍了一些防御机制的种类和它们起作用的基本原理，并且选取其中两个与第九章实证研究紧密相关的防御机制"否认"和"隔离"进行详细阐释。然后，我们基于防御机制的作用原理来阐释防御机制如何影响个体的消费倾向，并且基于个体在消费决策时使用防御机制的情况，将个体的消费倾向划分为"防御性消费"和"接纳性消费"两种，前者指当消费者面对自我威胁时对宣称能够帮助他们提高受威胁特质的商品和品牌呈现出防御姿态和排斥态度的行为，后者指当消费者面对自我威胁时对宣称能够帮助他们提高受威胁特质的商品和品牌保持认可和接纳态度的行为。我们在此基础上阐释了个体为什么会进行防御性消费，以及介绍了调节个体使用防御机制的因素。最后，我们对防御机制的研究方法进行了阐释。将防御机制引入消费者行为研究的一个重要障碍便是防御机制的潜意识性使得在方法上对其进行研究存在一定的困难。因此，在这一部分我们首先阐释了对防御机制展开研究的困境，然后介绍了对防御机制进行实证研究的方法论基础，并且介绍了三种已有文献对防御机制进行测量的方法，即"观察者评分的防御机制测量方法""自我报告的防御机制测量方法"和"实验研究中的防御机制的测量方法"。通过这一部分对研究方法的介绍将会为第九章实证研究的展开夯实基础和扫清障碍。

本书的第七章为"控制感与消费者行为研究"，由于第八章和第九章的实证研究是以控制感作为边界条件展开的，因此本章在布局上是为第八章和第九章的前序章节，为这两章的实证研究提供理论基础。在本章我们首先对控制感的概念和内涵进行了介绍。其次，综述了控制感的不同来源及相关理论。由于控制感可以有多种来源，在这一部分我们分别从威胁的特征、个体的特征和个体已有经验三个角度阐释了控制感的三个来源，即"威胁的可控性""内外控制源"和"应对经验与自我效能感"，并且分别基于"初级与次级控制理论""控制源理论"和"自我效能感理论"对这三种控制感的来源进行阐释。最后，我们对"控制感对个体心理与行为的影响"以及"控制感对消费者行为的影响"两个内容进行了综述。

本书的第八章为"实证研究一：自我威胁情境下控制感对个体商品偏好的影响"。在研究一中我们首先基于应对方式的理论，推演出自我威胁情境下控制感对消费者应对方式和商品选择偏好影响的理论模型，提出假设1到假设6。通过设计并实施了实验1到实验4，分别考察了消费者在不同类型自我威胁下（死亡凸显、智力威胁、权力感威胁和社会排斥），不同控制感来源对消费者商品偏好的影响以及应对方式的中介作用。实证研究结果发现：在自我威胁情境下，高控制感的消费者比低控制感的消费者具有更强的问题聚焦应对倾向，并且表现出更强的对自我成长型商品的偏好，低控制感的消费者比高控制感的消费者具有更强的情绪聚焦应对倾向，并且表现出更强的对自我享乐型商品的偏好。

本书的第九章为"实证研究二：自我威胁情境下控制感对个体消费倾向的影响"。在研究二中我们首先基于防御机制的理论，推演出自我威胁情境下控制感对消费者防御机制和消费倾向影响的理论模型，提出假设7到假设12。并且通过设计并实施了实验5到实验8，分别考察了消费者在不同类型自我威胁下（吸引力威胁、智力威胁、地位威胁和社会排斥），不同控制感来源对消费者防御性消费和接纳性消费的影响以及防御机制的中介作用。实证研究结果发现：在自我威胁情境下，低控制感的消费者比高控制感的消费者更多地使用防御机制，并且表现出对宣称提升他们被威胁特质商品更强的防御性消费倾向，高控制感的消费者比低控制感的消费者更少地使用防御机制，并且表现出对宣称提升他们被威胁特质商品更强的接纳性消费倾向。

本书的第十章为"对实证研究的总结与未来研究展望"。这一章是本书的最后一章，主要内容是对第八章和第九章实证研究的结果进行总结，并对未来的研究进行展望。具体包括，对第八章和第九章实证研究的理论贡献和实践启示进行总结，阐释本书实证研究的创新，归纳本书实证研究的不足，并且对未来的研究方向进行展望。

第三节　本书的理论意义与实践价值

一　本书的理论意义

本书的理论意义建立在对前人理论和文献的梳理、整合与拓展的基础之上。具体包括以下三点：

（一）对自我威胁情境下消费者行为研究理论整合的意义

自我威胁情境下的消费者行为具有高度的复杂性，这种复杂性主要有三个来源。首先，自我威胁的来源具有多元性。由于自我是一个复杂的集合体，因此构成自我的任何一个方面受到威胁都会让消费者感受到自我威胁。这种自我威胁来源的多元性使得对自我威胁的研究倾向于在各自的领域展开，如对社会排斥的研究，对死亡凸显的研究等。尽管有些研究倾向于把自我威胁当作一个整体性的概念探究不同类型威胁的共性影响，但是对该领域的研究仍然呈现出分散和区隔的倾向。其次，个体可以用来应对自我威胁的消费行为具有多样性。他们既可以选择通过自我成长型的商品来解决威胁，也可以通过享乐甚至放纵消费的方式来逃避威胁，还可以通过炫耀性消费的方式来补偿被威胁的形象和自尊等。这种消费行为选择的多样性也使得对该领域的研究结论呈现出庞杂的特点。最后，可以用于解释个体自我威胁情境下消费行为的理论也较为多元，如象征性自我完善理论、自我肯定理论、应对方式理论、防御机制理论和意义维持模型等，这进一步增强了该领域研究的复杂性。由此可见，对该领域进行系统的梳理和对已有的研究成果在理论上进行整合，对于该领域的发展而言具有重要的理论意义。

在本书的理论研究部分，我们区分了该领域研究的两种视角，归纳了三种自我威胁的来源，总结了四种类型自我威胁情境下个体的消费行为，介绍了五个解释自我威胁情境下个体消费行为的理论。在本书的实证研究部分，我们采取共性研究的视角，操纵多种类型的自我威胁，基于应对方式理论和防御机制理论，以控制感作为边界条件研究了自我威胁情境下个体的商品偏好和消费倾向的问题。以上工作都有助于自我威胁情境下消费者行为研究的理论整合，因此具有重要的理论意义。

（二）对拓宽自我威胁情境下消费者行为研究视角的意义

以往对自我威胁情境下消费者行为的研究主要是从补偿性消费的视角展开的，而补偿性消费的理论基础主要是象征性自我完善理论（Lee and Shrum, 2013; Rucker and Galinsky, 2013）。根据象征性自我完善理论，当个体感知到自己在某些方面存在不足时，会通过象征性的方式来完成自我定义。由于商品具有象征自我的功能，可以向别人传达有关自我的某些信息，因此，当消费者遭受自我威胁时可以借由购买和拥有某些商品来完成自我象征。例如，Schiffmann 和 Nelkenbrecher（1994）发现，认为自己是女权主义者的被试在感知其女权主义者形象受到威胁时，他们会更倾向于订阅女权主义的杂志来象征和补偿自己的女权主义形象；Willer 等（2013）发现，当男性被试感觉到自己的男性气质受到威胁时，他们会更偏好越野车等能够显示男性特质的商品来象征和补偿自己的男子气概。近年来，在国际视野范围内，补偿性消费的视角已经成为营销学研究自我威胁情境下消费者行为的主要视角，并且积累了丰富的文献。

虽然补偿性消费的视角已经成为研究自我威胁情境下消费者行为的主流视角，然而它仍然存在以下问题：首先，补偿性消费的视角只强调了消费者在受到自我威胁后被动地通过商品的象征性意义进行补偿的一面，而没有强调消费者面对自我威胁时通过商品的具体功能来主动应对问题的一面，更忽略了消费者在面对自我威胁时可能由于防御机制的作用而抵制消费的一面。例如，当消费者遭受自我威胁后，他们可能会选择能够帮助他们解决威胁的商品来进行问题解决式的应对，而当他们感觉威胁无法解决时还可能会选择享乐型的商品来进行情绪调节式的应对，甚至他们会干脆否认威胁对他们产生的影响，进而抵制那些宣称能够帮助他应对威胁的商品。这些消费方式在消费者的日常生活可能占有更大的比例，但是补偿性消费的视角却不能完全涵盖。其次，补偿性消费的视角着重强调商品的象征意义，但这主要针对的是具有明显符号价值的商品，因此补偿性消费大多集中在对地位商品、炫耀性商品、能够象征某种身份或特质商品的研究上（Kim and Rucker, 2012；Rucker and Galinsky, 2008；Sivanatha and Pettit, 2010；金晓彤等, 2017）。而事实上，虽然象征性是商品的一个重要属性，但是消费者在日常生活中更多考虑的可能是商品的功能性，具体包括解决消费者当下问题的功能和情绪安抚的功能等，这些功能可以帮助消费者更有效的应对威胁，而不仅仅是借由象征性来完成自我补偿。

有关应对方式（Coping）和防御机制（Defense mechanism）的研究已经在心理学领域积累了丰富的理论和文献，但这些研究主要研究个体的应对方式和防御机制如何影响他们的压力管理、心理健康和社会行为，而对应对方式和防御机制如何影响个体消费行为的研究则相对缺乏。本书在传统的补偿性消费视角的基础上扩展了应对性消费和防御性消费的视角，将心理学有关应对方式和防御机制的理论引入消费者行为学领域，这将有助于扩大自我威胁情境下消费者行为研究的研究视野和研究领域。

（三）对丰富自我威胁情境下消费者行为理论模型的意义

一个系统的研究并不止步于理论上的阐述，还要形成一系列相对系统的理论模型，并通过实证研究的方式加以验证。这些理论模型既要包括对内在作用机制的揭示，也要包括对模型边界条件的探索。在本书的第八章，为了回答"面对自我威胁个体什么情况下以及为什么会展现出不同商品偏好"的问题，我们以应对方式为中介变量，以控制感为调节变量构建了自我威胁情境下控制感对个体商品偏好影响的理论模型，并且通过四个实验对该模型进行了验证。在本书的第九章，为了回答"面对自我威胁个体什么情况下以及为什么会对宣称提升他们相应不足的商品出现排斥和拒绝的防御性消费倾向"的问题，我们以防御机制为中介变量，以控制感为调节变量构建了自我威胁情境下控制感对个体消费倾向影响的理论模型，并且也通过四个实验对该模型进行了验证。这两个模型的建立与验证，不仅回答了上述两个该领域研究的重要问题，而且丰富和补充了该领域研究的理论模型，具有重要的理论意义。

二 本书研究的实践价值

本研究的实践意义建立在将研究成果应用在消费者个人、企业和社会三个层面的基础上。在个人层面本研究结论可以指导消费者积极地应对自我威胁，进行有助于自我成长的消费，帮助消费者保持良好的财务状况和心理健康；在企业层面，可以帮助企业了解消费者在自我威胁情境下的应对方式和防御倾向，进而通过营销手段和广告来影响消费者的商品选择偏好和消费倾向；在社会层面，有助于通过社会政策的制定和文化宣传的引导优化整个社会的消费结构，将居民消费引导到具有建设性的消费模式上来。

（一）对消费者自我成长和身心健康的实践价值

心理学研究发现当个体面对外在的威胁时采取不同的应对策略和防御机制可以影响他们的压力水平和生理健康。在消费者行为领域，也有研究者发现消费者所使用的应对策略可以对他们的压力和健康水平产生影响。例如，Miller 等（2008）研究了消极服务情境下（例如，被服务员粗鲁的对待或长时间的排队等待）消费者应对策略对他们所感觉到的压力水平的影响，结果发现对于那些使用趋近型应对策略的消费者伴随着消极服务时间的增长，他们的压力水平会降低，而对于那些使用回避型应对策略的消费者伴随着消极服务时间的增长，他们的压力水平会增加。这是由于趋近型应对策略会促使消费者去想办法解决他所面临的问题。Duhachek 等（2012）研究发现，当消费者观看有关健康风险的公益广告时（如宣传喝酒对身体的伤害），他们会采取不同的应对策略，采用问题聚焦应对策略的消费者比使用情绪聚焦应对策略的消费者更容易受健康公益广告的说服，并表现出更多的健康的行为。

通过以上研究可以看到，消费者所采用的应对方式可以直接影响他们的生理和心理健康。消费者所选取的应对方式对他们个人的影响还不止于此。当消费者采取积极的应对方式时，面对自我威胁他们可能会选取自我成长型的消费，这种类型的消费不仅可以帮助消费者提升应对问题的能力，从长远的角度上看还有助于消费者的自我成长。例如，在能力上受到威胁的消费者会通过学习型消费来提升相应的能力，在社会关系上受到威胁的消费者会通过亲社会消费来保持良好的自我形象和社会关系，在健康上受到威胁的消费者会通过对健身计划或绿色食品的消费来提升自己的健康水平等。这些消费倾向都会对消费者产生积极的影响。但是，如果当消费者采取消极的应对方式，面对自我威胁他们可能会选取问题逃避型的消费，这种类型的消费不仅无法帮助消费者解决问题和自我成长，还可能影响他们个人的身心健康和经济状况。例如，在能力上受到威胁的消费者可能会选择炫耀性消费的方式来鼓吹自己的形象，尽管他们可能面临着糟糕的经济状况，在社会关系上感觉到自我威胁的消费者会通过享乐消费甚至放纵消费的方式来逃避问题，结果导致他们糟糕的人际关系和健康状态。由此可见，面对相同的自我威胁选择不同类型的消费将会对消费者产生完全不同的影响。在本书中我们对消费者面对自我威胁时可能出现的消费行为及其影响因素进行了系统的综述以及实证探索，所得出的结论将有助于引导消费者选择健康和成长型的消费，避免消极和不健康的消费。

（二）对企业和商家营销策略的实践价值

消费者不仅在现实生活中面对着大量的自我威胁，他们在广告中和消费情境下还经常体验到自我威胁。例如，已有研究发现当消费者看到商场广告中模特的完美相貌和身材时，可能会在吸引力上感受到自我威胁（Groesz et al.，2002），当得知其他人用更低的价格购买了与自己相同商品的时候，可能会感知到自己在聪明程度上的自我威胁等（Argo et al.，2006）。面对这些自我威胁，消费者所采取的应对方式和防御机制将直接影响他们的商品选择偏好和消费倾向。Cui 等（2009）发现问题聚焦型的应对策略比情绪聚焦型的应对策略更能促进消费者对商品的接纳和购买，这是由于问题聚焦型的应对策略可以让消费者形成更加积极的商品信念。例如，采用问题聚焦型应对策略的消费者会比采取情绪聚焦型应对策略的消费者更认为他们所面对的商品是有用的、更容易使用的、更有趣的等。

在消费情景中，很多时候消费者所感受到的自我威胁是商家始料未及和无法避免的，甚至给消费者造成自我威胁还是某些商家和品牌的营销策略之一。但是，对于企业和商家，无论是把对消费者的自我威胁当成一种营销策略，还是在营销和服务情境中无意却难以避免地给消费者带来自我威胁，了解消费者在自我威胁情境下所可能采取的应对策略和防御机制，以及哪些因素会影响消费者的商品选择偏好和消费倾向将会有助于他们的营销实践。例如，一个销售保健品的商家试图通过广告让消费者感知到自身健康的不足，采取接纳性消费的消费者可能会接受商家的建议和说服，购买其推销的商品；但是采取防御性消费的消费者可能会对商家的建议和说服呈现防御的姿态，不仅不会购买商家推荐的商品，反而会对该商家形成负面的品牌评价，并产生不良的口碑传播。又如，一个销售减肥商品的商家通过广告或营销手段让消费者感觉到自己的吸引力不足，如果商家能够唤起消费者问题聚焦的应对策略，则消费者会对其推销的商品产生更高的购买意愿；但是如果消费者采取的是情绪聚焦型的应对策略，那么你的广告和营销手段则可能把客户导流到旁边的甜品店或娱乐场所，因为消费者需要通过让他们快乐的商品来缓解自我威胁所造成的压力和负面情绪。这些问题，对于商家和企业而言都具有重要的实践意义，但是在已有的研究中却没有得到足够的关注。因此本书的研究内容将有助于为企业和商家的营销策略提供指导。

（三）对社会政策制定和消费结构优化的实践价值

伴随着近些年来我国经济的一些变化和人民生活节奏的日益加快，社会中的个体或群体可能会越来越多地感知到来自各方面的自我威胁，如财务约束、就业紧张、财富与地位的社会对比等。这些来自经济和社会层面的威胁在个体和群体的心理层面会转化为他们的心理压力、自我怀疑、控制感降低等变化，这些变化不仅会造成民众社会行为的改变，还会影响他们的消费行为，如著名的"口红效应"。正如上文所说，自我威胁会导致消费行为的多重变化，其中包括炫耀性消费、地位消费、放纵性消费等不健康和非理性的消费方式，这些消费方式不仅无法解决群体所面对的问题，反而会给他们带来更大的经济负担和心理压力。例如，已有研究发现低收入、低地位的群体反而可能通过增加炫耀性消费和地位消费的方式来补偿自己糟糕的生活状态，但是这样的消费方式不仅不能帮助他们摆脱现实的生活困境，反而可能让他们的生活更加陷入窘境（Banerjee and Duflo, 2007; Ivanic et al., 2011; Kaus, 2013）。在中国情境下，金晓彤和崔宏静（2013）以农民工群体为研究对象也发现了相同的结论。如果这些消极的应对方式和消费行为在群体层面聚集，则会反过来影响消费结构的优化和经济的健康发展，并可能造成更大层面的社会冲突与危机。

通过政策或宣传提倡积极的应对方式则会将群体的消费行为引导到具有建设性的方面。例如，通过增强学习型消费、发展型消费来完成自我成长，以此提升群体应对和解决困境的能力；通过增强亲社会消费来建立群体归属感，获取应对困境与威胁的社会和心理资源等。由此可见，社会中的个体或群体采取何种应对自我威胁的消费方式，会直接在社会层面产生积极或消极的影响。由于经济环境、社会政策给民众所造成的自我威胁是集中性和系统性的，因此自我威胁下的群体采取何种应对性消费对社会产生的积极或消极的反作用也会被放大。这就使得在社会政策制定的环节中考虑到影响群体应对方式的因素变得尤为关键。因此，研究消费者在遭受自我威胁情境下消费行为和应对方式的特点，探索如何引导消费者进行发展型和成长型等具有建设性的消费，降低消费者享乐性和放纵性等消极消费的倾向，将有助于社会政策的制定和消费结构的优化。

第 二 章

自我威胁与消费者行为研究概览

第一节 自我和自我威胁的概念与理论基础

一 自我的概念

自从 1890 年詹姆斯在《心理学原理》中首次系统提出自我（Self）的概念以来，自我就成为心理学研究的一个核心概念和重要领域，围绕自我而建构的理论和积累的文献可谓汗牛充栋。鉴于消费者行为学和心理学之间的紧密关系，自我概念及其相关的理论从 20 世纪 80 年代开始也被逐步地引入消费者行为学的研究中，并且成为消费者行为研究的一个重要概念和理论视角。

心理学各流派对自我概念（Self-concept）或自我（Self or Ego）的定义并不完全一致，并从各自的理论视角对其展开了研究。例如，精神分析学派倾向于把自我看成一个应对冲突的人格系统，行为主义学派倾向于把自我看作一系列刺激反应的集合，机能主义学派重视研究自我的功能和自我的发展，认知心理学将自我看作一个处理有关自己的想法和信息的概念系统。然而，在消费者行为学领域中，较为普遍认同的对自我概念的定义为：当个体把自己当作认知的对象时，所产生的认知和感受的总和（Sirgy，1982）。简单来说自我概念就是你是如何看待自己的。由于人可以从多个方面看待自己，因此自我概念包含着个体对自己多个方面的认知。例如，对于一个人而言，他的自我概念可以包含着多个方面，在社会关系方面，他的自我概念可能体现为"我是一个受人喜欢的人"，在事业成就方面，他的自我概念可能体现为"我是一个追求成功的人"。当然，自我概念也不完全是积极正面的，如在外表和相貌方面，他的自我概念可能体现为"我是一个相貌平平、缺乏吸引力的人"。

鉴于一个人自我概念的复杂性，已有理论倾向于从多个不同的维度来描述它。例如，"自我概念的内容"指个体针对自己哪一方面特征而形成的自我概念，比如能力、容貌、社会关系等；"自我概念的积极性"指个体是更加积极地看待自己还是更加消极地看待自己；"自我概念的稳定性"指个体对自己的某种看法是长期稳定的还是经常变化与波动的；"自我概念的准确性"指个体对自己的看法是与事实相符的还是具有偏差的。这些不同的维度可以用来定位和描述一个人在某一方面自我概念的情况。举一个例子：小A认为自己是一个不会社交、不讨人喜欢的人，但是这种想法经常会变化，如果最近得到了别人的认可，那么他的这种想法就会变弱，如果最近感觉到别人对他并不那么热情，那么这种想法就会变强，但其实他周围的人都挺喜欢和他交往。在上面的这个例子里，小A"自我概念的内容"是自己的社交能力和受他人喜欢的程度，在这个方面上他"自我概念的积极性"是消极和负面的，"自我概念的稳定性"是不稳定的，并且"自我概念的准确性"是不准确和有偏差的。由此可见，一个人的自我概念是极其复杂的，正是这种复杂性导致了个体经常在某一方面感知到自我威胁。

二 自我威胁的概念与自我差异理论

自我威胁有时也被称为自我概念威胁，即个体的自我概念受到了威胁与挑战。在消费者行为学领域一般基于 Higgins（1987）所提出的自我差异理论（Self-discrepancy theory）对自我威胁进行定义，即自我威胁被定义为：来自外界的某些信息或某些特定的情景暗示个体在某些方面存在不足时，他们所感受到的现实自我和理想自我或现实自我和应该自我之间存在差距的让人厌恶的心理状态（Han et al.，2015b；Kim and Rucker，2012）。

自我差异理论由 Higgins 等（1987）所创立，他们将自我概念区分成现实自我、理想自我和应该自我。所谓现实自我（Actual self）指个体所认为的自己在能力、人格、社会关系等方面所实际具有的特征。理想自我（Ideal self）指个体希望自己所具备的以上特征。应该自我（Ought self）指个体自己或重要他人所认为个体有义务应该具备的以上特征。由于这三者之间很难完全的一致和拟合，因此经常会出现现实自我与理想自我或现实自我与应该自我之间的差距，这种差距被称为自我差异（Self-discrepancy），很多研究者常常将个体对这种自我差异的感知定义成自我威胁（Mandel et al.，2017）。

根据自我差异理论，理想自我和应该自我具有引导现实自我的功能，个体希望在行动和各项特点上符合理想自我和应该自我的标准。如果现实自我和理想自我或应该自我之间存在差距，那么个体就会希望缩小这种差距，这就成为个体行动的一项重要动机。这也是为什么人们会采取各种行动来应对自我威胁的原因。

自我差异会引发很多心理上的变化，Higgins（1987）发现，不同的自我差异类型会导致不同的情绪结果，当现实自我和理想自我之间存在差距时意味着预期的积极结果没有出现，会导致沮丧类（Dejection）的情绪，如伤心、失望、羞耻、抑郁等。而现实自我和应该自我之间存在差距则意味着出现了消极的结果，更可能导致激动类（Agitation）的情绪，如焦虑、愤怒等。众多研究者在此框架下展开了研究，例如，Cheung（1997）的跨文化研究发现，在西方文化背景下现实自我与理想自我的差距与抑郁高度相关，而在亚洲文化背景下现实自我与理想自我的差距则与焦虑的关系更加强烈，而和抑郁的关系较弱。Strauman 和 Higgins（1988）发现，现实自我和应该自我之间的差距还与社交恐惧紧密相关。Moretti 和 Higgins

（1990）发现当个体的理想自我与当下消极的现实自我形成对比时会降低个体的自尊。我国学者王垒等（1994）还发现，当现实自我和理想自我以及现实自我与应该自我之间存在差距时，个体的自我效能感会降低。Ben-Artzi（2001）则发现现实自我与应该自我之间的自我差异会让个体进行自我反省（Self-reflectiveness），而现实自我与理想自我之间的自我差异则不会。

那么，不同类型的自我差异是如何产生的呢？即什么样的个体更倾向于体验到理想自我与现实自我的差异，什么样的个体更倾向于体验到应该自我与现实自我的差异呢？自我差异理论认为，不同类型的自我差异最早来源于儿童的社会化过程。如果在儿童期，父母总是以他们对孩子的希望作为对孩子的评价标准，并且在孩子达到父母希望的情况下对他进行鼓励和赞扬，那么久而久之父母的理想标准就会内化成孩子对自己的理想自我。为了获取达成理想自我所能带来的鼓励、赞扬和奖励等积极结果，孩子就把理想自我作为他们行动的标准，当他们无法达到这个标准的时候就会出现理想自我与现实自我的差异。但是，如果在儿童期父母总是以他们所认为的孩子应该达到的标准、尽到的义务作为孩子的评价标准，并且在孩子没有达到父母所认为应该达到的标准时对他进行批评、惩罚和责备，那么久而久之父母的应该标准就会内化成孩子的应该自我。为了避免由于不能达到应该自我的标准而导致的批评、惩罚和责备，孩子就把应该自我作为他们行动的标准，当他们无法达到这个标准的时候就会出现应该自我与现实自我的差异。

三 对情境性自我威胁研究的理论基础

尽管有关自我威胁的研究经常引用自我差异理论作为自我威胁定义的基础，但是消费者行为学领域的研究则更多强调那些由具体的信息或情景所诱发的自我差异，即情境性的自我威胁。消费者行为学对情境性自我威胁的研究并不对"理想自我与现实自我"和"应该自我与现实自我"之间的自我差异类型进行区分，即当外在情境无论暗示个体存在哪种自我差异时，他们都会体验到自我威胁，并且对他们消费行为的影响具有较强的一致性。情境性自我威胁之所以会产生是由于个体的自我概念具有不稳定性。例如，尽管一个人认为自己是一个聪明的人，但是当他面对考试的失败或者得知其他人在智力测验上的得分比自己高时，还是会感受到自我威胁。基于以上逻辑，笔者认为对情境性自我威胁的研究应该立足于以下三点理论基础之上。

首先，自我是一个复杂的集合体，自我概念包含了个体对自己各种特征的复杂看法。Shavelson（1976）把自我概念看作个体对自己的认知所产生的思想和情感的总和。他对自我概念进行了比较深入的元分析，提出自我概念包括个体对自己许多方面的看法。例如，对身体方面、社会方面、能力与潜能方面、兴趣与态度方面等的看法。Harter（2001）认为，在个体发展的不同阶段，自我概念中包含的要素也是不同的，伴随着年龄的增长，自我概念的要素倾向于不断增加。这种自我的复杂性使得情境性的自我威胁非常容易发生。

其次，当自我这个复杂集合体中的某一个或某一些方面的元素受到威胁时，则作为整体的那个一般的自我也会受到威胁。Rosenberg（1965）认为，尽管自我由诸多元素组成，但自我并不是简单的要素集合，这些元素会综合成一个更加整体性的一般自我，对这些元素的威胁也会反映在这个整体性的一般自我上。而且个体对自我概念当中不同要素的重视程度不同，组成自我的要素有些处于中心位置，有些处于边缘位置。对个体认为重要程度不同的特质进行威胁，所造成的自我威胁程度也不同。例如，一个人可能认为自己的创造力比自己的体育运动能力更重要，那么当他的创造力受到威胁时，比他的体育运动能力受到威胁时，所体验到的自我威胁更加强烈。因此，我们在操纵被试的自我威胁时要考虑到所威胁的方面是否是个体自我概念的核心成分。在已有文献中，研究者倾向于选择那些每个人都倾向于在乎的特质进行自我威胁的操纵，如个体的智力、归属感等。

最后,自我威胁是可以被情景和特定的信息诱发的。自我的形成是一个复杂缓慢的过程,但是个体的自我概念可能会受到各种因素的影响而产生情境性的变化(Angle,2012)。将个体放置某一具体的情景或将个体归类为某一具体的社会群体中,都可能会引发他们自我概念的变化,并伴随着相应的思维、情感和行为上的变化。这种自我概念的情境性为自我威胁的情境性提供了发生基础,这也为通过实验方法来操纵被试的自我威胁提供了理论上的支持和实践上的可能。

基于以上三点,我们通过图2-1,用视觉化的形式重新对自我威胁进行概念化。外面的椭圆代表自我这个复杂的集合体,自我这个复杂的集合体中包含着有关自我的各项特征,如智力、能力、身份、地位、吸引力、权力角色和社会关系。个体对自己这些特征的看法形成了他们的自我概念,而一旦他们得到有关自己在这些特征上存在不足的信息,或者情景诱发他们在这些特征上的不足感时,则他们会产生现实自我与理想自我或现实自我与应该自我之间的差距感,这种差距感会破坏他们自我的完整性,此时他们的心理体验便是自我威胁。

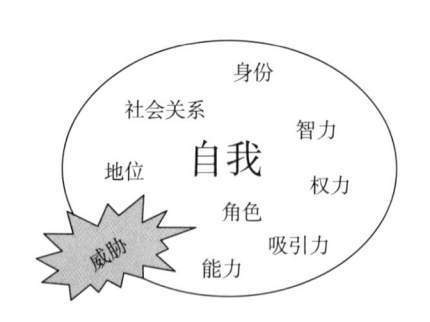

图2-1 对自我威胁概念的视觉化呈现

注:该图由笔者绘制。

第二节　自我威胁为什么会影响消费者行为

上文提到，消费者在日常生活中会经常感受到各种自我威胁，但是这些自我威胁如何影响他们的消费行为，以及为什么会影响他们的消费行为呢？提到这个问题就不得不谈到 Belk 提出的"延伸自我理论"。自从 Belk（1988）在《消费者研究杂志》（*Journal of Consumer Research*）上发表的《所有物与延伸自我》（*Possessions and the Extended Self*）一文明确提出"延伸自我"（Extended self）的概念以来，延伸自我的概念得到大量的研究和引用，并且对消费者行为学的研究产生深远影响。可以说，延伸自我理论是消费者行为学领域对自我研究的奠基性理论，因为它从理论上解决了商品与消费者的自我之间的关系。

Belk（1988）认为，我们会有意或无意地将我们的拥有物作为组成我们自己的一部分，形成延伸的自我。Tuan（1980）也提出过"我们就是我们所拥有和占有的那些事物"的观点（We are what we have and possess）。这样的观点很快成为消费者行为学研究中最基本和强有力的假设之一，因为只有理解消费者的自我和他的拥有物之间的关系，才能在商品和消费者之间建立更加紧密的联系，进而更好地理解消费者选择、购买和使用某款商品背后的原因。

McClelland（1951）从个体发展的角度研究了自我的形成过程，他认为当个体能够对外在于自己的事物进行控制和操纵的时候，就像控制和操纵我们的肢体一样，这个事物就开始变成自我的一部分。例如，我们所使用的工具、生活用品，甚至武器，随着我们对它们的控制和操纵的熟练与深入，这些本来外在于我们的事物逐渐地成为组成和定义自我的一部分。我们对某个事物的控制和使用的程度越高，那么它和我们自我之间的关系就越紧密。McClelland（1951）根据这种外在事物与自我之间的紧密程度，由内及外，由近及远地将自我分成了 5 个种类：①我的自由意志；②我的身体；③我的拥有物；④我的朋友；⑤陌生人和整个外在的物理世界。为了形象的表达，本书根据 McClelland 的思想，绘制了理论模型图（图 2-2）。如图所示，每层圆圈代表着一个人的自我，越内部的圆圈越代表自我的核心成分，越可能被我们纳入自我的一个部分；越外部的圆圈越代表自我的外围成分，被我们纳入自我一部分的可能性越小。因此，自我是由内部向外部不断扩展与延伸的，不同的自我包含这些事物的范畴也不同，有的人会认为只有身体和自由意识是自我的一部分，有人会认为他的社会关系甚至是外面的物理世界也是他自我的一部分。

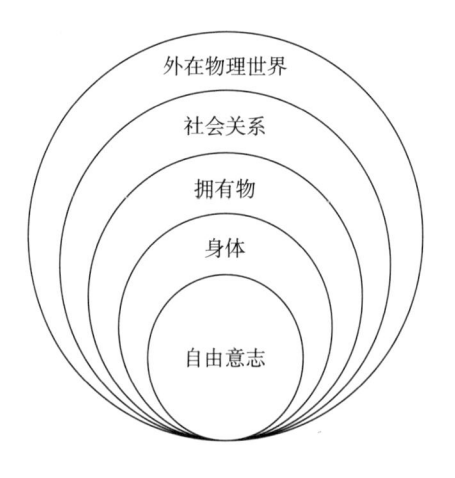

图 2-2　"延伸自我"的理论模型

注：该图由笔者绘制。

为了证明 McClelland（1951）的构想，Prelinger（1959）让被试使用 0—3 分的量表评价 160 种事物在多大程度上是自我的一部分，0 代表该事物完全不是自我的一部分，3 代表该事物是自我非常核心的部分。例如，如果你对你的爱人给出了 3 分，则意味着你认为你的爱人完全是你自我的一部分，如果你对你的爱人给出了 0 分，则意味着你认为你的爱人完全不是你自我的一部分。在被试给出分数后，他将这160种事物进行归类和排序，基于得分对其由高到低进行排序，结果排名分别是：①身体的各个部分（平均2.98分）；②人的意识和心理过程（平均2.46分）；③个体的各种人格特征（平均2.22分）；④个体的拥有物（平均1.57分）；⑤个体脑中各种抽象的观念，比如各种社会法则和道德观念（平均1.36分）；⑥包括亲人在内的其他人（平均1.10分）；⑦个体周围物理空间内的事物（平均0.64）；⑧遥远距离的物理事物（平均0.19分）。

通过以上理论和研究可以发现，个体的拥有物在个体的自我中占有非常重要的位置，仅次于个体的身体、心灵和人格，甚至超过了内在于我们大脑的观念和与我们朝夕相处的亲人。已有研究发现当个体在经历生活的变化之后，还会把自己过去的拥有物当作他们维持自我、保持心理健康的一种有效工具（McCracken，1986）。例如，我们会保留一些儿时的玩具，因为并不仅仅是玩具本身，而是我们对儿时自我的留恋；我们在搬家或者出国时会带上一些故乡或者以前生活环境中的物品，这些东西也并不是物品本身，而是我们对过去自我的回忆；当我们亲人去世后，我们会保留一些你们共同使用过的东西或他曾经送给你的礼物，以表达你对拥有这种关系时自我的怀念。在这些场景中，物品并不仅仅是物品而是个体自我的一部分。还有研究发现一个人的拥有物丢失或者损坏时所诱发的感受就像自己受到伤害或者失去心爱的人一样（Rosenblatt et al.，1976）。正如杨坤的歌曲所唱的那样"那一天我失去了你，就像孩子失去了心爱的玩具"，这句歌词把对爱人的失去比喻成对拥有物的失去，由此可见，在我们心中拥有物对自我的意义。这些证据都表明我们的拥有物在某些程度上已经被我们定义为构成自我的一部分。

既然拥有物是自我的重要组成部分，那么我们对某些东西的拥有、使用也有助于我们来定义和成长自我。Allport（1937）认为，个体自我的成长是通过不断地扩展他们所拥有的事物来完成的。Dixon和Street（1975）以6—16岁的儿童为被试进行了研究，他们发现伴随着个体的发展，儿童越来越倾向于把拥有物作为自己的一部分，而且伴随着个体拥有物的增多他们的自我边界也得到了扩展。例如，对于一个新生儿而言，他可能都无法意识到他的手臂是自己的，只有他能够自主的控制自己的手臂之后，他才会真正地感觉到自己对手臂的拥有感，进而他获得了一个能够控制手臂的更广阔的自我。后来，他开始有了自己的奶瓶、衣服和玩具，当别人拿走这些东西的时候他会伤心或生气，这个时候他有了所有权的概念，即他知道了有些东西是他的私有财产，进而他自我的边界得到进一步扩大。随着我们的成长，我们拥有的东西越来越多，甚至成人后我们有了自己的房子、自己的车，伴随着这个过程我们自我的边界也不断得到了扩展。

既然我们的拥有物可以帮助我们定义和成长自我，那么它们也可以起到帮助我们补偿自我的功能，如我们在本章第一节"对情境性自我威胁研究的理论基础"绘制的图2-1所示，当我们的自我完整性由于外在的威胁而遭到破坏时，我们需要通过一些手段来维护自我的完整性。此时，拥有物不仅可以作为自我的一部分，还可以作为自我补偿的一种方式。例如，一个觉得自己不够漂亮的人，可以通过购买漂亮的衣服和服饰来获得他理想的自我，那么该商品作为个体的拥有物便起到了补偿自我的作用。同理，一个因为贫穷而自卑的人，可以通过购买和拥有具有炫耀性的物品来补偿自己的自尊；一个没有力量感的人，可以通过购买和拥有武器来获得一个有力量感的自我。Kates和Varzos（1987）的研究发现对枪的拥有可以让个体感觉自己是个有权力的人。因此，我们对某些特定物品的拥有和使用，可以帮助我们成为那个理想的自我。正如Belk（1988）所言：我们渴望拥有某个事物，其实是我们渴望成为拥有它的那个自我。

通过"延伸自我"的概念，商品便和消费者建立了某种更深层次的联系，心理学和消费者行为学之间也发生了更深度的融合。我们拥有一个商品便不仅仅是拥有它的实体和功能，而是通过对该商品的拥有而延伸自我、塑造自我、表达自我。我们对某商品的渴望也不仅是渴望一个具体的实物和其功能所带来的便利,而是渴望借由对该商品的拥有来达成想要成为的那个自己。营销的实践也并不仅是兜售某个具体的实体和其功能,而是向消费者贩卖他们理想的自我。

第三节 自我威胁的来源及对消费行为的影响

通过本章第一节"对情境性自我威胁研究的理论基础"的理论阐释,我们看到个体遭受自我威胁的来源是多种多样的。通过上一部分的内容阐释我们又可以看到这些自我威胁还会对个体的消费行为产生影响。那么,自我威胁的来源究竟有哪些?是否可以对不同自我威胁的来源进行分类?不同类型的自我威胁会导致哪些不同的消费行为?为了回答这个问题,本书根据威胁作用于自我的方面对自我威胁进行简单的分类,并且基于已有文献总结这些不同类型的自我威胁可能会对消费者的行为产生哪些影响,并且将其总结到表2-1中:

表2-1　　　　　　　不同自我威胁的来源及其主要研究发现

威胁来源	威胁类型	研究发现与研究者
与自我价值和自我认同相关的威胁	智力威胁	偏好能够象征智力的商品(Gao et al., 2009);地位消费(Sivanathan and Pettit, 2010)
	权力感威胁	偏好能够象征地位的商品(Rucker and Galinsky, 2008;2009);偏好大尺寸商品(Dubois et al., 2012);偏好更大的选择集(Inesi et al., 2011)
	地位威胁	地位消费(金晓彤等,2017;Zhao et al., 2018)
	自我认同威胁	地位消费(崔宏静等,2016;2018)
	男子气概威胁	偏好象征男子汉气概的商品(Willer et al., 2013)
	女权形象威胁	偏好象征女权主义的商品(Schiffmann and Nelkenbrecher, 1994)

续表

威胁来源	威胁类型	研究发现与研究者
与归属和社会身份相关的威胁	社会排斥	购买象征自己是某群体一员的商品（Mead et al., 2011）；怀旧消费（Loveland et al., 2010）；炫耀性消费或慈善行为（Lee and Shrum, 2012）；偏好与他人相一致的商品或独特性的商品（Wan et al., 2014）；产品转换行为（Su et al., 2017）；偏好拟人化商品与品牌（Mourey et al., 2017；Chen et al., 2017b）；进行提升女性对外表的消费（王紫薇、涂平，2015）；偏好触感柔软的商品（丁瑛、宫秀双，2016）
	社会身份威胁	支持象征自己群体身份的商品，诋毁象征其他群体身份的商品（Cutright et al., 2011；Chae et al., 2017；Ward and Broniarczyk, 2011）
其他类型的威胁	死亡凸显	炫耀性消费（Arndt et al., 2004）；放纵性消费（Ferraro and Bettman, 2005）；过度饮食（Mandel and Smeesters, 2008）。支持国产品牌（柳武妹等，2014b；Maheswaran and Agrawal, 2004）；促进捐赠（Cai and Wyer, 2015）；增加养老金的存储（Salisbury and Nenkov, 2016）
	控制感威胁	偏好代表幸运的商品（Hamerman and Johar, 2013）；偏好有边框的商品和商标（Cutright, 2012）；偏好需要卷入更多努力的商品（Cutright and Samper；2014）拥有更强烈的触摸渴望（柳武妹等，2016）；拒绝新商品和品牌延伸（Faraji et al., 2017；Cutright et al., 2013）；倾向于购买功能性商品（Chen et al., 2017a）

注：本表由笔者整理，只列举了部分有代表性的文献。

一 与自我价值和自我认同相关的威胁

每个人都有认同自己并感觉自己有价值的需求，当一些外在的消极反馈与他们对自我的定位或者对自我价值的期待不符时就会产生威胁。由于自我价值由很多个体所看重的特质构成，如能力、吸引力、地位等。当消费者遭遇有关自己在这些特质上存在不足的负面反馈信息时，他们便会采取相应的措施来应对其所遭受的威胁，恢复对自己的认同和内在的价值感。例如，Gao 等（2009）发现，当个体受到智力上的负面反馈而产生自我威胁时，相对于其他商品他们会更倾向于购买那些能够象征智力的商品。这是因为智力是构成消费者自我价值重要的核心特质，当外在的信息暗示他们在智力上存在不足时，他们的自我价值便会感受到威胁，并促使个体通过行动来降低这种被威胁的状态。由于自我是无形的，需要通过某些媒介来表达，而个体的拥有物在某种程度上可以帮助个体定义自我和表达自我（Belk，1988），因此对能够象征智力商品的拥有可以帮助他们强化自己高智商自我概念。与以上逻辑相似，对地位和权力的追求是人类的一项基本动机也是个体自我价值的一项重要表现，因此当个体的地位感和权力感受到威胁时，他们会通过更加偏好那些能够具有地位象征意义的商品来恢复自己对权力和地位的拥有感，进而修复受到威胁的自我（Rucker and Galinsky，2008；2009；Dubois et al.，2012；金晓彤等，2017；Zhao et al.；2018）。这种对个体自我价值的威胁，既可能来源于外在信息的直接反馈，也可能来源于向上的社会比较（Mussweiler，2003；郑晓莹等，2014b）。例如，Richins（1991）发现当消费者看到广告中完美身材模特的时候，他们会对自己的身材更加不满意，进而感受到自己在身体吸引力上威胁，并采用各种方法来应对这种威胁（Sobol and Darke，2014）。

消费者不仅有维持自我价值的强烈动机，每个人对自己还有"我是什么样人"的自我认同期，如我是一个热情的人，我是一个有道德的人。当这个自我认同受到挑战的时候，人们也会试图通过消费来恢复对自己的这种认同感。例如，Schiffmann 和 Nelkenbrecher（1994）发现，当给予女权主义者"你并不是典型女权主义者"的反馈后，她们比那些被给予"你是典型女权主义者"反馈的被试更多地订阅了女权主义的杂志。Willer 等（2013）发现，当对男性给予他们偏女性化气质的反馈时，他们会感觉到自我威胁，然后通过对战争持更加积极的态度、更偏好越野车等行为来强化自己的男子汉气概。这是由于"像一个女权主义者"和"具有男子气概"分别是女权主义者和男性对他们"应该是一个什么样人"的自我认同，并且由于女权主义杂志和越野车是被社会所公认的能够象征女权和男子气概的商品，因此消费者可以借由对这些商品的购买和拥有来恢复被威胁的自我认同。

二 与归属和社会身份相关的威胁

构成自我的并不仅是个体重要的核心特质和他对自我的认同，还包括他的社会身份和对相关群体的归属。消费者都有归属于某个群体并与他人建立和保持社会联系的基本需求（Baumeister and Leary, 1995），因此当个体的归属需求受到威胁时他们也会感受到自我威胁。在归属需求威胁领域受到较多研究的是社会排斥，这些研究认为，当个体由于受到他人的忽视或拒绝而遭遇社会排斥时，他们会倾向于做出那些有助于他们获得归属感的消费选择。例如，Mead 等（2011）发现，当个体遭遇他人的社会排斥后会倾向于选择那些象征自己是某群体一员的商品（如自己学校的文化衫）来获得自己对某一群体的归属，同时他们还可能选择与其他人相一致的商品，通过向其他人趋同来获得归属感（Wan et al., 2014）。除此之外，Loveland 等（2010）发现，社会排斥会促进个体的怀旧消费，这是因为怀旧商品会让消费者回想起过去那些亲密温暖的社会关系。Mourey 等（2017）和 Chen 等（2017b）则发现遭遇社会排斥的个体还可能更偏好拟人化的商品和品牌，因为当个体无法和其他人建立社会联结的时候，具有人类特征的拟人化商品和品牌可以让个体满足建立社会联结的需求。在国内的研究中，王紫薇和涂平（2015）发现，社会排斥会提升女性对外表的消费，这是由于外表的吸引力可以帮助她们获得社会的认可和接纳。丁瑛和宫秀双（2016）发现，由于柔软的商品可以帮助消费者消除孤独和不安全感等消极的心理体验，因此遭遇社会排斥的消费者会更偏好触感柔软的商品。由此可见，当个体的归属需求受到威胁时，他们也会体会到自我威胁，并采取各种消费行为来修复归属感的缺失。有关社会排斥的相关理论和研究我们将会在第三章中详细介绍。

个体在追求归属的过程中需要将自己融入某一个具体的社会群体中，形成自己的社会身份，当自己的这个社会身份或者其所归属的群体受到威胁时，他们也会感受到对自我的威胁，并会通过相应的消费行为来应对威胁（Tajfel and Turner，2004）。例如，当医生这个职业遭遇来自社会的负面评价时，从属于医生这个群体的个体也会感受到自我威胁，尽管这个威胁并不是针对他个人而言，而是针对医生这个社会群体而言的。已有研究发现，当个体的社会身份或其所归属的群体受到威胁时，他们会倾向于维持或强化自己被威胁的身份，并支持自己所属的群体（Dommer and Swaminathan，2013）。Cutright 等（2011）和 Chae 等（2017）发现，当个体听到有关他所归属的群体的负面信息时，他们会支持与该群体身份相关的消费，甚至会诋毁与其他群体身份相关的商品。例如，当美国学生听到有关美国或美国品牌的负面评价时，他会更倾向于购买本国的品牌和商品，甚至会诋毁其他国家的品牌和商品。由此可见，尽管社会身份威胁并不直接作用于个体身上，而是作用于个体所从属的群体身上，它们也会对个体的自我产生威胁，并影响他们的消费行为。这种对社会身份的威胁无处不在，甚至 Ward 和 Broniarczyk（2011）发现，即使送给他人与自己社会身份相冲突的礼物也会引发个体的自我威胁。例如，当被试给其他学校的朋友购买了象征对方学校的纪念品后，他们会体验到社会身份的威胁，并且后续会进行强化自己社会身份的消费行为，如给自己购买一个象征自己学校身份的商品。

三 其他类型的威胁

除了以上对个体自我价值层面和归属与社会层面的威胁之外，还有一些其他类型的威胁，下面本文列举几个得到较多研究和关注的领域。

在对自我的威胁研究当中非常重要的一种威胁形式便是对自我

存在的威胁。在这个领域，对死亡凸显的研究积累了丰富的文献。死亡凸显（Mortality salient）又称死亡提醒，指对人们进行他们必将死亡这一事实的提醒。消费者行为学研究发现死亡凸显会对个体的消费行为产生多种影响。例如，Mandel 和 Heine（1999）发现，在死亡凸显下，个体更可能会选择能够象征地位的商品，因为拥有地位意味着他们对社会仍然有较大的价值；Arndt 等（2003）发现，处于死亡凸显下的个体会通过表现出更强烈的健身动机来提升自己的身体自尊。除此之外，已有研究还发现死亡威胁可以导致个体对物质的追求和消费、增加娱乐消费、消费更多的食物、增加养老保险的存储比例等行为上的变化（Arndt et al.，2004；Friese and Hofmann，2008；Salisbury and Nenkov，2016）。由此可见，死亡凸显作为对个体存在的一种威胁会引发消费者一系列的应对行为。在第三章中，我们将会对死亡凸显的理论和文献进行系统性的介绍。

控制感威胁是另外一个得到较多关注的领域，由于人都有保持控制感的需求，因此当控制感受到威胁时，他们也会通过消费来应对控制感的缺失。Hamerman 和 Johar（2013）发现，当消费者对所面临的问题具有较低的控制感时，他们会更加偏好幸运商品，企图获得虚拟的控制感。例如，某个球迷之前在喝某个品牌的饮料时，他所支持的球队获胜了，他就可能将其视为幸运商品，那么在以后他对自己所支持球队的胜负缺乏控制感时，他就更可能选择这个品牌的饮料。Cutright（2012）发现，消费者的控制感受威胁会激发他们对结构和秩序的追求，进而偏好具有边界的商标，因为边界会让消费者感觉到更强的控制感。柳武妹等（2016）发现，控制感受到威胁会激发消费者对商品的触摸渴望，这是由于触摸可以满足消费者的控制需求。

经济上的拮据对个体而言也是一种自我威胁，Sharma 和 Alter（2012）发现，当个体感觉自己在经济上拮据时，会更偏好那些他人无法获得的稀有商品，而不是在市场上较为丰富的商品，因为这样他们可以把有限的资源投资在更有价值的商品上。Tully 等（2015）

发现，感觉自己在经济上拮据的个体更倾向于购买有形的实物商品（如电脑、家具等），而更不倾向于购买那些无形的体验商品（如旅游、聚餐等），这是由于实物商品能够保持的时间更长，更能够给他们带来持续的快乐。

为了便于结构化的理解，我们在上文中将自我威胁的类型基于威胁所作用的层面大致分为三类，并且选择每类中具有典型性的文献作为举例来阐释自我威胁对消费者行为影响的逻辑。但是有关自我威胁的类型除了以上举例之外还存在很多形式，如与自我价值和自我认同相关的威胁还包括对学术能力的威胁，对商业成就的威胁等（Wicklund and Gollwitzer, 1981; Dalton, 2008），与归属和社会身份相关的威胁还包括性别角色威胁，作为群体新成员而感受到的不安全感等（Braun and Wicklund, 1989），其他形式的威胁还包括对自由的威胁、对空间的威胁等（Levav and Zhu, 2009; Huang et al., 2017）。自我威胁的来源理论上存在非常多种，有些已经得到了学者的研究，有些尚未被学术界所关注，这为未来自我威胁的相关研究提供了广阔的空间。另一点值得注意的是，本书对自我威胁的分类还比较粗糙，主要是基于论述时简洁性的考虑，在未来研究中如何更加系统、全面地对自我威胁进行分类也是未来研究的一个重要方向。

第四节　自我威胁的两种研究视角

一　自我威胁研究的不同取向

由上文可以看到，消费者在日常生活中可能会面对各种不同类型的自我威胁。那么这些不同类型的自我威胁对消费者行为的影响存在着哪些共性，又有着哪些区别？我们是应该将这些不同类型的威胁区分开，去研究他们之间的独特性，还是应该将这些不同类型的威胁放在一起研究，去发现他们之间的共同性？为了回答这些问题，消费者行为学对自我威胁的研究划分了两种取向，一种取向针对不同类型自我威胁的独特性展开研究，另一种取向把自我威胁当作一个整体，研究不同类型自我威胁对消费者行为的共性影响。

  为什么对于同一个概念，我们可以从两个完全不同的视角展开研究呢？从理论上说，这是由自我的所导致的。首先，正如上文所说，自我是一个复杂的集合体，由多种心理元素所构成，每一个元素都可以构成个体某个方面的具体自我。例如，詹姆斯认为，自我可以划分为四个成分，即身体和物质的自我、社会的自我、精神的自我和纯粹的自我。Harter（2001）认为，每个人在具体领域上的能力和特质都是一个针对该具体领域的自我。其次，尽管每个人都有很多方面的具体自我，但是自我并不是这些元素的简单堆砌，在这些具体的自我中又会涌现出一个整体性的自我，我们可以称为一般自我。一般自我可以是所有具体自我的综合反映，同时一般自我也会影响我们对某一个具体自我的评估。这种一般自我和具体自我关系的思想可以在很多研究者的理论中找到。例如，Shavelson 等（1976）在教育心理学领域提出自我概念的多维度层次理论模型，这个模型将一般自我作为顶层概念，然后将一般自我分为学业自我和非学业自我，学业自我概念又可以细分为各学科的自我概念，如数学自我、英语自我等。非学业自我可细分为社会自我、情绪自我、身体自我等。

  由此可见，我们每个人在具体的领域上都可以表现出不同的具体自我，而这些具体的自我聚合起来便形成一个更加抽象的一般自我。在构成一般自我的众多具体自我中，对其任何一个具体自我的负面的反馈都可能会造成个体在这个领域的自我威胁。由于这些对不同具体自我的威胁作用于自我不同的方面，因此会对个体的行为产生特性的影响。但是，对这些具体自我的威胁又会反映在那个更加抽象的一般自我上，因此对个体的行为也会产生共性的影响。例如，当一个学生遭遇考试失利的时候，他会感受到来自学业自我上的威胁，而当他遭遇同学排斥的时候，他会感受到来自人际自我上的威胁。这两种不同来源的自我威胁会对他们不同的具体自我产生影响，并且诱发他们独特的应对方式，如通过努力学习来提升学业自我，通过改善同学关系来提升人际自我。但是，无论是对学业自我的威胁，还是对人际自我的威胁都会对他的一般自我产生威胁。例如，这两种自我威胁都可能让他产生自我怀疑，打击他的自尊，感觉自己是一个缺乏自我价值的人，这就是所谓的不同类型自我威胁产生的共性影响。

基于以上逻辑，针对自我威胁，我们既可以从每个具体自我的层面展开研究，关注不同自我威胁的独特性，也可以从一般自我的层面展开研究，关注不同自我威胁的共性，在消费者行为研究领域对自我威胁的研究也遵循这两种取向，本研究中我们分别将其称为"特性影响的视角"和"共性影响的视角"。为了更清晰地表达以上逻辑关系和两种研究视角的区别，我们绘制了图2-3。图2-3中外周的圆圈代表着个体不同领域的具体自我，如社会自我、能力自我、生理自我、道德自我。这些自我虽然分属不同的方面，但是他们可以构成一个更加抽象和一般的自我。当每个不同的具体自我受到威胁时，个体会产生不同的反应，如社会自我受到威胁时人们会更渴

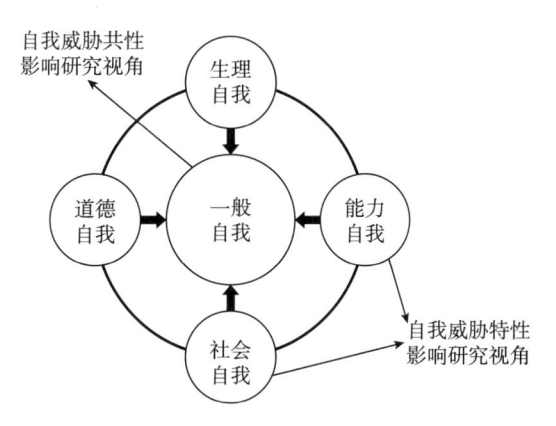

图 2-3 自我威胁不同研究视角的理论模型

注：该图由笔者绘制。

望归属，而能力自我受到威胁时人们更渴望力量等。针对这些不同领域具体自我独特性展开的研究属于自我威胁特性影响的研究视角。但是针对不同领域具体自我所产生的威胁又会反映在中心那个更加一般的自我上，从而产生某些共性的影响。例如，无论是社会自我受到威胁还是能力自我受到威胁时，个体都可能会积极应对，也可能会消极逃避。因此，针对这些不同具体自我威胁在一般性自我层面上所展现出共性影响的研究属于自我威胁共性影响的研究视角。

二 不同视角下的消费者行为研究

基于以上思路，消费者行为学对自我威胁情境下消费者行为的探索也基于这两条路径，并且在不同的领域取得了相应的进展。为了更直观地展示不同研究视角的研究思路，我们选取了不同研究视角下较具代表性的理论和研究，将其整理在表2-2中，并分别基于表中的例子对两种视角的研究进行阐述。值得注意的是，表2-2并不是一个包含了所有研究视角和理论的集合，而仅仅是为了方便让大家直观的认识两种研究视角而选取的典型代表。下面我们将分别对其进行阐释。

（一）特性影响视角的消费者行为研究

特性影响视角下消费者行为研究的特点主要是以不同类型威胁所引发心理与行为的独特性为出发点展开研究，如有关死亡凸显的研究主要是基于恐惧管理理论展开的，有关控制感威胁的研究主要是基于补偿控制理论展开的，有关社会排斥的研究主要是基于归属需求理论展开的。在消费者行为学文献中得到较多研究，并且较为典型的领域主要是社会排斥和死亡凸显，下面我们就以这两个领域的研究为例子简要的阐述一下特性研究视角的思维逻辑。有关这些研究具体的理论基础、研究方法和研究结论，我们会在第三章中详细阐释。

表 2-2　　自我威胁的相关理论及其对应消费行为举例

研究视角	理论基础	相对应的消费行为
共性视角	象征性自我完善理论 (Symbolic Self-completion Theory)	符号补偿性消费 例如，Gao 等（2009）
	自我肯定理论 (Self-affirmation Theory)	流动补偿性消费 例如，Townsend 和 Sood（2012）
	应对方式理论 (Coping Theory)	问题解决性消费、逃避性消费 例如，Han 等（2015b）
	意义维持模型 (Meaning Maintenance Model)	尚未得到深入研究
	防御机制理论 (Defense Mechanism Theory)	尚未得到深入研究
特性视角	死亡凸显：恐惧管理理论 (Terror Management Theory)	支持文化世界观的消费 例如，Cai 和 Wyer（2015）
	控制感威胁：补偿控制理论 (Compensatory Control Theory)	恢复控制感的消费 例如，Chen 等（2017a）
	社会排斥：归属需求理论 (Need to Belong Theory)	获得归属需求的消费 例如，Mead 等（2011）

注：本书只列举了部分有代表性的理论、消费行为和研究文献作为代表。

我们首先以死亡凸显为例子。死亡凸显（Mortality salient）指唤起个体对自己终将死亡的感知，此时消费者会产生一种心理上的被威胁感。这种自我威胁类型的独特性在于它是对自我存在的最终极威胁，这个特征是其他类型的威胁所不具备的。那么这种类型的威胁对个体心理与行为的独特性是什么呢？我们举其中一个典型的例子：个体对死亡凸显的文化世界观防御。所谓文化世界观防御指个体通过支持其所在文化的世界观来抵御死亡威胁的行为。这是由于文化比个体具有更加持久的生命力，尽管个体会在死亡时消失，但是个体却可以把自己寄托于一个文化群体和该文化群体的世界观，在死后继续传承下去。因此，死亡凸显会让个体更加支持其所在的文化群体。基于该理论，已有研究发现死亡威胁会增加消费者对国产品牌的偏好（柳武妹等，2014b）。

我们再以社会排斥为例子。社会排斥（Social exclusion）指个体被他人或者社会群体所排斥，从而威胁个体归属需求的现象。对社会排斥研究的一个很重要的视角是从归属需求的角度展开的。归属感是人类的一项基本需要，当个体感觉到归属感缺乏的时候，会采取各种方式来寻求归属感。社会排斥会威胁个体的归属感，从而让他们产生补偿归属感的动机，从而进行能够满足其归属需要的消费，如从众消费或者购买与群体身份相关的商品等（Mead et al.，2011）。

在以上两个例子中，我们可以看到支持文化世界观是死亡凸显这种类型威胁对个体影响的较为独有的特征，归属需求补偿是社会排斥这种类型威胁对个体影响的较为独有的特征。由此可见，不同类型的自我威胁可以诱发消费者不同的心理状态和消费行为，聚焦于这些不同类型威胁独特性的研究视角即自我威胁特性研究的视角。

(二) 共性影响视角的消费者行为研究

相对于自我威胁特性影响的研究视角，从共性影响视角展开的研究则更加关注不同类型威胁的共性。该视角并不从某一种具体威胁的独特性入手，转而探讨更加一般性的自我威胁会给消费者带来哪些影响，因此这些视角的研究会基于一些更加通用的理论。我们在表2-2中列出了几个较为通用的理论，有的理论在消费者行为学中已经得到了较为丰富的研究，有的理论还主要是在心理学领域展开。这些理论的具体内容、发展脉络和研究问题我们将会在第四章至第六章详细展开，在此我们仅通过举几个简单的例子来阐释共性研究视角的研究思路和理论逻辑。

有关共性研究的视角，消费者行为学中引用最多的理论为象征性自我完善理论（Symbolic self-completion theory），该理论认为当个体感觉到自己在某方面存在不足时，会通过具有象征性的商品来象征自己在该方面其实非常优秀。象征性自我完善理论之所以可以作为一个解释共性影响视角的理论，是由于无论个体遭受何种类型的自我威胁，都可以采用这种方式来应对。例如，智力受到威胁的消费者会更倾向于选择能够象征自己是一个高智商人的商品（Kim and Rucker，2012），因为感觉到自己男子汉气概不够而产生自我威胁的男性消费者更倾向于购买越野车等象征男子汉气概的商品等（Willer et al. ，2013）。

我们再以自我肯定理论为例阐释这种研究视角的思想。虽然象征性自我完善理论可以很好地解释消费者利用能够象征自己在被威胁特质上具有优秀特征的商品来应对自我威胁的行为。但是，现实生活中消费者应对自我威胁的商品选择却存在着更广泛的多样性，而并不仅局限在对被威胁特质的象征性上，对于这样的行为自我肯定理论可以给予很好的解释。自我肯定（Self - affirmation）是指个体通过肯定与威胁无关领域的自我价值来维持自我完整性（Self - integrity）的行为。正如上文所言，人具有肯定自己来让他觉得自己是一个有价值的人的基本动机，而自我肯定理论的重要之处在于，它认为获得自我肯定的领域并不必然是受威胁的领域，让个体在任何他所在乎的特质上获得肯定都可以帮助他们应对由其他特质上存在不足所造成的自我威胁（Steele，1988）。例如，Martens 等（2006）发现，当女性被试遭受"女性在数学能力上较弱"的刻板印象的威胁后，如果他们有机会写下自己在其他方面的优秀品质时，他们的自我价值则会得到强化，进而更少地受到之前自我威胁的影响。也就是说，在能力上遭受威胁的个体可以通过强化自己在相貌上的优势来获得自我肯定，在相貌上遭受威胁的个体可以通过强化自己道德品质上的优势来获得自我肯定。例如，Jordan 和 Monin（2008）发现，遭受自我威胁的人会更加道德化自己来恢复自我价值，这是因为在道德上肯定自己可以补偿其他方面的自我威胁。在消费行为上，Townsend 和 Sood（2012）发现，即使消费者遭遇的是不同形式的自我威胁，经过精心设计能够提升消费者美感或具有审美价值的商品都会帮助他们完成自我肯定，这是因为拥有美丽可以帮助他们恢复自我价值。基于自我肯定理论可以看到，无论消费者受到何种威胁，他们都可以通过消费来强化自己在其他方面的优势来应对自我威胁。

通过以上两个理论的举例，我们可以看到，对自我威胁共性影响视角的研究并不关注某种特定类型威胁的影响，而倾向于寻找能够解释不同类型威胁对个体共性影响的通用理论。除了以上两个例子以外，还可能有其他的理论有助于该视角的研究，如应对方式理论（Coping theory）和防御机制理论（Defense mechanism theory）。这两个理论也是本书后续实证研究的基础，我们将会在第五章和第六章对其展开详细的介绍。除此之外，意义维持模型（Meaning maintenance model）作为社会心理学最近提出的一个模型，在解释自我威胁情境下消费者的行为上具有广阔的潜力，但是尚未得到充分的研究，我们将在第四章对其进行详细的介绍。

第五节 自我威胁的性质与本章总结

在本章结束之前，我们最后对自我威胁的一些性质进行一下总结，这有不仅助于我们概括性的回顾本章的内容，还有助于对后续章节内容的理解。

首先，自我威胁具有感受上的消极性。自我威胁会给消费者带来负面的心理感受，并且促进消费者采用各种行动去消除这种状态。该性质是自我威胁对个体产生影响的基础，也是自我威胁领域研究开展的前提。

其次，自我威胁的来源具有多元性。正如上文所讲，个体的自我概念包含着多个方面，当这种不同方面的自我概念受到负面信息的挑战时他们就会感知到自我威胁。这种自我威胁来源的多元性也决定了自我威胁在日常生活中的常见性，因此，个体的消费行为会经常受到自我威胁的影响。

再次，自我威胁具有较强的情境性。尽管一个人对自己在某一方面可能具有相对稳定的自我概念和自我评价，但是由于自我概念的不稳定性，一些外在的事件和负面反馈往往会对其构成挑战和威胁。例如，尽管一个人认为自己是一个聪明的人，但是当他面对考试的失败或者其他人在智力测验上比自己分数高时，还是会感受到自我威胁。这种情境性是在自我威胁领域展开实验研究的基础，因为这为在实验室或田野条件下操纵消费者的自我威胁提供了可能。同时，这种情境性还是商家灵活运用营销手段的基础。例如，商家用拥有完美身材的模特来诱发消费者吸引力方面的自我威胁，通过宣传成功榜样来诱发消费者能力方面的自我威胁等。

最后，消费者在自我威胁情境下的消费行为具有多元性。通过上文可以看到，消费者在日常生活中不仅会面对各种不同类型的自我威胁，不同类型的自我威胁会导致不同的消费行为，甚至面对相同的自我威胁消费者展现出来的行为也是多元化的。例如，面对社会排斥造成的自我威胁个体既可能进行炫耀性消费，也可能进行怀旧消费，还可能购买拟人化的商品或品牌（Lee and Shrum，2012；Loveland et al.，2010；Mourey et al.，2017；Chen et al.，2017b）。这种消费者行为的多元性给自我威胁领域的研究带来复杂性的同时，也为其提供了研究问题的丰富性，使之成为一个具有潜力的研究领域。

第 三 章

特性视角下自我威胁对消费者行为的影响

正如第二章的理论阐释,已有对自我威胁情境下消费者行为的研究主要从特性和共性两个视角展开,分别关注不同类型自我威胁对消费者行为的独特性影响和共性影响。本章的内容主要是以四个有代表性的自我威胁类型为例阐释特性视角下消费者行为学的思路和逻辑。这四种自我威胁的类型分别是:社会排斥、死亡凸显、权力感威胁和压力,下面我们将对其进行逐一的介绍。

第一节 社会排斥的消费者行为学研究

一 社会排斥的概念

社会排斥指的是个体被他人或者社会群体所排斥或拒绝,从而其归属需求受到威胁的现象。社会排斥在我们的生活中非常常见,而且来源多元,既可以来源于他人或者社会群体的直接拒绝,也可以来源于间接的忽视,甚至是他人愤怒的面部表情也可以让个体感受到社会排斥(宫秀双、丁瑛,2016;Williams, 2007;Heerdink et al., 2015)。在英文文献中有多个单词可以指代社会排斥的概念,其中 Social exclusion、Social rejection 和 Ostracism 是相对比较常见的社会排斥的表达，分别被译为社会排斥、社会拒绝和社会放逐（程苏等，2011）。"排斥"的概念更侧重描述个体被排除在某个群体之外，"拒绝"的概念更侧重描述个体被他人或群体直接拒绝，"放逐"的概念更侧重描述个体被社会边缘化的状态。尽管排斥、放逐和拒绝在描述社会排斥的侧重点上有所区别，但已有研究者倾向于认为无论是排斥、放逐还是拒绝都是社会排斥的一种，不应将三者进行过多的区分（Williams，2007）。

二 社会排斥的相关理论

（一）多元动机模型

社会排斥领域大量的实证研究发现，当个体遭遇社会排斥后会表现出多种动机，甚至这些动机有时是彼此冲突和互斥的。例如，面对社会排斥个体有时会表现出亲社会动机，有时则会表现出反社会动机。Richman 和 Leary（2009）提出，多元动机模型的主要目的是致力于整合和解决这种矛盾和复杂的情况。该模型认为社会排斥会让个体产生各种负面的情绪和感受，进而产生各种行为动机。该模型将社会排斥引发的动机大致归为三类，分别为"亲社会动机""反社会动机"和"退缩与回避动机"，三种不同的动机会导致不同的行为结果。多元动机模型认为，这三种动机在个体遭遇社会排斥时会同时存在，但是在某一时刻或特定的情境下其中的某一种动机会占主导地位，进而个体会表现出与该动机相一致的行为。那么在什么情况下哪种动机会占主导呢？该模型认为这主要取决于个体对社会排斥事件的解释，并提出了六种影响动机选择的因素。

第一种因素是"个体对社会排斥所造成损失的感知"，当个体意识到社会排斥所导致的社会关系的丧失会带来严重损失时，为了避免损失，他会倾向于通过努力来修复社会关系，进而表现出亲社会的动机。第二种因素是"个体认为他是否还存在其他可用的社会关系"，当个体在一个社会关系中遭到社会排斥时，如果他认为还有其他的社会关系来替代现在遭受排斥的社会关系，那么他更倾向于采取退缩回避动机，避免当前社会排斥的影响；如果他认为自己没有其他可替代的社会关系则会采取亲社会动机修复当下的社会关系。第三种因素是"个体认为修复当前受损社会关系的可能性"，如果他认为当前的社会关系是可以修复的则表现出亲社会动机，如果他认为当前的社会关系是不可修复的则表现出反社会动机或退缩回避动机。第四种因素是"受损社会关系的重要性"，当个体认为受损的社会关系很重要时他会表现出亲社会行为修复关系，如果他认为社会关系不重要时则会出现反社会动机或退缩回避动机。第五种因素是"社会排斥存在的长期性和普遍性"，如果个体认为社会排斥是长期和普遍存在的，以至于让他难以改变时，更可能采取退缩和回避动机。第六种因素是"不公平感"，如果个体认为社会排斥的产生是没有理由的、不公平的，更可能激发他的反社会动机。

（二）需求威胁的时间模型

如果说多元动机模型主要解释了个体面对社会排斥时如何表现出不同的动机和行为倾向，那么"需求威胁的时间模型"则侧重解释社会排斥后个体伴随着时间变化的行为倾向。Williams（2009）提出了社会排斥的"需求威胁的时间模型"（Temporal Need – threat Model），该模型认为当个体遭遇社会排斥时他的多个层次的需求会受到威胁，并且他对这些威胁的反应会随着时间的延续而产生变化。该模型假设了社会排斥的三个阶段，即反射阶段（Reflexive Stage）、反省阶段（Reflective Stage）和退避阶段（Resignation Stage）。

第一阶段为反射阶段，即社会排斥刚刚发生的阶段。在这一阶段社会排斥被认为是痛苦的，在情绪层面个体会表现出愤怒、悲伤等负面情绪（徐四华、杨钒，2016）。在此阶段，个体与个体之间反应的差异较小。也就是说，尽管个体之间在某些个人特征上存在着较大的差异，但是在反应阶段他们对社会排斥的反应却基本上相同。除此之外，在此阶段，个体并不会有意识地对自己遭遇的情景进行识别，即无论社会排斥来源于谁，自己为什么会遭受社会排斥，他们的反应也是高度一致的，都会沉浸在痛苦的感受之中。

第二阶段为反省阶段。在该阶段，随着时间的推进受到社会排斥的个体会对该经历进行反思，然后基于遭受排斥的具体情境和对自己的意义对社会排斥进行区别对待。如果这次排斥对于个体是重要的和有意义的，那么他会采取行动补偿自己受到威胁的需求，如果这次社会排斥是无关紧要的则他会倾向于忽视这次经历。在此阶段，情境因素和个体特征也会对个体产生较大的影响，它会缩小或者放大个体对社会排斥的反应。例如，Oaten 等（2008）发现社会排斥会损害个体的自我控制能力，但是个体的社会焦虑水平会调节他们自我控制能力的恢复速度，相比于高社会焦虑的个体，低社会焦虑的个体能够更快地从社会排斥的影响中恢复回来。

第三阶段为退避阶段。如果一个个体长期处于被排斥状态之下，他们的资源将会枯竭，从而体验到无助、疏远、沮丧以及无价值感等情绪。在此阶段，个体常常采取回避的方法来应对社会排斥。例如，贾彦茹等（2019）发现长期经历社会排斥的个体会担忧与恐惧他人对自己产生消极评价，有着较强的社交焦虑症状。

（三）情感麻木说

情感麻木认为，社会排斥往往导致的并不是激烈的负面情绪，而是一种情感麻木的状态（Twenge et al., 2001）。受到社会排斥的个体处于情感麻木状态时，情感系统会关闭，个体将会采取各种防御机制来化解社会排斥事件的影响，从而使个体的痛苦暂时降低（Baumeister et al., 2005）。这种情感上的麻木往往与生理上的麻木相伴随，表现为对生理性疼痛和情感反应的敏感性降低。Twenge 等（2007）发现，面对社会排斥个体的共情能力会降低，即理解他人感受和情绪的能力会降低。这是由于共情的产生依赖个体的情绪体验，而面对社会排斥时，个体情感系统的关闭使得他在处理情绪性事件方面表现出困难。因此，情感麻木说常常被用来解释受到社会排斥后个体共情能力减弱的现象。情感麻木其实是个体面对社会排斥时的一种自我保护机制，这是由于社会排斥会给个体造成情感上的伤害，为了降低这种伤害的影响，个体会削弱自己的情感反应。这种机制和动物受到生理性伤害时会通过大量释放阿片类激素（Opioids）降低生理性疼痛的机制非常相似。但是情感麻木说不能很好地解释被广泛发现的个体在社会排斥后还会表现出寻求社会交往的现象。有研究者认为，情感麻木说一般适用于解释较为强烈的社会排斥后的行为。

（四）自我控制失败说

自我控制失败说主要用于解释社会排斥会削弱个体自我控制能力的现象。具体表现为，社会排斥会增加个体对不健康的垃圾食品的消费，让个体过早地放弃对较难题目的解答，使个体在复杂的任务中更容易受到干扰信息的影响，以及在面对紧迫任务时仍然增加娱乐时间等（Baumeister et al., 2005）。然而，Baumeister 等（2005）发现，如果对遭遇社会排斥的个体给予达成目标的金钱奖励，他们仍然能够表现出较好的自我控制能力。这说明受到社会排斥的个体不是没有进行自我控制的能力，而是不愿意再付出努力去进行自我控制。对于此种情况，已有的理论主要给出如下解释：个体通常会通过自我控制来更好地与他人和社会相处，因为自我控制会让人在社会交往中克制自己的欲望，满足他人的期待，以获得良好的人际关系。社会排斥意味着个体与他人或社会关系的断裂，那么他便没有必要通过付出代价的自我控制来维持一个已经断裂的社会关系，进而表现出较低的自我控制意愿。这种自我控制失败说可以用于解释个体在社会排斥下亲社会行为减少、攻击性行为增加等现象（DeWall et al., 2007）。

三 社会排斥的研究范式

目前，社会排斥有很多种研究范式，程苏等（2011）对以往研究中关于社会排斥的操纵范式进行了整理，将社会排斥操纵范式划分了四大类，分别是拒绝范式、放逐范式、孤独终老范式和其他社会排斥研究范式。

(一) 拒绝范式

社会排斥的拒绝范式指的是在实验研究中明确给予被试他们当前已经被排斥或拒绝的反馈信息。例如，Twenge 等（2001）让临时组建起来的小组互相讨论一段时间，用于彼此熟悉，然后让被试分别独立的根据刚才的讨论选择自己的搭档去完成接下来任务，并且将自己的选择私下里告诉主试。在被试给出自己的选择后，主试分别告诉他们"根据刚才的选择结果，没有人选择你作为他的搭档"，但这其实是一个虚假的反馈，用于操纵他们的被排斥感。又如，DeWall 等（2009）告诉被试他们将与另外一个同性的搭档完成面对面的互动，在见面之前他们互相发送一个视频以增进彼此的了解。然后他们告诉社会排斥组的被试，对方观看视频后不愿与他见面，并且已经离开了。而他们告诉控制组的被试，因为对方有一些紧急事情不得不提前离开，因此他们无法见面了。

(二) 放逐范式

在拒绝范式的操纵中，被试会得到明确的被排斥或拒绝的信息。而在放逐范式的操纵中，主要通过让被试在某个社会情境中感觉到被忽视来操纵社会排斥。其中较为典型的是 Williams 等（2000）使用的网络传球游戏。在被试参与该游戏前，首先告知他们这个是一个训练个体心理想象能力的任务以掩盖任务的真实目的。然后，被试被告知他们将通过互联网与另外两位玩家一起传球，当自己接到别人的传球后，用鼠标点击其他玩家的头像，就可以把球传给对方。但事实上，另外的两个玩家完全是由电脑程序生成的虚拟玩家，传球的程序是提前设定好的。在社会排斥组，被试接收他人的传球次数为三次，且这三次传球只是在游戏开始时接收到的，然后另两位虚拟的玩家便不再把球传给被试。在社会接纳组，被试收到球的概率为1/3，即被试和其他两个玩家接到球的概率相同。由此可见，放逐范式并不会明确的给予被试他们被排斥或拒接的反馈，而是通过让被试在某个情景中感觉到自己被他人忽视而操纵社会排斥。传球游戏目前是社会排斥研究中最常使用的方法，除此之外还有很多放逐范式的实验操纵方法也遵循这种思路,如网上聊天操纵范式(Williams et al.,2002)、手机短信操纵范式(Smith and Williams,2004)、真实的面对面传球范式(Williams and Sommer,1997)、火车聊天操纵范式等(Zadro et al.,2005)。

(三)孤独终老范式

孤独终老范式由 Twenge 等(2001)最先使用,不同于拒绝范式和放逐范式的是,孤独终老范式会传达"你将来会受到彻底的、永久的缺乏社会归属"的信息,而不是强调此刻所遭受到的一次性排斥。他们将被试随机分配到三个实验组中,即未来孤独组、未来归属组以及控制组,在完成艾森克人格问卷后,不同组的被试会得到不同的虚拟反馈。未来孤独组的被试被告知他们在以后的生活中终将孤独终老。例如,被试会被告知"你现在可能有朋友和其他社会关系,但在未来,大部分的关系都会疏远。你甚至可能结过几次婚,但这些婚姻都是短暂的,不会持续到你 30 多岁。你的人际关系不会长久,当你过了人们不断建立新关系的年龄,你很可能会越来越孤独"。未来归属组的被试被告知他是那种一生中都有良好社会关系的人。例如,被试会被告知"你会有长久、稳定的婚姻和友谊,一直持续到晚年。你身边总会有朋友和关心你的人"。为了确定未来孤独组的实验效应是来自社会排斥而不是来自于对于未来的消极描述,控制组会接受"将来不幸"的操纵。在控制组中,被试被告知"你可能会在以后的生活中发生事故——你的胳膊或腿可能会骨折几次,或者你会在车祸中受伤。即使你以前没有发生过事故,这些事情经常会在以后的生活中出现"。已有研究发现孤独终老范式的操纵更可能使被试采取情感麻木状态来应对未来的孤独终老(程苏等,2011)。

(四)其他社会排斥研究范式

除了上述三种操纵社会排斥的研究范式之外,以往研究中还经常涉及其他类型的操纵社会排斥的研究范式,如回忆范式、想象范式和启动范式。相对于拒绝范式、放逐范式和孤独终老范式,以上三种实验操纵方法相对比较简单，也更易于操纵。例如，回忆范式是目前社会排斥领域比较常见的操纵范式。在这种范式中，社会排斥组的被试被要求回忆并写出一段他们过去被他人拒绝或排斥的经历。社会接纳组的被试被要求回忆并写出一段他们过去被他人接纳的经历。在控制组中，被试被要求写一段昨天的活动（Maner et al.，2007）。想象范式指的是给被试呈现一个社会排斥的情境，让被试想象自己身在其中（Vandevelde and Miyahara, 2005），虽然想象范式操作起来相对比较简单，但一些学者认为该操纵方法得出的结果并不是真实的反馈，很可能是被试猜测实验者的意图而做出的迎合。启动范式指的是通过给被试一组词语来启动被试的心理状态，如给社会排斥组的被试呈现"被忽视""被排斥""被抛弃""被甩了"等社会排斥相关的词语，而控制组的被试则被呈现无关的中性词语（Zayas et al.，2009）。这些方法虽然比较简单，也易于操纵，但是往往由于被试的卷入程度较浅而效果较弱。

四　社会排斥对个体心理与行为的影响

正如我们在上一章对自我威胁的阐述，社会排斥作为个体日常生活中经常遭遇的一种自我威胁会给个体带来很多消极的心理变化，并促使其采取一系列行为来应对这些负面的心理变化，下面我们对这些心理和行为上的变化进行简要的梳理。

（一）社会排斥对个体归属需求与亲社会行为的影响

社会排斥相比其他形式的自我威胁最重要的特点便是：社会排斥会导致个体的归属感缺失。由于人们天然有寻求和保持积极的人际关系的强烈愿望，因此在归属感缺乏时，个体有强烈寻找人际交往和建立人际关系的需求。Williams（2009）认为个体为了恢复缺失的归属感，可能会倾向于加入任何接受他们的群体，甚至是加入一些邪教组织。基于归属感所展开的研究关注较多的是亲社会行为，该领域的研究发现社会排斥使个体的归属感受到威胁，个体会采取亲社会行为去重新建立社会关系。例如，在实验研究中遭遇社会排斥的个体会在博弈游戏中分配更多的钱给别人,更愿意进行慈善捐赠和帮助他人等(Lee and Shrum,2012;Maner et al.,2007)。除了通过直接的亲社会行为来建立社会联系外,受到社会排斥的个体还会通过一些间接的亲社会行为来建立社会联系。例如,模仿伙伴的言行举止,购买一些表达自己属于某一群体身份的产品等(Mead et al.,2011)。

一些研究者则从情绪的角度着手提出了相反性的观点,认为社会排斥会减少个体的亲社会行为。例如,DeWall 和 Baumeister (2006) 发现社会排斥会引发个体的悲伤、愤怒等负面情绪,这些负面情绪会使个体的亲社会行为倾向降低;Twenge 等 (2007) 发现社会排斥会使个体出现情感麻木的状态,从而导致个体的共情能力降低,进而降低个体的亲社会行为倾向。针对某些特定群体的研究也支持社会排斥减少亲社会行为的观点。例如,Gest 等 (2001) 发现受到同伴排斥的儿童的亲社会行为倾向会降低,Twenge 等 (2007) 发现受到社会排斥的成年人的助人和合作倾向也会降低等。那么这种亲社会行为降低的现象就不能很好地用归属需求的心理机制来解释。

社会排斥除了影响归属需求外还会影响个体的哪些心理过程呢?为什么会影响其他的心理过程呢?我们认为社会排斥作为一种特定形式的自我威胁,除了其独特性的影响外,还会对个体的心理产生一些其他形式的自我威胁也会产生的影响,下面我们将简要总结几种。

(二) 社会排斥对个体自尊的影响

已有研究发现个体的自尊水平也会受到社会排斥的影响(雷玉菊等,2019;Buckley et al.,2004)。这是由于社会排斥可能会被个体识别为来自外界环境对他的负面反馈。根据自尊的社会计量器理论(Sociometer theory),个体的自尊很大程度上来自他人的评价,自尊是个体人际关系的内在反映(Leary et al.,1995)。因此,社会排斥作为来自外界社会关系的负面反馈,会使个体对自己的自我价值产生怀疑，对自我进行否定，从而降低个体的自尊。然而该观点也存在着争论，如 Twenge 等（2003）认为已有研究出现这样的结果并不是由于社会排斥降低了个体的自尊，而是社会接纳提升了个体的自尊。Blackhart 等（2009）认为个体会采取自我防御机制来保护自尊免受社会排斥的影响，因此社会排斥不会降低个体的自尊。Blackhart 等（2009）还认为对自尊的测量方法也会影响研究结果，如测量自尊的方法是否是自我报告的测量方法，是否进行了延迟测量等问题。由此可见社会排斥是否会影响个体的自尊还存在着一些争论。除了社会排斥以外，其他类型的自我威胁也会影响个体的自尊，如由任务失败导致的能力方面的自我威胁，由身材较胖而导致的吸引力方面的自我威胁等。正是由于社会排斥对自尊的影响并不是社会排斥特有的特征，从该视角展开的研究并没有得到特别的关注。

（三）社会排斥对个体控制感的影响

已有研究发现，社会排斥还会降低个体的控制感。控制感指的是个体对自己在多大程度上能够预测、解释、影响外部事件的发生与发展的感知（Burger，1989）。拥有控制感是个体一项基本的心理需求，当个体的控制感受到威胁时，他们将会采取各种方法恢复控制感（Burger and Cooper，1979）。社会排斥之所以会影响个体的控制感是由于，来自社会关系的负面反馈会让个体感知到自己无法在社会活动中影响他人和事情的进展，进而削弱了个体对周遭环境的掌控感（Molden et al.，2009）。除此之外，社会排斥还会威胁到个体对自己在社会领域的成长与发展的预期，从而削弱他们的控制感（Su et al.，2017）。社会排斥对控制感的影响与社会排斥对自尊的影响类似，其他类型的自我威胁也会导致控制感的缺失。例如，死亡凸显所导致的自我威胁也会降低个体的控制感，甚至控制感缺失本身对于个体来说也是一种自我威胁。

（四）社会排斥对个体存在意义的影响

已有研究还认为社会排斥会威胁个体的意义感（Williams，2009）。这是由于，我们生活的意义在很大程度上存在于社会互动和社会关系中，如我们的亲人、朋友、同事，我们不仅在与他们的互动中获得意义，同时这些关系的存在对我们来说本身就是意义。而社会排斥象征着社会关系的疏离，切断了个人与社会交往的渠道（Warburton and Williams，2005）。因此，社会排斥会使个体感到自己在社会互动中意义感的缺失。此外，亲属或家人作为个体最愿意归属的群体，来自他们的排斥对个体心理造成的伤害远大于来自陌生人的排斥，对存在意义的威胁也更强（Sreekrishnan et al.，2014）。社会排斥对意义感威胁的研究实际上是从一个更加抽象的层面展开的，尽管已有文献强调社会关系是个体重要意义感的来源，但是其他类型的自我威胁也可能会带来意义感的缺失。例如，死亡凸显造成的威胁可能会造成个体更加终极的无意义感。最近，Heine等（2006）提出的意义维持模型为从意义的角度研究自我威胁的影响提供了新的思路，有关该模型的基本观点我们将会在下一章中展开介绍。

（五）社会排斥对个体情绪的影响

社会排斥对个体产生以上影响的同时还会给他们带来各种情绪上的变化。例如，已有研究表明，社会排斥会激发个体的愤怒、悲伤、恐惧等负面情绪（Chow et al.，2008）。社会排斥对个体情绪的影响会受到排斥群体以及排斥程度的调节，内群体成员的排斥对个体造成的愤怒情绪要远高于外群体成员的排斥（Bernstein et al.，2010），遭到强烈排斥比一般性排斥会给个体带来更多的愤怒情绪（Buckley et al.，2004）。然而，也有研究发现在某些情况下社会排斥还会让个体的情绪系统关闭，出现情感麻木状态，这种心理机制的产生其实是一种自我防御，其目的是降低社会排斥对个体心理造成的伤害（DeWall and Baumeister，2006）。当然，不仅是社会排斥会造成负面情绪，所有自我威胁作为对于个体的一个负面事件，其不可避免地会产生各种消极情绪，甚至很多情绪本身对个体来说就是一种自我威胁。例如，尴尬、内疚、羞愧等。目前，对该领域的实证研究还主要集中在愤怒、悲伤等简单情绪的研究上，从复杂情绪的角度研究自我威胁的影响可能是未来突破的一个重要方向。

(六) 社会排斥对反社会行为的影响

在上文中我们介绍了社会排斥会提升人的归属需求，进而促进他们的亲社会行为，但是另外一些研究则发现社会排斥还会威胁个体的控制感和存在意义，进而提升他们的暴力倾向，使他们表现出对他人更强的敌意，出现更多的攻击行为和冲动行为等（Baumeister et al., 2007; Twenge et al., 2001）。例如，在实验中遭受社会排斥的个体更倾向于给不喜欢辛辣食物的其他人放更多的辣椒、更倾向于给他人播放噪声、更喜欢对他人使用攻击性词语等（DeWall 等，2009）。研究还发现这种倾向在某些人群中更明显。例如，已有研究发现低自尊的个体比高自尊的个体在受到社会排斥时会表现出更强的攻击性倾向（Kong, 2016）。又如，从内隐人格的角度上，认为自我是不可以改变的实体论者比认为自我是可以改变的渐变论者对社会排斥表现出更多的攻击性倾向（Kammrath and Dweck, 2016）；集体主义者比个体主义者在受到社会排斥后表现出更强的反社会倾向等（Pfundmair et al., 2015）。

(七) 亲社会和反社会效应的矛盾如何调和？

正如上文所言，已有的实证研究发现社会排斥既会导致个体的亲社会行为也会导致他们的反社会行为，并且这两种效应都有大量的实证研究支持。鉴于这是两种截然相反的行为，已有研究者针对如何调和这两种矛盾的行为展开了探索。下面我们就简要介绍几种解释。

Williams（2007）运用需求威胁模型对这一矛盾结果进行了阐释，他将个体遭遇社会排斥后的心理需求划分为两大类，分别是关系需求和效能需求。前者指个体追求和保持亲密稳定的社会关系的需求，后者指个体需要让自己感觉自己是一个有能力、有效能感的人的需求。前者指向个体外部的社会关系，后者指向个体内部的自我感知。然后，Williams（2007）进一步将归属感和自尊划入关系需求，控制感和存在的意义划入效能需求。在遭遇社会排斥时，如果个体感觉对自己关系需求的威胁要大于对自己效能需求的威胁，那么他们主要的关注点便是如何补偿自己的关系需求，进而可能更倾向于表现出亲社会行为。如果个体感觉当前社会排斥对自己效能需求的威胁大于关系需求，则他们主要的关注点便是如何补偿自己的效能需求，进而可能更倾向于表现出反社会行为。

Maxwell 等（2013）则基于依恋理论从实验研究方法的角度对这一矛盾结果做出了解释。他们认为社会排斥会促使个体从依恋对象身上寻求安慰。然而，大多数的实验研究是在实验室条件下完成的，他们重要的依恋对象并不在身边（如亲人、密友等），这造成了他们无法通过依恋的方式来应对社会排斥。因此，在感觉无法获得依恋时，个体会表现出情感麻木的状态来降低排斥引起的痛苦，而情感麻木状态与个体的反社会行为是直接相关的。

五　社会排斥对消费者行为的影响

消费者行为学对社会排斥的研究基本上是以上理论和研究思路的延续，其主要关注点转移到个体如何通过消费行为来应对社会排斥之上。根据已有文献，社会排斥对个体消费行为的影响主要体现在几个方面：炫耀性消费、从众性与独特性消费、拟人化消费以及怀旧消费。下面我们就对其进行简要的梳理和介绍。

（一）社会排斥对炫耀性消费的影响

炫耀性消费指的是个体购买非生活必需但是价格昂贵的商品来向他人显示财富和地位的行为（Veblen，1899）。由于炫耀性消费具有较强的符号价值，遭遇社会排斥的个体可以通过其象征价值来满足自身的心理需求。已有研究发现，当个体遭遇被拒绝类型的社会排斥时更可能表现出慈善捐赠等亲社会消费行为，当遭遇被忽视类型的社会排斥时更可能进行炫耀性消费。这是由于相比于受到拒绝类型的社会排斥的个体而言，受到忽视的个体更倾向于通过某些行为来引起别人的关注，因此更可能表现出炫耀性消费行为（Lee and Shrum，2012）。刘尊礼和余明阳（2016）针对个体特征探讨了内隐人格的作用，他们发现相比于认为自我是可以改变的渐变论者，认为自我是不可以改变的实体论者受到社会排斥时更愿意进行炫耀性消费。Wang 和 Tu（2015）发现，在经历社会排斥后，相比于男性消费者，女性消费者更倾向于通过炫耀性消费来缓解或者降低社会排斥带来的消极影响。

（二）社会排斥对从众性与独特性消费的影响

从众性消费指个体购买与其他人相同的商品或跟从大多数人选择的消费行为，而独特性消费指的是个体在消费过程中寻求与他人有差别的独特选择的消费现象，是一种与从众性消费相反的行为（朱振中等，2017）。

有研究发现，社会排斥会提升个体获取他人认可的需求。遵从与他人相一致的行为与选择，有利于获得他人的认可，因此社会排斥会提升个体的从众消费倾向（DeWall et al.，2009）。Mead 等（2011）的研究发现个体受到社会排斥后会采取从众性消费来重新获得社会的接纳，进而降低社会排斥造成的归属感威胁。当然，除了从众消费之外，个体还会从整体上表现出增强自己与社会联系的消费行为。例如，购买象征自己是某个群体一员的商品，更倾向于选择同伴喜欢但是自己不喜欢的食物，将自己的消费偏好于社交对象保持一致，甚至为了获得重新建立社会联系而尝试毒品。

然而，来自另外一个视角的研究发现，社会排斥会使得个体采取与他人相反的行为模式（Baumeister et al.，2007），因此社会排斥还可能增加个体的独特性寻求行为。Wan 等（2014）发现受到社会排斥的个体会对排斥的情境进行评估，当个体认为排斥的原因非常稳定且不可改变时，他们便不再选择修复社会关系。此时，他们更倾向感知自己是独特的，进而更倾向于进行与众不同的独特性消费来满足自身的独特性需求。已有文献发现消费者可以从多个维度表达自己的独特性，如 Dommer 等（2013）定义了两种消费者表达独特性的品牌，一种是垂直品牌，即在纵向维度上象征比群体内其他成员具有更高地位的品牌，另外一种是水平品牌，即在横向维度上象征与群体内其他成员相比与众不同的品牌。他们的研究表明相比高自尊的个体，低自尊的个体受到社会排斥后会增强自己与群体的异质性感知，从而选择水平品牌来表达自己的个性和品位。

（三）社会排斥对拟人化消费的影响

拟人化指的是给非生物的物体赋予一些人的特征，使其看起来像是有生命的人的产品设计（汪涛、谢志鹏，2014）。在消费市场中，很多商品会采取拟人化的设计，如绘有笑脸的水杯，设计成儿童形象的闹钟等。已有研究表明，社会排斥会使个体的归属感受到威胁，为了重新获得社会联系，个体会更愿意购买拟人化的产品或者品牌。这是因为拟人化的产品或品牌有人的特征，能够补偿个体的归属需求（Chen et al.，2017b）。已有研究还发现社会排斥的不同类型与不同的拟人化形式之间存在着对应关系。例如，吴莹皓和蒋晶（2018）将拟人化品牌分为伙伴拟人化和仆人拟人化，并探讨其与社会排斥之间的关系。所谓伙伴拟人化指的是将商品拟人化成与消费者平等的伙伴关系，所谓仆人拟人化指的是将商品拟人化成受消费者支配的主仆关系。研究发现相比低自尊的个体，高自尊的个体受到社会排斥时更愿意购买仆人角色的拟人化品牌。又如，古典等（2019）从社会排斥的类型着手探讨其与拟人化的关系，研究表明被拒绝的个体更偏好伙伴型拟人化产品，被忽视个体更偏好仆人型拟人化产品。陈增祥和杨光玉（2017）则将拟人化品牌分为温情拟人化和能力拟人化，所谓温情拟人化指的是通过将人的情感属性表达在产品上来给产品赋予温情的感知，所谓能力拟人化指的是通过将人的智能属性表达在产品上来给产品赋予能力的感知。结果发现相比能力拟人化的品牌，受到社会排斥的个体更加偏好温情拟人化的品牌。

（四）社会排斥对怀旧消费的影响

怀旧产品指的是在个体年龄更小的时候常见或者流行的产品，对这些产品的消费会引发个体的怀旧情绪（Loveland et al.，2010）。以往研究表明社会排斥会威胁个体的归属感，而个体为了满足缺失的归属感，更加倾向于购买怀旧产品。例如，购买过去的食物、观看过去流行的老电影等（Loveland et al., 2010）。这是由于怀旧的场景和事件中常常伴随着过去温暖的社会关系、熟悉的朋友和伙伴，通过消费怀旧产品，个体可以被重新带入这些场景中和他们的过去建立联系，从而满足缺失的归属感（Brown et al., 2003）。研究还发现，社会排斥与怀旧消费之间的关系会受到个体自我建构的影响。对于独立型自我建构的个体来说，他们将自己视为独立而不是与他人相互关联的个体，他们更注重个体的独特性和独立性，而对于互依型自我建构的个体来说，他们更注重社会联系（Markus and Kitayama, 1991），因此，高晓倩等（2019）认为受到社会排斥后，互依型自我建构的个体比独立型自我建构的个体更加倾向于购买怀旧产品。

（五）品牌排斥对消费者行为的影响

品牌排斥（Brand Rejection）是社会排斥在品牌领域的拓展及应用。Hu等（2018）参照社会排斥的定义将品牌排斥定义为：个体所感受到的来自品牌本身、品牌销售员、目标消费者的排斥。具体来说，某个品牌的官方发言人或者营销策略忽视或拒绝了某些消费者，或者消费者在购物的过程中感受到了某个品牌销售人员的轻蔑或怠慢，或者某个品牌用户群体不接纳某位想要加入该群体的消费者，这些情况都可能让个体感觉到品牌排斥。对品牌排斥的研究更多关注的是奢侈品品牌，因为奢侈品品牌常常通过营销手段展现出一种高冷的"让你高攀不起"的感知。Ward和Dahl（2014）发现个体受到他所期望的奢侈品品牌的排斥后，他们反而更想购买该品牌了。这是由于在遭遇品牌排斥后，消费者的自我概念会受到威胁，于是他们渴望重建自我概念。由于他们所期望的奢侈品品牌更能够帮助他们塑造理想的自我，因此消费者在受到他们所期望奢侈品品牌的排斥后反而更想要购买该品牌了，但是这种效应在不是消费者所期望的奢侈品品牌上并不存在。由此可见，品牌排斥的营销策略还是要慎重使用。Hu等（2018）发现品牌排斥的效应还会受到品牌排斥合理性的影响，只有来自消费者所期望的奢侈品品牌的排斥是有理由和合理的情况下，消费者的购买意愿才会增加。尽管在奢侈品的品牌排斥领域发现了以上有趣的现象，但是相比于奢侈品品牌，大众品牌更加常见，研究普通品牌排斥对消费者行为的影响更加有实践意义，Sinha 和 Lu（2019）从大众品牌排斥的角度探讨了其对消费者行为的影响。他们研究发现，相比于受到品牌忽视，当个体受到品牌拒绝后，由于他们感知到的线索更多更生动（如眼神、表情等），使得个体的心理意向活跃性更高，感知心理距离更近，从而更倾向于采取低解释水平的角度处理问题。由于视觉图案的礼品卡比与文字信息的礼品卡相比更加具象，更容易与低解释水平的认知加工相匹配。因此，相比品牌忽视，当个体受到品牌拒绝后，他们更偏好于视觉图案的礼品卡。

第二节　死亡凸显的消费者行为学研究

一　死亡凸显的概念

对自我最终极的威胁便是对自我存在的威胁，死亡便是这种威胁最常见的形式。我们每个人都要经历死亡，而且在我们生活中，大多数人都会多次亲身经历身边亲朋好友的死亡，甚至对于某些特定职业的人而言生活中会经常接触到与死亡相关的事件或经常感知到死亡。可以说，在个体所可能面对的自我威胁中，死亡是个体最无法控制的一种威胁，它不仅会给我们带来一种终极的无意义感，还会给我们带来悲伤、焦虑、沮丧和恐惧等强烈的负面情绪。因此，尽管死亡是我们每个人的最终宿命，但是在日常生活中我们却对其采取防御性的态度，极力地回避甚至忌讳对它的感知与思考。然而，现实生活中的一些事情或情景总会提醒我们死亡的存在，从而让死亡在我们的意识中凸显出来，对我们的心理与行为产生某些影响，这种现象就是死亡凸显。具体来说，死亡凸显（Mortality Salience）

指唤醒个体对死亡的感知与思考（Solomon，1991）。死亡凸显并不是让个体直接接触死亡或者处于死亡的情境中，甚至有时个体都不会意识到自己受到"死亡"这一概念的影响，而是通过各种方法在个体的意识与潜意识中启动"死亡"相关的概念（Pyszczynski et al.，2006）。

二 死亡凸显的理论基础

（一）恐惧管理理论的主要观点

死亡凸显主要依托恐惧管理理论而发展起来的一个研究领域。Becker（1973）认为对永生的追求和死亡的必然造成了人类对死亡巨大的恐惧感。为了应对和管理这种由死亡带来的恐惧感，个体发展出了一系列的心理机制。基于以上思路，Greenberg 等（1985）提出了恐惧管理理论（Terror Management Theory）。恐惧管理理论认为当人们认识到死亡的必然性时就会产生对于死亡的焦虑。为了缓解这种焦虑，个体就会采取各种防御性手段。目前得到较多研究的防御手段主要有三种，分别是"追求文化世界观""提升自尊"和"寻求亲密关系"。

根据恐惧管理理论的观点这三种防御机制可以起到"焦虑缓冲器"的作用，即"追求文化世界观""提升自尊"和"寻求亲密关系"可以帮助个体缓冲由死亡带来的焦虑，削弱焦虑带来的负面影响。因此，死亡凸显会提升个体使用以上三种防御机制的倾向。也就是说，死亡凸显情境下的个体会更加认同和自己拥有同样文化世界观的个体或者群体，更倾向于通过各种努力提升自己的自尊，或更倾向于寻求与他人的亲密关系。恐惧管理理论还发现以上过程还是可逆的，威胁任何组成"焦虑缓冲器"的成分都将削弱个体对死亡的防御作用，进而增加了有关死亡的想法的可及性，也就是说，当个体的文化世界观、自尊和亲密关系受到威胁时，在他们意识中和死亡相关的想法也会增加（Pyszczynski et al.，1999）。

(二) 恐惧管理理论的流动补偿机制

恐惧管理理论认为以上三种防御机制具有互相替代和相互补偿的作用,面对死亡焦虑如果一种防御机制受到限制或者威胁时,其他的防御机制可以起到替代的作用,这种防御机制之间相互替代和补偿的作用被称为"流动补偿机制"。基于流动补偿机制的理论假设,已有实证研究发现当这三种防御机制中的一种受到抑制时,面对死亡凸显,个体对其他防御机制的使用倾向就会增强(Webber et al., 2015),当强化这三种防御机制中的一种时,面对死亡凸显,个体对其他防御机制的使用倾向就会减弱(Yaakobi et al., 2014)。当然,这三种防御机制之间可能存在着优先级的关系,即当这三种防御机制或者其中的某两种存在冲突时,个体选择它们来应对死亡凸显的优先程度存在差异。陆可心等(2019)认为这种优先级的顺序分别为:亲密关系、文化世界观和自尊,即当个体可以有多种应对死亡凸显的防御机制可以选择时,他们最先选择的可能是亲密关系,其次是文化世界观,最后是自尊。

(三) 恐惧管理理论的二元认知模型

在实证研究中,已有研究者发现了一些有趣的现象。例如,在进行死亡凸显的操纵之后,被试上述的防御性反应并不会马上出现,只有在一段时间的注意力分散任务之后,他们的防御性反应才会显现。又如,如果采用无意识的阈下操纵的方式操纵死亡焦虑,则防御性反应会马上出现。这种现象让研究者怀疑,在个体遭受死亡凸显后,他们可能在意识和无意识这两个不同的层面来对死亡相关的信息进行加工(陆可心等,2017)。

由于死亡对自我的威胁性过于强烈,以至于当有关死亡的想法经由死亡凸显唤起之后,个体会首先通过压抑有关死亡的想法和感受,将其排除到意识之外。这会导致对死亡的认知加工从意识层面转入潜意识层面,上文所说的三种防御机制都是潜意识层面起作用的心理机制。基于以上理论和现象,Pyszczynski 等(1999)提出二元认知模型,该模型根据个体是在意识层面还是无意识层面处理死亡相关信息，将防御机制分为近端防御和远端防御。当个体在意识层面处理死亡信息的时候，主要引发了近端防御，此时个体会通过压抑或合理化等方式来将死亡相关的信息排除意识，以此降低由死亡相关信息所导致的焦虑（Arndt et al., 1997）。而随着时间的推移和压抑防御机制的作用，对死亡信息的加工从个体的意识层面转入无意识层面，此时引发了远端防御，即个体会表现出追求文化世界观、自尊和亲密关系的行为。由此可见，对死亡信息的加工层面不同，所引发的行为也不同。例如，Greenberg 等（1994）发现，当被试进行简单的、抽象的死亡思考时，他们会启动文化世界观防御，但是当被试面临更生动、具体的死亡场景时，文化世界观防御并没有出现。

三 死亡凸显的研究方法和研究范式

死亡凸显的操作定义为：通过一系列手段将被试引入一个情境，引发被试对死亡的思考。在对死亡凸显的操纵中需要考虑到上文所述的二元认知模型，也就是说不同的实验操纵方法可能引发个体对死亡不同意识层面的加工，进而引发他们的近端防御或远端防御。由于死亡凸显效应的研究更多针对的是个体的远端防御行为，因此已有研究者通常采用一定的方法唤起个体对死亡的感知，但是此方法唤起的是抽象的死亡概念而不是具体的死亡情境，并且在死亡凸显操纵之后需要加入一段分心任务来让个体的对死亡信息的加工转入潜意识。

目前，对于死亡凸显的操纵最常用的方法为经典的"死亡两问法"，该方法让实验组被试思考并且通过写作来回答以下两个问题："请简述你想到自己死亡的时候会有怎样的情绪体验？"和"请具体描述你认为你死后会发生什么事情？"，控制组则回答两个关于非死亡的负面话题或者中性话题："请简单描述你想到自己牙痛的时候会有怎么样的情绪体验？"和"请具体描述当你进行牙齿检查时会发生什么样的事情？"，一般整体的答题时间控制在十分钟内。为了启动被试的远端防御，一般在回答问题后让被试完成一段时间的分心任务，如完成一系列计算任务或数字填写游戏等（Greenberg et al.，1994）。这种研究范式的核心理念是通过建构一个场景来引发被试对死亡的感知，然后再通过分心任务引发远端防御。已有研究常用的与死亡相关的场景还包括：绝症、不安全驾驶、恐怖袭击等，这些内容都会引发个体对死亡的思考。

上面的方法是先在被试的意识层面操纵死亡，然后再通过一定的分心和延时任务将对死亡的认知加工移除意识，产生远端防御。除此之外，还有一种更加内隐的操纵范式，该方法让被试只是在潜意识层面产生对死亡的加工，而不是意识到自己的死亡，从而直接让他们产生远端防御。例如，要求被试在一个填写单词的任务中填写有关死亡的单词或词语，或者让被试回答死亡恐惧问卷或死亡态度量表等（Rosenblatt，1989）。这些方法的特征是，并没有明确地让被试意识到有关自己终将死亡的问题，而是通过让被试接触有关死亡的信息和场景通过内隐的方法在潜意识层面操纵死亡凸显。

在死亡凸显操纵后往往采用模糊填词任务对死亡凸显进行操纵检验。在这个任务中被试被要求补全一系列缺少字母的单词，在补齐字母的时候可以填入有关死亡的词汇也可以填其他中性词语，最后用被试填入的有关死亡的词汇数量来作为操纵检验的指标（Hayes et al.，2010）。死亡凸显的操纵之后，由于实验材料往往具有一定的威胁性，容易造成被试的排斥或者感到不适，所以死亡凸显操纵后往往还会让被试填写积极消极情绪量表，测量被试的情绪状况。

四 死亡凸显对个体心理与行为的影响

（一）死亡凸显对文化世界观的影响

实证研究发现死亡凸显后个体会表现出坚守其文化世界观的行为。文化世界观指人所创造出来的、被某一个群体共享的、有关世界与现实的信念与解释系统。文化世界观与个人的世界观不同，他是一个在文化或群体层面保存和传承的世界观，而不是我们每个人独有的世界观。文化世界观被充分地融入宗教信仰、道德习俗、法律法规和文化观念之中，同时也被植入特定群体中每个个体的观念之中。每个人使用文化世界观构成的信念体系去解释世界，给生命赋予意义，让生活获得秩序感。

文化世界观是超越于个体而存在的，具有帮助个体超越死亡的作用。Pyszczynski等人（2015）甚至认为世界观的存在就是人类为了超越自身的有限性，而运用智能创造出来的，用于应对现实世界困境所带来焦虑的一套信念系统。由于这套系统一旦被创造出来就能够被某个群体所共享，并且在特定的群体中借助宗教、法律、文化等载体被延续和传承下去，因此它能够超越个体的生死与存在，甚至能够达到不朽。这就使得当个体感知到自己生命有限性的时候，会把自己交付于某个文化世界观，然后让文化世界观永久存续下去，以此来寄托自己对不朽的渴望。除此之外，文化世界观的内容本身大量涉及对生死、超自然、灵魂不朽等方面的阐释，充分寄托了人类对超越死亡获得不朽的期待。因此，当人们感知到自身生命有限性的时候，往往更容易到已有的文化世界观中去寻找答案。

文化世界观的载体有很多种形式，已有研究主要从道德、法律和民族认同的角度来对死亡凸显的效应展开研究。例如，已有研究发现死亡凸显情境下被试会更加坚守道德观念，更加强化宗教信仰，更加追求社会公正（Rosenblatt et al.，1989；Friedman and Rholes，2009）。但是由于文化世界观的群体相对性和内容多元性，常常会造成研究结果之间的矛盾与冲突。例如，既有研究表明死亡凸显会增加个体对物质主义的追求，更加关注金钱和财富的积累，也有研究表明死亡凸显会让个体更加慷慨，增加了对慈善事业的捐赠意愿和行为（Jonas et al.，2002）。这是由于文化世界观具有不同的内容与风格，而导致死亡凸显的作用往往是复杂的（Jonas et al.，2013）。例如，有的文化世界观注重个人的金钱与成就的积累，有的则鼓励给予与利他，有的宣扬集体主义，有的鼓励个人主义，有的强调竞争，也有鼓励和谐等。这些矛盾的文化世界观造就了个体行为的多样性。尽管这些行为背后文化世界观的内容相矛盾，但是只要是个体所从事的行为符合自己坚守的文化世界观，就能够帮助他们应对死亡凸显，并从中获得更多的安全感、确定感和控制感。

除此之外，由于支持某文化世界观的群体往往是具有一定范围的，这就使得死亡凸显往往导致个体一方面支持自己内群体的文化世界观；另一方面对外群体的文化世界观产生排斥甚至攻击的态度。例如，研究发现在经过恐怖袭击或者其他死亡凸显事件后，民众的爱国主义倾向会提升（Castano and Dechesne，2005）。但是，研究还发现死亡凸显也会增强人们对外群体成员的刻板印象，对违背自己文化世界观的人出现更消极的评价，甚至表现出攻击倾向（Schimel et al.，1999）。

（二）死亡凸显对自尊的影响

自尊指人们对自己的评价和态度是积极正面的还是消极负面的，由于每个人都追求对自己评价的积极正面性，因此追求高自尊是个体的一项基本动机（Rosenberg，1965）。已有研究发现提升自尊可以让被试在死亡凸显情境下表现出更少的防御行为和更低的焦虑水平（Greenberg et al.，1992a；Greenberg et al.，1993）。自尊之所以能起到防御死亡凸显的作用，是由于高自尊的个体拥有更多的心理资源，可以更加有效地抵抗死亡带来的负面影响。

基于自尊的这种作用，已有研究发现死亡凸显后个体会进行一些强化自尊的行为。例如，Rudert 等（2015）发现死亡凸显后个体更不容易出现后悔行为，因为后悔会降低其自尊水平。Ferraro 等（2005）发现死亡凸显情境下，女性更倾向于保持身材维持较高的身体自尊。还有一些研究发现个体在死亡凸显情境下会更加关注自己的健康，如增强锻炼、更愿意使用防晒油等（Arndt et al.，2003；Routledge et al.，2004）。但是，研究发现死亡凸显后个体还可能通过酗酒、抽烟和不安全驾驶等行为来提升自己的自尊，因为这些行为可以向他人展示个体有更多的资源来应对各种风险（Hansen et al.，2010）。

(三) 死亡凸显对亲密关系的影响

已有研究发现个体可以通过寻求在他人身上获得亲密和依恋的方式来缓解由死亡带来的焦虑的行为（Mikulincer et al.，2003）。已有研究发现，死亡凸显会让人们更愿意拉近彼此之间的距离，愿意与他人坐得更近，更愿意把自己置身于群体之中，更加愿意和人类在一起，而不是更加亲近自然和动物等（Wisman and Koole，2003；Florian et al.，2002）。研究还发现人与人之间的肢体接触，甚至是人与毛绒玩具之间的接触都会起到缓解死亡焦虑的作用（Koole et al.，2014）。这些证据都证明了亲密关系是个体应对死亡凸显的一个重要防御机制。那么为什么亲密关系会有助于个体防御死亡凸显带来的威胁呢？已有理论主要从两个角度来进行解释。

一部分研究者从繁衍的角度来解释亲密关系的作用，这个理论视角主要解释在死亡凸显下个体更倾向于增强与自己亲人的亲密关系的现象。例如，研究发现，在死亡凸显的操纵后个体会增强自己对伴侣和孩子的陪伴和投入（Florian et al.，2002）。因为这种亲密关系意味着通过后代的繁衍来获得生命的延续，这种自己的基因和生命在后代身上的替代性延续有助于个体缓解自己对死亡的焦虑。因此，实证研究发现死亡凸显后的个体会对生育会表现出更加积极的意愿，并且对控制生育的政策表现出更加消极的态度（Yaakobi et al.，2014）。

然而，以上理论并不能很好地解释死亡凸显，还会增强个体与非亲缘关系之间的亲密行为。因此，另外一些研究者从归属感的视角进行了解释。社会认同理论认为个体一定会归属于某一社会群体，并在群体当中获得社会身份和归属感。已有研究发现，群体身份也是缓解死亡焦虑的重要途径之一。为了应对死亡带来的负面影响，人们往往倾向于使用群体身份来替代个体身份，因为群体往往比个体更有力量抵抗外在的威胁，进而能够更长时间地存续和传承。与他人建立亲密关系可以让人们融入某一群体中获得归属感和力量（Castano et al.，2002）。例如，Castano（2004）发现死亡凸显会增加个体的内群体认同和对内群体成员的关注。

值得注意的是，这种通过在群体中获得亲密关系和归属感来防御死亡凸显的解释与文化世界观的解释存在着一定的重合和混淆之外。因为对于一个个体而言，其归属的群体往往也是持有相似文化世界观的群体。因此，Tesser（2001）认为亲密关系防御和文化世界观防御可能存在紧密的联系，当人们认为自己属于一个群体时就会从心理和行为上表现出符合该群体期望的特征，这种群体的期望就会成为一种规范，进而组成个体文化世界观的一部分。

五 调节死亡凸显效应的因素

不同的人对于死亡凸显会有不同的心理反应，同一个人对于死亡凸显的心理反应也会随着时间和情境的不同而发生变化。例如，已有研究发现个体不同的依恋风格可以起到调节作用，安全型依恋风格的个体更倾向于通过寻求亲密关系来抵抗死亡焦虑，而回避型依恋风格的个体更喜欢使用文化世界观防御和自尊防御（Mikulincer et al.，2003）。研究还发现死亡凸显对老年人的影响比对年轻人的影响要更小，这可能是因为老年人比年轻人更经常接触死亡，所以更能够接受死亡（Maxfield et al.，2007）。研究还发现高结构需求的个体在死亡凸显情境下会更青睐文化世界观防御，这是因为文化世界观防御能够为他们提供更强的对世界的结构性认识（Landau et al.，2004）。Gailliot 等（2006）发现高自我控制的人比低自我控制的人在面对死亡凸显时会表现更少的防御倾向。除了个体差异以外，某些情境性的因素还可能会影响个体对死亡凸显的反应。例如，Arndt 等（1998）发现降低个体对自我的关注程度可以有效降低死亡凸显效应，Routledge 等（2008）发现被诱导怀旧的个体在遭遇死亡凸显时防御性行为没有增加，这说明怀旧也可能是一种对死亡凸显的防御机制。

在对亲密关系防御的研究中，Brewer 等（2004）发现如果个人与其所属的群体具有较强的价值一致性和归属感，那么在死亡凸显情境下，他们更可能选择亲密关系防御，否则个体则不会选择这一防御机制。研究还发现，如果个体预期到他所属的群体可能存在和延续的时间较短，那么这个群体便无法满足其对不朽的寄托，则他采用亲密关系防御的倾向也会降低（Sani et al.，2009）。

六　死亡凸显对个体消费行为的影响

当今社会，随着各种媒体和互联网的发展，消费者在日常生活中会随时随地的接受多种来源信息的影响。由于地震、战争、恐怖袭击和车祸等与死亡有关的新闻更容易吸引读者和观众的眼球，因此这些信息往往被媒体过度的宣传和放大，使得消费者经常无意识地暴露在死亡凸显情境之中。来自消费者行为学的研究发现，消费常常是个体防御死亡凸显的一种手段。这不仅是因为消费本身可以作为转移注意力和缓解焦虑的一种手段，而且不同类型的商品也具有帮助消费者实现不同防御策略的目的（Arndt et al.，2004）。下面我们将根据上面介绍的三种对死亡凸显的防御机制来对相应的消费行为进行综述。

（一）文化世界观防御与消费行为

在文化世界观的作用下，死亡凸显情境下的消费者应该更加偏好那些符合自己文化世界观的商品或服务。例如，研究发现，死亡凸显会激活人们的物质主义，进而增加消费者的消费需求，这是由于物质主义是目前全世界范围内流行的文化世界观（Arndt et al.，2004）。在物质主义的作用下，消费不仅可以给消费者带来愉悦的体验，消费者拥有的财富和物品还可以成为消费者自我延续的一部分，这使得消费成为消费者防御死亡凸显的缓冲途径之一（Cozzolino et al.，2004）。来自实证研究的结果也支持了以上理论，如研究发现在"9.11"恐怖袭击之后，美国人的消费情况不降反增，这反映了人们试图通过拥有物质来应对死亡焦虑的愿望。研究还发现死亡凸显后消费者还可能出现过度消费和享乐消费的情况，甚至会变得更加贪婪和自私（Mandel，2008）。来自我国的研究发现在"5.12"

汶川地震后灾民也出现了物质主义倾向增强的现象（翁智刚等，2011）。

基于文化世界观防御的理念，死亡凸显后消费者还可能会增加支持他们所在文化世界观的消费。例如，"9·11事件"之后，印有美国国旗的产品成为紧俏货，这是由于消费者倾向于通过购买这些产品来表达自己的爱国之情（Arndt et al., 2004）。在交通死亡事故中，消费者也更倾向于将过错归结于外国制造的车辆而非本国制造的车辆（Nelson et al., 1997）。柳武妹等（2014b）在中国情境下也发现了死亡凸显会增加消费者对国产品牌的青睐。

（二）自尊防御与消费行为

根据自尊防御的理念，死亡凸显情境下，个体会提升自尊来缓冲死亡带来的焦虑，所以消费者也应该在消费中更加青睐那些能够提升自尊的商品或服务。由于拥有高档的炫耀性产品或奢侈品更可以显示消费者的社会地位、提升他们的自尊，所以在死亡凸显情境下，消费者对奢侈品的购买倾向会提升（Cozzolino et al., 2004）。其他一些被认为可以提升自尊的商品或服务也可能成为消费者缓冲死亡凸显的重要方式。例如，当外表的美丽被认为是自尊的来源时，死亡凸显会提升个体在健身和美容等方面的消费（Arndt et al., 2003）。当健康被认为是自尊的来源时，消费者倾向于选择更健康的食物（Ferraro et al., 2005）。研究还发现，面对死亡凸显人们会增加对防晒霜的使用来保护自己的皮肤，但是如果认同小麦色肌肤是健康肤色的人则可能会减少防晒霜的使用并增加日光浴，以此来获得身体自尊的提升（Routledge et al., 2004）。此外，他人的评价也可能成为自尊重要的来源之一，因此死亡凸显后的消费者在消费选择时更可能受到他人评价或参照群体的影响。例如，死亡凸显情境下他人的在场会引发消费者购买更多的奢侈品（Fransen, 2011）。

（三）亲密关系防御与消费行为

由于亲密关系是个体对死亡凸显防御的一种重要形式，因此死亡凸显情境下个体会增加促进亲密关系的消费。例如，Jonas等

(2002)发现死亡凸显下的个体会表现出更多的慈善捐赠行为,这是由于亲社会行为会促进个体与社会的亲密度。Renkema 等(2008)发现死亡凸显会促使消费者进行更多的从众消费,这是因为消费者可以通过从众消费来保持自己与群体的一致性,从而获得更多的群体认同。Routledge 等(2008)发现死亡凸显还会促进个体的怀旧消费倾向,这是由于通过怀旧个体可以从过往当中寻找亲密感。

第三节 权力感威胁的消费者行为学研究

一 权力感与权力感威胁的概念

权力指个体在社会关系中对有价值资源的非对称控制(Magee and Galinsky,2008),而权力感指个体感知到的自身能够影响和控制自己与他人的能力(Anderson et al.,2012)。权力感作为个体的一种感知,经常会受到外界事件或情境的影响而产生波动。例如,一个中层管理者在给下属训话时是高权力感的,但是当他下一分钟走进高层领导的办公室时,他的状态则转变成了低权力感的。由于低权力感是一种令人厌恶并使人极力摆脱的心理状态,因此可以将其视为一种自我威胁,在此我们将其称之为权力感威胁,在英文中经常使用"powerlessness"一词指代权力感威胁。下面我们将结合以下理论,阐释权力威胁对个体心理与行为的影响。

二 权力威胁的相关理论

(一)趋近—规避理论

"趋近—规避理论"(Approach-inhibition Theory)认为不同的权力感会激活个体不同的行为系统。具体来说,高权力感会激活个体的"行为趋近系统"(Behavior Approach System,以下简称 BAS),而低权力感则会激活个体的"行为规避系统"(Behavior Inhibition System,以下简称 BIS)。"行为趋近系统"指通过激发个体的行动去获取一个自己渴望的积极结果的系统。例如，个体通过 BAS 来激发自己的行动去追求奖励和成就。BAS 激活的个体会对积极的结果和奖赏更敏感。而"行为规避系统"指通过抑制自己的行动来避免一个自己不想要的消极结果的系统。例如，个体通过 BIS 来避免失败和惩罚。BIS 激活的个体会对于消极的结果和惩罚更敏感（Galinsky et al.，2015）。

根据该理论，当个体因为处于低权力状态而感受到心理威胁时，他们的"行为规避系统"会被激活，这会导致个体更加关注潜在的威胁，并倾向于更谨慎地采取行动等。例如，Mourali 和 Nagpal（2013）在其研究中指出，在消费决策时，相对于高权力感的消费者，低权力感的消费者更喜欢采取"排除策略"，即从众多选项中首先排除可能最差的选项，而不是从众多选项中选择可能最优的选项。Mourali 和 Nagpal（2013）发现相对于高权力感的个体，低权力感的个体更加倾向于在消费决策时采取有意识的、控制性的信息加工方式，这可能会让他们在做消费决策时更加谨慎。

（二）能动—公共导向模型

Rucker 等（2012）从个体关注个人还是社会的角度提出了权力的"能动—公共导向理论模型"（Agentic-communal Model），该模型认为权力感会影响个体看待自我与他人关系的方式。具体来说，高权力会使个体会更倾向于能动导向，即更加重视自我的价值和自我的目标；相比之下，低权力感的个体会更加倾向于公共导向，即更加重视和依赖他人，具有更强的群体倾向。这是因为当个体处于低权力状态时，意味着他掌握着较少的资源，需要借助他人的力量来实现自己的目标。因此，根据"能动—公共导向模型"高权力个体更加关注自我，而低权力个体更加重视他人。例如，Rucker 等（2011）在其研究中发现，相比高权力个体，低权力个体更愿意为他人而非自己进行消费。此外，基于"能动—公共导向模型"，有学者将权力感与社会认知理论中的"能力—温情诉求"联系在一起。具体而言，高权力个体的能动导向会促使他们更加聚焦于自我，更加追求独立和自我奋斗；而低权力个体的公共导向会促使他们更加聚焦于他人，更加注重与周围群体成员之间的联系。因此高权力个体具有更强的能力诉求，而低权力个体具有更高的温情诉求。因此当个体处于低权力状态时，会更加注重甚至是主动寻求环境中的温情信息。例如，Dubois 等（2016）发现当慈善机构在其宣传中更多地强调温情信息时，相对于高权力个体，低权力个体的捐赠意愿会更强。

（三）基于控制需求的理论

基于控制需求的理论（Theories Based on the Need for Control）则从控制需求的角度解释权力感对个体行为的影响。Kim 和 Mcgill（2011）认为权力感和控制感之间的因果关系是双向的。具体来说，当人们拥有较低的权力感时，他们会感知到自身掌控资源的不足，进而对自己和周围环境的控制感降低。反之，而当人们拥有较低的控制感时，他们也会感知到比其他人更低的权力感（Copeland, 1994）。因此，权力感与控制感的研究是相辅相成的，当个体受到权力感威胁时，寻求权力感恢复的过程也是寻求控制感提升的过程。因此，遭受权力感威胁的个体会表现出一系列有助于恢复其控制感的行为。

（四）社会距离理论

Magee 和 Smith（2013）提出了权力的社会距离理论（Social Distance Theory），并指出相对于高权力个体，低权力个体更加依赖他人和群体，因此会感知到与他人更近的社会距离。由于社会距离是心理距离的一个维度，而心理距离又会影响个体的解释水平。因此，不同权力感的个体也可能采取不同的解释水平来进行认知加工。根据解释水平理论（Construal Level Theory），高解释水平的个体更倾向于采用抽象的、结构化方式来加工信息，而低解释水平的个体更倾向于采用具象的、具体的方式来加工信息。因此，基于以上逻辑，高权力的个体更可能采取高解释水平来加工信息，进而倾向于采用抽象的思维方式，更加关注长期目标，且具有更高的自我控制；

而低权力的个体更可能采取低解释水平来加工信息，进而更加倾向于采用具象的思维方式，更加关注个体的短期目标，自我控制能力较弱。

三 权力威胁的操纵与测量

权力感威胁的操纵方法是权力感研究中非常重要的一环，在实验研究中是否能正确启动个体的权力感威胁是研究成功的重要前提。因此，自权力感被纳入心理学研究中以来，众多学者一直在探索权力感的启动方式，虽然种类繁多，但根据操纵范式的不同可以将其归纳为以下四种操纵方法："作为结构变量的操纵""作为心理变量的操纵""作为概念变量的操纵"和"作为具身变量的操纵"（Galinsky et al.，2015）。下面我们将逐一对其进行简要介绍。

（一）作为结构变量的操纵

所谓作为结构变量的操纵指的是将被试放置在非对称的社会关系中操纵权力感的方法，其中常用的操纵方法即为等级角色操纵（Anderson and Berdahl，2002）。该方法首先让所有被试完成一份领导力问卷，并告知被试即将根据他们领导力问卷的结果给他们分配到管理者和服从者的角色来共同完成一个任务。实验者假意对参与者的领导力问卷进行打分后，随机将被试分配到低权力组和高权力组中，分别被赋予下属和领导者的角色。高权力组管理者角色的被试被告知在接下来的任务中他们有权力支配服从者来完成任务，并且有权对服从者完成任务的情况进行评价和奖励。低权力组服从者角色的被试被告知他们必须服从管理者的支配与安排，并且无权对自己的任务完成情况进行评价，以及无权干涉奖励的分配（Jin et al.，2014）。除了以上的经典操纵之外，已有研究者还发展出了一些其他结构性操纵的方法。例如，让被试之间进行独裁者游戏或进行一场谈判等（Galinsky et al.，2003）。尽管具体的操纵方法有很多，但是这种结构性操纵的思路是一致的，即将高权力组被试和低权力组被试分别分配到不同的角色下，不同的角色对彼此的掌控权有所不同。这种方法的弱点是实验的成本较高且比较复杂，而且容易在操纵过程中混入各种干扰变量。

（二）作为心理变量的操纵

作为心理变量的操纵并不改变个体客观的控制权，而是在心理感知层面操纵权力感。将权力感作为心理变量进行操纵的各种方法中，情境回忆法是其中最为常用的方法。该方法采用让被试进行回忆并写作的方式对权力感进行操纵（Galinsky et al.，2003）。具体来说，高权力组被试被要求尽可能生动地回忆并写出一件"你对他人拥有权力的事情"，即指你能控制或影响别人能否获得他想要的东西，或者你拥有评价他人的权力的事件。低权力组被试被要求尽可能生动的回忆并写出一件"他人对你拥有权力的事情"，即他人能控制或影响你能否获得你想要的东西，或者他人拥有评价你的权力的事件。控制组的被试被要求尽可能生动地回忆并写出上次去购物时的普通经历。情境回忆写作的方式采用的是激活被试心理上的权力体验的思路，与等级角色启动方法的区别在于不改变实验情境下被试的客观权力水平，以防止实验操纵中混入其他的干扰变量，因此成为目前权力感研究中最常采用的方法。但这一方法的难点在于需要确保被试真正地将自身融入回忆的情境当中，对于被试的卷入度有较高的要求。

除了情境回忆外，单纯的角色想象任务也被证实可以用于权力感的操纵。Dubois 等（2010）在他们的研究中要求被试想象自己是某家公司的老板或雇员，并生动地想象自己在这个角色中将会有什么样的感受、思考以及行动。他们发现，单纯让被试想象自己处于高权力或低权力的角色就可以操纵他们的权力感。这一方法操纵简单，被试的代入感比较高，但是对被试的身份有一定的要求，如果被试为学生，如何能有效地激发他们对职场身份的想象并带动感受与思考是需要考虑的重要问题。

（三）作为概念变量的操纵

概念启动法指通过向被试呈现与权力相关的词或者视觉图片的

方式启动被试高权力或低权力感的方法。语义启动法（Semantic priming）指通过向被试呈现权力相关的词语来操纵权力感的方法，这一方法可以让研究者们在被试意识不到的情况下激活他们的权力感（Galinsky et al.，2008）。例如，研究者让被试完成一个补全单词的任务，高权力组被试补全的单词更多的与高权力相关，而低权力组补全的单词更多与低权力相关。例如，高权力组将"POW ＿"补全为"POWER"，低权力组将"POW ＿ LESS"补全为"POWERLESS"。另外一种语义启动的方法则是"语句整理任务"（Smith and Trope，2006），该任务要求被试将打乱的词语重新排序组成通顺的语句，在低权力组的语句中含有与低权力相关的词语，例如，下属。而在高权力组的语句中含有与高权力相关的词语，如权威。视觉启动（Visual Priming）是一种通过向被试提供视觉刺激从而启动权力感的方法。例如，Torelli 等（2012）发现，给被试呈现图片（如高管走出私人飞机的图片）可以成功地激活被试的权力感。这些方法的优势是能够很好地避免被试猜测到研究的真实目的。

（四）作为具身变量的操纵

由于不同权力感的个体其心理、思想及行为举止各有不同，因而个体的身体姿态也反之可以体现一个人的权力感（Smith and Apicella，2017）。已有研究者根据这种思路开发了通过改变个体的身体姿势来操纵他们的权力感的操纵方法。例如，Carney 等（2010）发现，让人摆出舒展的姿势可以启动高权力感，而拘谨的姿势可以启动低权力感。又如，靠在沙发椅上、手枕在脑后或脚翘在桌上的姿势可以启动高权力感；低头局促而坐、双手放夹在腿间的坐姿可以启动低权力感。Chen 等（2001）使用座位来操纵了被试的权力感。这项研究是在教授的办公室中进行的，高权力组被试坐在教授的沙发椅上，这把椅子舒适并且高大；低权力组被试则坐在桌子对面的木椅子上，他们的椅子略矮且不太舒服，结果发现这一座位的差异激活了被试的高权力或低权力感。采用身体姿势或者座椅的方式来启动权力感是比较有趣的操纵，但这种方法的执行难度较大，需要在特定的实验室中对被试单个进行实验操纵。并且有关这种方法操纵的有效性目前还存在争议。

（五）权力感的测量方法

除了通过实验操纵来研究情境性的权力感外，对个体差异的测量也有助于对权力感的研究。目前采用最普遍的测量个体权力感的工具是 Anderson 等（2012）编制的包含 8 个题项的权力感测量量表。该量表测量的是个体对当下自己权力的感知，包括诸如"身边的人都听我的，我的话语很有分量""即使我说出了我的想法，也不会起到什么作用"等题项。该量表最初用于测量个体在日常生活中一般状态下的权力感。但随着权力感研究的不断深入，该量表也逐渐被引入某些特定的关系中，用于测量一个人在特定关系（如情侣关系）或特定环境（如工作场所）中的权力感。同时，由于权力感量表测量的是个体当下的权力感知，因此，在部分实验研究中，该量表也用于进行权力感启动的操纵检验，即在启动被试的权力威胁后，通过权力感量表测量被试当下的权力感，权力感越低代表权力感威胁启动越成功（Chen et al.，2009）。

四 权力感威胁对个体消费行为的影响

当个体受到权力感威胁时，会处于一种低权力状态，而这种低权力感对个体的心理及消费行为产生重要影响。Rucker 等（2012）认为权力感对个体行为的影响可以通过影响他们的心理倾向（Psychological Propensities）和心理需求（Psychological Need）两种方式来完成。权力的心理倾向是指由权力的心理体验所自然触发的偏好和倾向，是较少需要甚至是不需要认知干预的行为倾向。例如，受到权力威胁的消费者具有更低的风险偏好。与此相对权力的心理需求是指由低权力感的威胁所唤起的特定的动机或欲望。例如，当人们受到权力感威胁时，会激发其恢复权力的需要，进而促进他们追求地位的行为。下面我们就基于这两种视角和对权力感威胁如何影响消费者行为进行如下综述。

(一) 心理需求视角下权力感对消费者行为的影响

从心理需求视角对权力感威胁研究最多的领域是补偿性消费领域，该领域研究发现：当个体受到权力感威胁时，会激发其恢复权力感的动机，进而采取一系列的行为进行自我补偿。

在权力感威胁情境中，处于低权力感的消费更倾向于购买象征地位的商品。这是由于拥有地位往往意味着拥有更多的资源和权力，可以满足低权力者的心理需求，而这种行为在公开场合中更为明显（Rucker and Galinsky，2008）。除了带有明显地位标识的产品（如Gucci的皮包、派克笔等）外，出于对地位的渴望，低权力消费者还会关注那些带有隐性地位信息的产品。例如，Dubois等（2012）发现当商品尺寸的大小与地位象征意义相关时，权力感威胁会促使个体更关注商品的尺寸，当商品的尺寸越大越象征地位时，低权力者更倾向于选择和购买更大尺寸的产品（如钻戒、房子）；而当更小的形状代表更高的价值时，低权力者转而会更倾向于购买更小的产品。除此之外，处于权力感威胁情境下的消费者更倾向于选择那些能够满足其控制需要和提升生活意义感的商品。已有研究发现，相对于高权力消费者，低权力消费者更加偏好有边界的产品、有秩序的零售环境等可以满足其控制需要和结构需要的营销元素（童璐琼，2015）。

(二) 心理倾向视角下权力感威胁对消费者行为的影响

从心理倾向视角下展开的研究主要从高权力者和低权力者的心理与行为特征出发来研究权力感威胁对消费者行为的影响，但是并没有形成系统的研究问题，下面我们举几个典型的例子。Kim和McGill（2011）发现权力感可以影响个体对拟人化商品的态度，由于高权力的个体比低权力的个体更认为自己可以控制他人，而拟人化使得商品更具有了人的属性，因此，高权力的消费者比低权力的消费者对拟人化商品会感知到更少的风险，进而更可能去尝试和购买拟人化的商品。Jin等（2014）发现权力感会对消费者的价格不公平感知产生影响。具体而言，高权力的消费者由于自身掌控更多的资源，他们更倾向于和其他人进行比较，因此当自己购买商品的价格高于其他消费者购买商品的价格时，他们会体验到更强烈的价格不公平感。而低权力的消费者由于自身掌控的资源更少，他们更倾向于和自己进行比较，因此当他购买商品的价格高于他自己以往购买商品的价格时会体验到更强烈的价格不公平感知。Rucker 等（2011）研究了权力状态对个体为自己和为他人的消费意愿的影响，结果发现高权力的个体在为自己消费的时候花费更多，而低权力的个体在为他人消费的时候花费更多。这是由于高权力的个体更加关注自己，而低权力的个体更加关注他人。Jiang 等（2014）研究了权力状态对消费者品牌转换行为的影响，结果发现高权力感的消费者更倾向于进行品牌转换行为，这是由于转换品牌需要消费者主动地脱离原来的使用习惯，高权力可以激发个体的行为系统，让他们更多地主动行动，而低权力启动个体的行为抑制系统，让他们更加关注成本和风险。

第四节 压力的消费者行为学研究

对压力的研究在传统消费者行为学的文献中并没有被明确地划入自我威胁研究的研究领域。然而，通过文献的梳理我们发现，无论是在产生的来源上，个体的心理感受上，还是应对的方式上，压力和自我威胁之间都存在着非常大的相似性。除此之外，遭受自我威胁的个体往往伴随着压力感知，同时压力也往往被个体看作一种自我威胁。因此，鉴于以上压力和自我威胁的相似性和他们之间关系的紧密性，本章将对压力的概念、理论、研究方法，以及消费者行为学对其展开的相关研究进行综述，并探讨其与自我威胁研究的关系和彼此融合的可能性。

一 压力的概念

压力泛指人们在工作、生活、人际关系、个人责任等方面所体验到的一种心理紧张状态。由于压力的范围比较广泛,有关压力的概念也存在不同,具体可以分为以下三类。Selye(1976)从应激的视角阐释了压力的概念,认为压力是个体对威胁事件的生理反应。这一定义的特征是强调压力是一种内在的主观感受,而忽视威胁的来源(Moschis,2007)。后来,学者们将关注点放在产生压力的生活事件本身,如 Holmes 和 Rahe(1967)从压力源的角度将压力定义成:个体在面临需要作出改变和适应的生活事件时所产生的紧张状态。前两种概念一个强调内在感受,一个强调外在来源,后续的研究者倾向于对这两种概念和理论视角进行整合。基于此,Folkman(1984)从个体与环境相互作用的角度出发,认为压力描述的是个体与其所处环境之间的关系,强调个人与环境的交互属性。他将压力定义为当个体感知到当前环境要求超过其现有的应对资源并对自身幸福感产生影响的状态。后续学者也多认可压力是个体感觉无法应对环境要求时产生的负面感受,当前心理学和消费者行为领域的研究也多沿用这种压力的概念和理论视角。基于以上定义可以看出,目前已有文献对压力的公认概念与我们对自我威胁的定义存在很强的相似性:首先,都是由外在事件所诱发;其次,都在个体心理产生一种负面感受;最后,个体都致力于消除和降低这种影响。

二 压力的应对机制

当个体感受到压力后,就会着手去应对这些压力。应对(Coping)是指个体通过认知和行为上的努力以减轻由于资源不足而造成的压力的行动(Lazarus and Folkman,1984)。已有研究发现,个体在面临压力时可能会有多种不同的反应和应对方式,并且应对不是一个单一和静态的状态,而是需要个体不断付出多方面的行动和努力的一个过程（Moos et al., 2003）。

个体如何应对他们所面临的压力呢？已有理论认为压力应对主要会表现为评估和行动两个过程。评估指个体在认知上对其所面临的压力情境进行评估的心理过程。Lazarus 和 Folkman（1984）认为个体对压力的评估可以分为初级评估（Primary Appraisals）和次级评估（Secondary Appraisals）两个过程。初级评估指个体对当前的情境做出基本判断的过程，即个体评估当前的威胁或情境是否会对个人产生影响，如果面临的威胁或情境对个体具有负面影响，则被认为是"压力源"。次级评估指个体对自己是否有能力采用特定策略来有效应对压力的评估，以及对使用特定策略的后果和预期进行评估的过程。这里需要提到的一点是，尽管区分初级评估和次级评估具有一定意义，但初级评估并不一定要先于次级评估发生，两者往往几乎同时进行，共同决定了个体的应对方式。

已有研究者将压力应对的策略也主要分为两类，一类是解决问题，另一类是调整情绪。解决问题指个体想办法做一些具有针对性和建设性的事情，借此改变当下的环境、解决压力的来源。而调整情绪指个体通过内在的心理过程调节自己对压力事件的情绪反应（Lazarus and Folkman, 1984）。Lazarus 和 Folkman（1984）将这两种应对策略分别称为问题聚焦的应对和情绪聚焦的应对。前者包括直接解决问题、制订计划、寻求帮助等行动策略，后者包括压抑、逃避、发泄情绪等行动策略。这里需要注意的是，问题聚焦型和情绪聚焦型这两种压力应对方式不是两极对立的关系，它们是独立运作、互不影响的，因此个体可能同时采用多种不同的应对策略。

通过以上压力应对的理论我们可以看到，个体用于应对压力的过程与应对自我威胁的过程存在着很大的相似性，并且基于压力应对而总结出来的理论也可以被用于解释个体对自我威胁的应对过程。鉴于压力应对与自我威胁应对的这种相似性和彼此之间的紧密联系，Han 等（2015a；2015b）将应对方式理论引入消费者行为学自我威胁的研究中，并且展开了初步的实证研究。本书的实证研究将遵循这个思路，将在第八章中基于应对方式理论解释个体自我威胁情境下的消费偏好。有关应对方式理论更具体的内容，以及该理论与消费者偏好之间的关系，本书将在第五章中进行详细阐释。

三　压力的研究方法与研究范式

（一）问卷测量法

问卷法是测量压力的重要方法，该方法主要通过自我报告的形式让个体评估自己所面临的压力。尽管存在各种不同版本的压力测量工具，但是测量的思路主要有两种，第一种是测量个体对压力的感知或反应。例如，被广泛应用的"知觉压力量表"（Perceived Stress Scale）。该量表是由 Cohen 等人于 1983 年开发，用于测量个体主观上感知到的当前面临的压力水平。量表共包含着 14 个对个体当前感觉的描述，如"我感觉自己无法控制生活中的重要事情""我感到紧张不安和有压力"等。被试需要根据最近一个月来的感受，评价这些表述与自己状态相符合的程度，得分越高表示个体的压力越大。第二种测量思路是测量个体最近所经历的压力事件的多少，通过评估个体的压力源来测量个体的压力，这种思路的典型代表是生活事件量表（Life-event Questionnaire）。被试在进行此量表填答时，会得到一份生活事件清单，如"离婚""搬家"等，清单中每个条目都根据压力程度的大小被赋予不同的分值，被试根据自己过去一年的生活经历勾选发生的生活事件并对得分进行加总。这种测量的思路是个体面临的生活转变越多，压力也越大，并且这种生活事件与压力的关系已经得到了实证研究的证明（Almeida, 2005）。

（二）任务操纵法

问卷法测量压力的问题在于该方法只能测量被试在一段时间内的压力状况，无法很好地反映被试在当下特定情境下的压力状态，除此之外由于问卷法本身存在的缺陷无法很好地验证其与观测行为之间的因果性关系。因此，研究者开发了另外一种在实验室条件下操纵压力的方法，即任务操纵法。下面我们将选取两种典型的任务操纵法进行简要的介绍，以此阐明任务操纵法的思路和逻辑。

特里尔社会应激测试（Trier Social Stress Test）是一种标准化的任务操纵程序（Kirschbaum et al.，1993）。在测试前，被试首先被告知他们即将参加一场面试，因此需要准备一个五分钟的自我陈述，他们的面试过程将会被摄像和录音。当进入正式面试环节，被试开始自我陈述，由实验助手假扮的"专家"会对被试的表现给出消极的反馈。陈述结束后"专家"会要求被试完成口算任务，如递减运算，一旦被试报告的结果出错，"专家"立即要求从头开始。实验之后主试会向被试告知实验的真实意图并致歉。特里尔社会应激测试能迅速引起被试的压力和应激，在心理学研究中得到较多欢迎，不过也有学者认为这种方式过于偏激。

通过上面的介绍可以发现，这种基于任务的压力操纵方法主要是给被试创造一个压力的情景，通过具体的任务让被试产生应激反应。除了该例子外，已有研究常使用的压力操纵任务还包括当众演讲任务。例如，Dickerson 和 Kemeny（2004）通过让被试准备并当众发表指定主题的演讲来操纵压力，在该任务下被试压力激素皮质醇的水平被显著提高。

四 压力对个体消费行为的影响

已有心理学领域对压力的研究主要关注压力对个体生理与心理健康的影响。已有研究发现，压力会对个体的生理健康产生负面影响，具体表现为压力会诱发个体血压和血脂的升高、睾酮等激素分泌的减少、免疫力下降以及健康状况不佳等变化（Dickerson and Kemeny，2004）。Cohen 等（1991；1993）通过实证研究也发现当个体承受的压力水平越高，对疾病的抵抗能力也就越低。此外，压力还会导致不健康的生活方式，如使用毒品、酗酒等。心理层面的研究则发现压力对个体情绪、控制感、主观幸福感等方面均会产生负面影响（Fredrickson，2001）。在消费者行为领域，目前有关压力对消费行为影响的研究并不多，下面我们对其进行简要的介绍。

首先，面对压力个体可能会通过各种方式来缓解压力所导致的负面情绪，某些消费行为也可以起到这种作用。例如，Rindfleisch和Burroughs（1997）发现父母离异带来的家庭结构变化会给青少年造成压力，这种压力会促使他们进行强迫性的消费行为。还有学者发现压力会增加消费者的冲动性购买行为，以此来缓解压力和负面情绪（Atalay and Meloy，2011）。除此之外，面对压力消费者还更倾向于进行给他们带来兴奋和愉悦的享乐性消费（Verplanken and Sato，2011）。

其次，面对压力消费者还会进行某些增强控制感的消费。例如，Durante等（2016）研究了压力对消费者的储蓄和消费之间关系的影响。他们发现面临压力的消费者可以通过两种资源分配方式增加对环境的控制感。一方面，面临压力的消费者可能会增加储蓄行为，从而确保他们在需要时可以使用货币资源；另一方面，面临压力的消费者还可能会增加对那些可能增强他们控制感商品的消费支出。毕圣等（2016）发现了压力会增加个体怀旧消费的意愿，这是由于压力会降低个体的控制感，而过往的事情拥有更强的确定性，个体会从中找到更强的控制感。因此，个体为了恢复压力造成的控制感缺失会增加对怀旧商品的消费意愿。

此外，消费者感知到的压力不仅来自他们的生活，还可能来自消费情景中，这种消费情景中产生的压力以及对压力的应对方式也会影响个体的消费行为。例如，在新技术和新产品迅猛发展的背景下，消费者常常不得不决定是保留产品的当前版本还是购买新的版本，此时他们很容易感受到压力。在这种情况下，Cui等（2009）发现消费者会通过不同的应对策略来减少此类决策所造成的压力，而这些应对策略会反过来影响人们对新技术和新产品的态度。具体而言，采用问题聚焦应对策略的消费者比采取情绪聚焦应对策略的消费者对新技术和新产品的态度更为积极。

第五节　特性视角的研究逻辑与本章总结

　　之所以选取以上四种类型的自我威胁为代表，一方面是由于他们分别威胁了不同层面的自我，具有一定的典型性。例如，社会排斥主要作用于自我的社会属性，死亡凸显是对自我存在的终极威胁，权力感威胁作用于自我的价值和效能层面，压力与我们第五章的内容紧密相关；另一方面是由于消费者行为学对这四种类型威胁的研究较为丰富，通过对这四种类型的综述可以较为全面的让读者了解相关领域的研究现状。然而，第三章的最终目的是以这四种自我威胁为例阐释特性视角下消费者行为学的思路和逻辑。

　　通过对以上四种自我威胁的综述可以发现，特性视角对自我威胁的研究主要是在各自领域展开的，所研究的威胁作用于自我的不同层面，对个体的心理与行为产生不同的影响，进而引起差异化的消费行为。在这些不同领域的研究中，研究者往往基于不同威胁的特性建构了各自独特的理论，采取不同的研究方法。但是，将这些不同领域的研究成果进行横向比较却可以发现，尽管个体所受威胁的类型不同，这些不同类型威胁下的消费者行为却存在着一定的共性。例如，已有研究发现社会排斥、死亡凸显和权力感威胁都会导致个体的炫耀性消费行为（Lee and Shrum，2012；Cozzolino et al.，2004；Rucker and Galinsky，2008），同时社会排斥、死亡凸显、压力也都会导致个体的怀旧消费行为（Loveland et al.，2010；Routledge et al.，2008；毕圣等，2016）。由此可见，尽管基于不同的理论在各自领域独立展开研究，但是不同类型的自我威胁还是会对个体产生一些共性的影响。下一章我们将对共性视角下的研究展开介绍。

第四章

共性视角下自我威胁对消费者行为的影响

第一节 共性视角下自我威胁对个体行为影响的相关理论

在本章我们首先会介绍几个共性视角下自我威胁对个体行为影响的相关理论,之所以称它们为共性视角下的理论是由于这些理论并不聚焦于某一种类型威胁的独特性,而是致力于解释不同类型自我威胁所产生的共性作用。在第二章的表2-2中我们列出了五种该视角下的理论,由于应对方式理论与防御机制理论是本书后续实证研究的基础,因此我们将分别通过第五章和第六章进行详细介绍,在本章中我们主要着重介绍象征性自我完善理论、自我肯定理论和意义维持模型。

一 象征性自我完善理论
（一）象征性自我完善理论的核心内容

象征性自我完善理论（Symbolic Self–completion Theory）是目前

消费者行为领域针对自我威胁研究引用最多的理论，该理论最早由Wicklund 和 Gollwitzer 于 1981 年提出。所谓象征性自我完善指人们通过某种具有象征意义的指标来完成自我定义的行为。例如，当一个人把自己定义为音乐家的时候，他们会向别人展示能够象征他在该领域内取得成就的指标，比如他会通过展示自己写过多少作品、拿过多少奖项、在该领域内获得什么头衔等指标来完成对自我的定义，以此来证明自己是一个优秀的音乐家。Wicklund 和 Gollwitzer（1981）将这种向别人展示自己在某些方面胜任或者优秀的行为称为自我象征行为（Self-symbolizing Behaviors），其目的是完成自我完善（Self-completion）。

为什么个体会采取这样的方式来展示自我呢？这是由于通常情况下人们会认为一个能够说出自己很多优秀品质或者展示很多证明自己优秀证据的人是有能力的，大家会预期这样的人在未来会有更好的表现，进而给他们更好的评价和更多的资源。但是心理学研究发现，事实却往往并非如此，那些真正有能力的人可能往往并不会去刻意地展现这些证据。Wicklund 和 Gollwitzer（1981）发现那些在某些方面非常有经验和能力的人并不会有意地用各种证据来证明自己的能力，也不会通过自我宣传来吸引他人的关注，相反他们会以谦逊和非炫耀的方式来完成任务。自我夸大、炫耀自己、展现自己比别人懂得更多等行为往往是个体对自己的能力没有把握和缺乏自信的一种表现。

基于对以上现象的总结，Wicklund 和 Gollwitzer（1981）提出象征性自我完善理论。象征性自我完善理论主要由三个基本概念组成：①对自我定义相关目标的承诺（Commitment to Self-defining Goals）；②对完善的象征（Symbols of Completeness）；③社会实在因素（Social Reality Factor），这三个概念共同构成了象征性自我完善的理论框架，下面我们将对这个三个概念进行简要介绍。

首先，心理学家 Lewin 等（1936）发现，当个体从事某项任务或追求某个目标时就会产生一种内在的驱力，如果该任务和目标被打断或没有完成，则该驱力一直存在，直到任务完成或目标实现该驱力才会消失。也就是说，人天然具有一种对未完成目标的承诺，即具有去达成那些尚未达成目标的基本倾向。这些目标和任务对个体越重要，他们对目标完成的承诺越强。而如果个体感知到这些目标并不是非常重要，他们对目标完成的承诺会降低，并且会怀疑这个目标对于自己的意义。Wicklund 和 Gollwitzer（1981）基于以上逻辑进一步把研究视角聚焦于与自我定义相关的行为上。所谓自我定义相关的行为指那些是否完成该目标会直接决定和影响个体对自我定义的行为。个体会非常重视那些与他们自我定义相关的任务和目标，并且具有达成这些目标的强大动力和承诺。例如，如果一个人把自己定义成优秀的运动员，那么他就会付出巨大的努力，想尽一切办法来达成自己作为一个优秀运动员的目标，但是对于其他与优秀运动员无关的目标则关注较少。这个过程就是所谓的对自我定义相关目标的承诺。

其次，个体是否达成了某个与自我定义相关的目标需要由某些指标或信息来衡量和呈现。一个最基本的方式就是个体通过自我表达直接向别人介绍自己的成就和优势。但是，个体自我呈现的方式并不仅仅局限于直白的自我表达上，某些具有象征意义的符号也可以婉转地起到表达自我的作用。例如，一个名校的学位证书在某些程度上可以象征你是一个有能力的人，一辆豪华的轿车在某些程度上可以象征你是一个事业有成的人。一个摆满各种奖牌的展架某些程度上可以象征你是一个优秀的运动员。拥有这些象征，可以让个体有一种达到目标的完善感，那么这些象征是所谓的对完善的象征。除此之外，个体还可以通过选择具有不同象征意义的符号来表达不同的自我。例如，当一个运动员想完善自己作为一个理想父亲的自我定义时，他所展示的象征可能是他与儿子的亲密合影，而不是奖杯。

最后，象征性自我完善理论起源于符号互动论的思想，根据社会符号互动理论，一个人的自我是被社会对他的响应方式所定义的。

因此，个体所采用的象征自我完善的符号必须是可以被他人稳定识别的。所以，当个体采用某些象征性的符号来完善他们对自我的定义时，这个过程必须考虑到他人和社会对这个象征符号的共识以及被人知晓的范围，Wicklund 和 Gollwitzer（1981）将其称之为社会实在因素。对于一个具有象征意义的符号，被他人和社会知晓的范围越广，展示这个符号的个体所获得的自我完善感越强。例如，一个运动员把自己的奖杯摆在显眼的位置比放在角落里会给他带来更强的自我完善感。

(二) 象征性自我完善理论与消费者行为研究

近年来象征性自我完善理论被引入对消费者行为的研究，其中最重要的研究领域便是对自我威胁情境下个体消费行为的研究，并被用来解释个体使用具有象征意义的商品来完成自我定义的行为。例如，Schiffmann 和 Nelkenbrecher（1994）发现，当给予女权主义者"你并不是典型女权主义者"的反馈后，她们会订阅更多的女权主义的杂志。Willer 等（2013）发现，当男性被试被告知他们的男性气质不足时，他们会更偏好选择越野车等能够显示男子气概的商品。这是由于"像一个女权主义者"和"具有男子气概"分别是女权主义者和男性对他们"自我定义相关目标的承诺"，并且由于女权主义杂志和越野车是被社会所公认的能够象征女权和男子气概的具有"社会实在意义"的符号，拥有它们可以有助于象征他们具有相应的品质，达成"对完善的象征"。因此，女权主义杂志和越野车可以帮助女权主义者和男性达成他们各自的"象征性自我完善"的目的。

当然，不仅仅像女权和男子气概这样属于某个群体的特质被威胁时，个体会采取象征性自我完善行为，很多每个人都共同向往的特质受到威胁也会引发象征性自我完善行为。例如，Gao 等（2009）发现智力受到威胁的被试会更倾向于购买能够象征高智力的商品。Rucker 和 Galinsky（2008；2009）发现，当个体的权力感遭到威胁时，被试会倾向于购买具有地位象征意义的商品。在此背景下，象征性自我完善理论成为补偿性消费领域重要的理论基础,并对近些年来消费者行为学的研究产生了深远的影响。

二 自我肯定理论

(一) 自我肯定的概念

自我肯定是指个体通过肯定与被威胁特质无关的自我价值来维持自我完整性的行为。自我肯定理论的重要之处在于它认为获得自我肯定的领域并不必然是受威胁的领域,让个体在任何他所在乎的特质上获得肯定都可以帮助他们应对在其他特质上不足所造成的威胁。例如,Martens 等(2006)发现,当女性被试遭受"女性在数学能力上较弱"的刻板印象的威胁后,如果他们有机会写下自己在其他方面的优秀品质,他们的自我价值则会得到强化,进而更少地受到威胁的影响。

自我肯定的核心思想是人们可以通过思考或描述他们重要的个人价值以及证明他们价值的事件来满足更一般的自我完整性的需求(Steele,1988)。因此在实验研究中,让被试在一般意义上或者针对某个特定特征来进行价值肯定是自我肯定常用的操纵方法。例如,一种常用的方法是让被试写下一篇证明自己拥有某个重要品质的短文来实现自我肯定的操纵(Sherman et al.,2000)。

(二) 自我肯定理论的核心理念

自我肯定理论(Self‐affirmation Theory)认为,传统研究对个体面对自我威胁时行为的关注主要有两种:第一种是防御性的行为,即在面对威胁自我概念的信息时,人们往往会无意识地启动心理防御机制,通过歪曲和忽视客观事实的方式直接防御威胁。这种防御反应在一定程度上可以保护自我免受威胁的影响,但同时也会让人们失去从威胁信息中成长的机会(有关防御机制的内容我们将会在第六章详细介绍)。第二种是直接应对威胁。人们在面对威胁时,也可能会直接接纳威胁,并进行自我改变。这种方式虽然有助于促进个体从威胁中发现问题并成长,但是接受威胁也意味着承认自我是存在错误的，会导致个体的自我完整性被破坏。那么在面对自我威胁时，是否存在其他行之有效的方式呢？自我肯定理论指出了另外一种有效的应对方式（Taylor and Walton，2011）。

自我肯定理论源自 Steele 等人（1988）对认知失调后态度改变的一系列研究。1988 年，Steele 等人进行了一项实验，首先请被试排列自己对 10 张唱片的喜好程度，然后却只允许被试在第 5 级或第 6 级的唱片中选择 1 张作为回报，从而让被试产生认知失调。然后，将被试随机分为实验组和对照组，并操纵实验组的被试进行自我肯定。操纵完毕后让被试再次排列自己对 10 张唱片的偏好等级。研究结果显示，对照组的被试在再次评估中进行了合理化，将自己选择唱片的等级排的更加靠前了，即他们倾向于夸大自己所选唱片的价值，而贬低未选唱片的价值。但是，自我肯定组的被试则没有出现这一效应。

基于以上实验结果，Steele 等人（1988）提出了自我肯定理论。该理论认为人们追求的往往不是在某一特定方面的良好的自我感知，而是更为一般的对自我完整性的感知，只要自我完整性能够通过另外一个领域的自我认同而得到维护，人们就能够忍受心理的不一致性，从而降低甚至消除防御性反应。因此，当人们面对指向自我某个方面的威胁性信息时，实际上是他们作为整体自我的自我完整性会受到威胁。这时，除了采取防御或直接应对的措施之外，人们还可以通过肯定与威胁领域无关的其他重要的自我价值来满足更一般的自我完整性的需求，进而有助于他们应对自我威胁（Sherman and Cohen，2006）。这种"通过自我肯定来应对威胁"的方式能够帮助人们拓展对自我的关注点，更加整体性地评估自己所拥有的资源，从而不被某个特定的威胁所影响。那么自我肯定会对个体产生何种影响呢？

（三）自我肯定的效应

对自我肯定的探索最初来自对认知失调后个体态度与行为变化的研究。研究结果表明，自我肯定对于缓解个体的认知失调具有重要作用，并具有客观性、公正性和积极性等效应，能够帮助人们更有效地应对威胁信息，实现自我成长（石伟、刘杰，2009）。下面我们将对这些效应进行简单的介绍。

1. 自我肯定的客观性效应

自我肯定的客观性效应指经过自我肯定的个体能更客观地评价和解释造成自我威胁的信息（Munro and Ditto，1997）。每个人对自己是一个什么样的人都有一个相对积极的自我概念，并且具有维护这种自我概念的强烈动机，相比那些符合他们自我概念的信息，人们会认为那些不符合自我概念的信息更加不可靠或不可信。这也就解释了为什么人们即使受到自我威胁，甚至知晓他们的自我概念与事实和逻辑相冲突，也仍然会选择坚守自己的自我概念，进而表现出对威胁信息不客观地评价和解释。例如，吸烟的人如果相信了"吸烟有害健康"的观点，那么他会感受到该观点与自己行为之间冲突带来的自我威胁，为了避免这种威胁，他会倾向于认为吸烟有害健康的观点是错误的，并举出证明该观点是错误的例证，即便他们看到吸烟损害了健康的案例，也仍然会认为是个别现象。

来自自我肯定领域的研究发现，如果人们能够认识到自己在其他重要方面的自我价值，就可能以更开阔的眼光审视威胁信息，以更少防御、更加开放、更客观的方式来评价威胁信息（Harris and Napper，2005）。例如，在阅读了过量摄入咖啡或过量饮酒会增加患乳腺癌风险的文章之后，相比没有进行自我肯定的被试，进行自我肯定被试的防御性信息加工偏向更低，并更可能承认自己会有更高的患病风险，进而更可能采取减少咖啡或酒精的摄入等健康行为（Armitage et al.，2008）。自我肯定除了能够促进人们更客观地评价自我威胁信息外，还能促使人们更加客观地解释自我威胁信息。人们对成功或失败经验的解释通常具有自我服务的归因偏差（Self-serving Bias），即人们倾向于将成功归因于自己的努力，而将失败归因于外界的干扰，否定自己对失败负有责任。例如，考试取得好成绩之后，人们经常将它归因于自己的努力，而取得不理想成绩之后通常将它归因于考试题目太偏或老师教授得不好等外界原因。同样的，面对群体的成败，人们通常也具有群体服务的归因偏差，即倾向于将成功归因为团队的能力和团队合作，而将失败归因为外界其他因素，否定群体对失败负有责任（Sherman and Kim，2005）。然而，研究表明自我肯定和群体肯定可以减弱或消除这种防御性的自我服务和群体服务偏差。人们通过肯定自我或自己所在群体的重要价值能够实现其自我完整性的需求，以更客观的视角解释成败经验，减少归因偏差，更加坦然地面对失败并从失败中学习（Sherman et al.，2007）。

2. 自我肯定的公正性效应

自我肯定的公正性效应指经过自我肯定的个体能更公正地看待弱势群体。当人们认为自己属于优势群体时，通常会对弱势群体抱有负面的刻板印象，进而产生歧视与偏见。然而，人们往往并不承认自己是基于负面的刻板印象来评价弱势群体成员的，因为承认自己存在着歧视与偏见实际上会威胁到个体积极正面的自我形象，进而产生自我威胁。因此，为了避免自我完整性的威胁，人们通常会防御性地否认自己存在歧视和偏见（Lowery et al.，2007）。然而，研究发现当人们经过自我肯定之后，这种倾向会降低，更可能公正地看待弱势群体成员，承认自己对于弱势群体的歧视和偏见（Shrira and Martin，2005）。例如，Adams 等（2006）发现，没有经过自我肯定的美国白人否认种族歧视的存在，而经过自我肯定的美国白人则更可能承认存在着种族歧视。因此，自我肯定有助于人们更公正地看待弱势群体成员。

3. 自我肯定的积极性效应

自我肯定的积极性效应指经过自我肯定的个体能更积极地应对自我威胁，从而提升自己的成绩和表现。例如，当女性感知到别人认为女性数学能力较差的刻板印象威胁时，她们在完成数学测验时会感知到更大的压力，并且成绩往往比没有感知到这种刻板印象的女性更低（O'Brien and Crandell，2003）。然而，Sherman 等（2009）

发现自我肯定能够减轻遭受刻板印象的女性完成数学任务时的压力，降低她们对刻板印象威胁的感知，从而提升她们数学测验的成绩。Cohen等（2006）研究发现非洲裔美国学生经常受到他们智力较差的刻板印象威胁，然而经过自我肯定的学生在一个学期后成绩得到了显著提升，与欧裔美国学生的学习成绩差距缩小了40%，并且该研究说明自我肯定的效应是长期持续的。研究还发现，当面对自我威胁时，人们常常将自己与境况不如自己的人进行比较来恢复自我优越感。这种向下社会比较的方式虽然能够在一定程度上缓解人们由于认知失调引起的不适感，但并非长远之计。自我肯定则能够减弱人们向下社会比较的倾向，甚至可能会促使人们采取更为积极的向上社会比较的方式，使得他们更关注潜在的成长机会，更加积极地应对自我威胁，从态度或行为上彻底改变自己（Taylor and Walton，2011）。

（四）自我肯定效应的边界

虽然自我肯定具有如上优势和作用，但是其效应存在着边界条件，即只有在特定的条件下自我肯定才会发生作用。下面我们将对这些条件进行简要的介绍。

首先，自我肯定的效应只有在尚未产生强烈防御反应之前才有效。自我肯定作为人们应对威胁的有效手段，虽然能够减少人们的防御性反应，但是自我肯定的时机对其效用有着至关重要的影响。已有研究发现当自我威胁已经诱发防御性反应之后，自我肯定无法再缓解防御性反应。这是由于受到威胁之后，人们的主要需求在于维持积极的自我形象，一旦个体通过防御性反应恢复了积极的自我形象，就不再需要自我肯定（Critcher et al.，2010）。该项研究充分说明，自我肯定与防御反应都是人们用以维持自我形象的手段，二者具有部分相似的作用，只有在人们尚未产生强烈防御反应之前自我肯定才能更好地发挥作用。

其次，自我肯定的效应只有在肯定的领域与所威胁的领域不同时才有效。自我肯定本质上是一种"取长补短"的方式，其核心在于通过思考某个领域重要的自我价值，或从事与某个重要的自我价值有关的活动以弥补在另一个领域内受到的威胁。然而，当肯定的领域与被威胁的领域相同时，反而可能会出现"同领域效应"，即如果自我肯定的领域是被威胁的领域，则自我肯定的效应会消失。因为，如果外在的信息暗示个体在某个领域存在不足，再去让个体肯定该领域的话，会造成更大的认知失调，进而更可能引发个体的防御性反应。例如，Sivanathan等人（2008）通过投资实验证实了当人们面对投资决策可能失败的威胁时，通常会出现为了证明自己的决策是正确的而继续增加投资的现象。如果此时让他们对自己的投资能力进行肯定，则他们的这种不理性的投资行为反而会增强，而如果此时让他们肯定与投资无关的领域，则可能降低这种不理性的行为。

（五）自我肯定理论与消费者行为研究

虽然消费者行为学基于自我肯定理论的研究并没有基于象征性自我完善理论的研究那么丰富，但是自我肯定理论已然成为自我威胁研究的一个重要基石。自我肯定理论在已有消费者行为学文献中的应用主要体现在两个方面。

首先，有一部分研究关注个体是如何通过消费行为来完成自我肯定的。例如，Townsend和Sood（2012）发现，当消费者遭遇自我威胁时，他们对具有美感的商品的购买意愿会提升，这是由于拥有美丽可以帮个体完成自我肯定。Sobol和Darke（2014）发现，当消费者在吸引力方面受到威胁，会通过更加理性的消费决策来突出自己的智力优势，通过在智力方面肯定自己来补偿在吸引力上所受到的威胁。正如上文所言，自我肯定理论的优势在于它假设个体不必然以与威胁相关的消费形式来应对自我威胁，能够让个体在其他方面获得自我价值的消费都可以起到相似的作用。这也就解释了为什么学习上挫败的学生会大量地消费游戏和衣着，这是由于他们可以通过肯定自己在游戏上的能力和自己在外貌上的吸引力来补偿学业上的挫败。同理，事业上挫败的人会大量地在自己的业余爱好上进行消费，通过肯定自己在其他方面的成就来补偿事业上的挫败。尽管自我肯定理论具有如此高的解释力，但是基于该思路展开的研究较为匮乏，这可能是未来研究的一个重要方向。

其次，另一部分研究则将自我肯定当作降低自我威胁所产生效应的一种实验操纵方法，并用这种方法去验证其他假设。正如上文所言，让个体进行自我肯定可以缓解自我威胁带来的影响，因此消费者如果在遭受自我威胁前有机会进行自我肯定的话，那么由自我威胁导致的消费倾向将会被减弱。例如，Gao 等（2009）发现消费者在遭受自我威胁后会更倾向于消费能够象征自己在被威胁方面较为优秀的商品，而如果让消费者在自我威胁前进行自我肯定的话，这种消费偏好将会消失。再例如，White 和 Argo（2009）发现当一个人的群体自尊较高时（他们更倾向于把自己看作是其所属社会群体中有价值的一员时），无论其所在群体是否面对社会认同的威胁，他们都倾向于偏好与该群体身份相关的商品。但是，对于群体自尊较低的个体，当他们所在的群体遭遇社会认同威胁时更少地选择与该群体身份相关的商品。但是当这些低群体自尊的被试在遭受威胁前有机会进行自我肯定的话，这种回避群体身份相关商品的倾向便会消失。这是由于，自我肯定帮助他们抵御了自我威胁所导致的失衡的心理状态。

三 意义维持模型

意义维持模型（Meaning Maintenance Model）是近年来社会心理学提出的一个解释个体自我威胁情境下行为的理论，该理论的出现是致力于整合已有社会心理学中有关自我威胁的诸多理论。

社会心理学针对个体面对心理威胁时的行为提出过多种理论，不同的理论在解释某种特定的现象上会呈现出更强的解释力。这些理论有的是针对特定类型的威胁（如恐惧管理理论和控制补偿理论），有些针对特定类型的行为反应（如象征性自我完善理论和自我肯定理论）。但是以上理论都具有一个重要的共性：外在的威胁会引发个体降低这些威胁的动机，进而个体会通过特定的行为来补偿这些威胁的影响。Heine 等（2006）提出，意义维持模型尝试从意义的视角对以上理论所解释的问题进行整合性的理解。他们认为无论是何种类型的威胁，都是对个体意义系统的威胁，无论何种形式的应对行为，都是对意义系统的补偿。

意义（meaning）指个体为了理解和应对外在世界的复杂性而发展出来的用于认知事物之间的联系和简化世界的规则系统。个体基于自己的意义系统来认知和解释世界，并且基于意义系统与世界互动。当外在的事物或个体的经历与其已有的意义系统产生冲突时个体就会感受到威胁，在意义维持模型中称为"意义违反"。意义违反会让个体产生心理和生理上的厌恶感，在意义维持模型中称为"厌恶唤起"。这种厌恶感会激发个体降低其影响的动机，并且表现出一系列补偿其影响的行为，在意义维持模型中称之为"行为补偿"。由于个体意义的来源多种多样，因此他们可以通过对多种意义的追求来完成行为补偿（左世江等，2016）。下面我们将依照图4-1的模型来对意义维持模型的核心观点进行阐述。

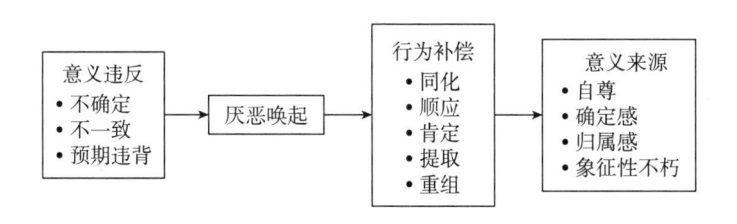

图4-1 意义维持模型的理论逻辑

注：由笔者自己整理。

（一）意义违反

每个人会基于自己的意义系统来认识和简化世界，并基于此与世界互动。但是外在的刺激或个体所遭遇的经历经常出现与他们已有意义系统相违背的情况，从而产生外在的现实与自己内在对事物的预期相矛盾的现象，这种现象被称为意义违反（Meaning Violation）。Markman等（2013）将意义违反区分为三种类型：不确定、不一致和预期违背。不确定（Uncertainty）指个体无法对周围的环境做出准确预测的情况。例如，个体进入一个拥有不同文化与行为规范的全新环境，原来的意义系统就无法很好地预测新环境下的规则。不一致（Dissonance）是指自身的认知与自身的行为之间从属于不同的逻辑规则，彼此之间不一致的情况。这种类型的意义违反与认知失调较为相像。例如，一个认为自己诚实的人却对别人说了谎，这便出现了认知与行为上的不一致。预期违背（Violation of Expectancy）指发生的事实与个体对自我的预期、对世界的预期或对事情的分类相违背的现象。例如，如果个体预期自己将会在测验中取得较好的成绩，但是结果却非常不理想，那么他可能会体会到对自我预期的违背；如果个体预期世界是善良的，但是最近发生了很多针对他的恶意的事情，那么他就可能会体会到对世界预期的违背；一个衣着体面和形象精致的人却满口的秽语，我们会感觉非常别扭，那么我们体会到的可能是对分类预期的违背。

（二）厌恶唤起

意义维持模型认为意义违反会在个体的心理和生理上产生厌恶感，并促使个体采取行为补偿来应对意义系统的威胁。尽管厌恶唤起作为意义违反与行为补偿之间的解释机制起到承上启下的作用，但是由于厌恶更倾向于是生理和情绪层面的反应，因此相关研究主要集中在对生理指标的测量上。例如，厌恶唤起会造成肾上腺素和皮质醇含量的上升、皮肤电的增加、瞳孔放大、血管收缩和心脏活动的改变等（Proulx et al., 2012）。脑科学研究发现前扣带回是伴随着意义违反活跃性较强的脑区结构，一般认为前扣带回具有监控冲突、检测错误和情绪加工等作用（Shackman et al., 2011）。目前对于厌恶唤起作为意义违反和行为补偿之间中介的问题仍然存在争论，争论主要集中在以下两点：首先，并不是所有的意义违反都会反映为情绪或生理上的厌恶。其次，通过对皮肤电等生理指标和脑区活动的测量仅能证明特定生理状态的改变，并不能为解释内在的心理过程提供更多的信息。

（三）行为补偿

如果说意义违反是外在事物对个体意义系统的作用，厌恶唤起是个体的生理与情绪反应，那么行为补偿便是个体对以上过程所做出的行为回应。Proulx 等（2012）提出了个体行为补偿的 5 种策略，它们分别是：同化、顺应、肯定、提取和重组。其中同化和顺应两种补偿策略的概念借鉴自皮亚杰的研究。同化（Assimilation）指个体对导致意义违反的事物重新进行解读或掩饰，使得其符合现有的意义系统。而顺应（Accommodation）则是调整现有的意义系统，使得意义违反可以被合理解释。不同于同化和顺应，肯定和提取并未直接对个体所遭受的意义违反做出回应，而是从其他领域中寻求意义。肯定（Affirmation）指某方面的意义被违反后，个体会加强对意义系统其他方面的认同程度。例如，个体在意义违反后会降低对不道德行为的容忍度、更多地追求公正，从道德和公正的角度来补偿自己的意义系统，这与自我肯定理论的理念非常相似。提取（Abstraction）是指在意义违反后，会更倾向于寻找或创造事物之间的联系，以创造出更多的意义来，这些创造出来的新的意义可以对意义违反的现象做出较好的解释。重组（Assembly），具体指意义违反后个体对现有意义系统进行大规模调整的现象，这种调整甚至会造成原来意义系统的彻底颠覆。

（四）意义补偿的来源

由于个体可以通过多种途径来获得意义，因此个体补偿意义的来源也多种多样。意义维持模型认为流动补偿是行为补偿的主要形式，即个体在某一领域的意义受到威胁后，可以通过肯定和寻求自己其他领域的意义来补偿自己的意义系统。那么个体会通过对哪些方面的强化来进行流动性补偿呢？Heine 等（2006）列举了四个领域：自尊、确定感、归属感和象征性不朽。自尊反映的是个体对自己价值感的感知，同时也与个体的意义感紧密相关，自尊越高的个体越可能在与世界的关系中感知到自我价值，进而具有更强的意义感，因此提升自尊是个体补偿意义的一项重要来源。确定感也是个体一项基本的心理需求，在意义违反的情况下个体已有的意义系统会被挑战，会给个体的内心带来更大的不确定感，追求外在的确定性会有助于个体维持和恢复自己的意义系统，因此寻求确定感也是个体补偿意义的一项重要来源。追求归属感是人作为一种社会动物的本能需求，个体本身在社会关系中就会寻找到很多意义，很多人的意义系统也是基于其社会关系而建立起来的，因此寻求归属感也是个体补偿意义的一项重要来源。对意义系统威胁的一种重要形式便是死亡凸显，因为死亡会造成人的终极无意义感。由于个体无法达成其自身的永生，因此个体和文化创造出很多象征不朽的事物与文化产品来补偿这种终极意义的虚无。所以，象征不朽也是个体补偿意义的一项重要来源。

（五）意义维持模型与消费者行为研究

通过以上对意义维持模型的介绍我们可以看到意义维持模型是一个非常综合的模型。其中涵盖了一些已有理论可以解释的问题，例如，意义维持模型中肯定的行为补偿策略实际上与自我肯定理论的逻辑一致，象征性不朽的意义来源与死亡凸显领域的理论逻辑保持一致，提取的行为补偿策略与控制感受到威胁时个体的行为反应模式非常相似等。同时，意义维持模型也为已有理论没有观照到的行为与现象提供了新的启发。例如，重组的行为补偿策略暗示着个体在遭受自我威胁后可能会打破原有的意义系统，重建新的意义系统，在这个过程中个体可能会倾向于进行一些突破原有意义的消费行为，如具有挑战性的极限运动、具有野外生存性质的旅行、尝试新的生活方式等。由此可见，尽管现在还没有基于意义维持模型的消费者行为学研究，但是意义维持模型未来在消费者行为研究领域的应用空间将会非常广阔。

第二节 共性视角下自我威胁的研究方法与研究范式

共性视角下消费者行为学对自我威胁的研究主要有两个特征：第一个是自我威胁操纵的情境性，第二个是自我威胁操纵类型的多元性，下面我们对其进行简要的介绍。

一 自我威胁操纵的情境性

心理学对自我差异的研究主要将自我差异看作个体相对稳定的一个特质，这种特质很大程度上受到个体童年教养方式的影响，并且与个体所处的社会文化环境和当下的生活状态高度相关（Higgins，1987；Manian，1998），而消费者行为学研究的对象则多为具体情境下所诱发的自我威胁。因此，消费者行为学的研究更多通过实验的方法创造一个情境来操纵个体的自我威胁。比较常用的方法是虚假反馈法和想象或回忆启动法。

虚假反馈法的流程一般是首先让被试参加一个任务或者测验，然后给予他们在该任务或者测验上表现较差的虚假反馈。例如，在 Sivanathan 和 Pettit（2010）研究的实验 1 中，他们先告诉被试需要完成一个有关信息处理和专注能力的测验，在实验 2 和实验 4 中他们让被试完成一个有关空间推理和逻辑能力的测验，然后随机给予实验组被试他们的成绩在其所在群体中排在后 10% 的虚假反馈作为自我威胁的操纵，给予控制组被试他们的成绩在其所在群体中排在前 10% 的反馈。Pan 等（2014）则通过操纵对被试创造力信息的反馈来操纵自我威胁，他们让被试完成一个产生新想法的测试，并告知被试测验的结果代表一个人的创造力水平，然后他们给予被试积极或消极的反馈，消极反馈组的被试被给予他们的创造力水平在同龄人当中排名在后 19% 的虚假反馈作为自我威胁的操纵，而积极反馈组的被试被告知他们的创造力水平超过了90%的同龄人作为控制组的操纵。

想象或回忆启动法主要是通过让被试回忆或者想象一个情境的方法操纵被试的自我威胁。例如，Kim 和 Gal（2014）采用 Galinsky 等（2003）操纵权力感的方法来操纵自我威胁，这是由于低权力意味着个体拥有更少的资源和控制权，是一个令个体厌恶的消极心理状态，因此可以通过操纵被试的低权力感来操纵他们的自我威胁。在实验中他们让实验组的被试回忆并写下一件别人对他拥有权力的事件，让控制组的被试描述并写下他们此刻所在房间的状况。Han 等（2015b）采用与 Goldenberg 等（2000）一致的方法通过操纵死亡凸显来操纵自我威胁，该方法采用想象启动的方法，让被试想象并在纸上回答以下两个问题：①请简要描述当你想到你自己死亡时的情绪感受；②请详细写下你认为当你死亡的时候会发生什么事情？对于控制组的被试则让他们想象牙疼时的情绪感受和可能发生的事情。

二 自我威胁操纵的多元性

由于自我威胁共性影响视角下的研究倾向于忽略不同类型威胁的特性而关注他们之间的共性，因此研究者倾向于在同一个研究中操纵多种不同类型的威胁，如果这些威胁都会得出相对一致的结论则更可以确信发现的效应为自我威胁的共性影响。例如，Qiu（2010）在她的研究中使用多种方法操纵了被试的自我威胁，分别为：通过让被试观看印有与自己同性别的拥有完美身材和相貌的模特来唤起被试对自己身体吸引力的自我威胁；通过让被试回答性别角色问卷，并且给男性被试他们的性别角色偏女性化，给女性被试她们的性别角色偏男性化的反馈来操纵自我威胁；通过给予被试他们智力测验分数较低的反馈来操纵自我威胁。Kim 和 Rucker（2012）也通过操纵智力威胁和动机威胁两种方法操纵了被试的自我威胁。在智力威胁中，他们首先让被试完成一个感知测验，告诉他们这个测试用于评估他们的"感知智力",测试之后给予实验组被试他们的感知智力低于平均大学生水平的反馈来操纵自我威胁。在动机威胁中,他们让被试完成一个"动机和热情评估",并告诉他们评估的结果与他们未来生活的满意度和未来的工作成功之间有着紧密的联系,最后给予实验组被试他们测试得分低于平均大学生水平的反馈来操纵自我威胁。通过以上两个例子可以发现,已有共性视角下的研究基本上都选取了自我的多个方面的特质来操纵自我威胁,这些操纵的特质和方法不尽相同,但在思想上却保持相对一致,因此我们将近些年来较为典型的文献对自我威胁的操纵方法整理在表4-1中,以便未来研究者的引用和实验操纵。

表4-1　　　　　　　　对自我威胁的操纵特质和操纵方法举例

研究	被威胁特质	操纵方法
Sivanathan 和 Pettit (2010)	智力威胁：信息处理和专注能力	首先使用 Vowel-cancellation Task 测验个体的信息处理与专注能力,然后给予被试其得分排名是其所在学校群体的后10%的反馈（控制组：排名前10%）
	智力威胁：空间推理和逻辑能力	首先使用 Dot Estimation Task 测验个体的空间推理和逻辑能力,然后给予被试其得分排名是其所在学校群体的后10%的反馈（控制组：排名前10%）
	自尊威胁	使用自尊量表（Rosenberg, 1965）测量自尊,自尊水平越低代表自我威胁水平越高
Qiu (2010)	身材与相貌威胁	让被试观看印有与自己同性别的拥有完美身材和相貌的模特的广告（控制组：没有人物形象的广告）
	性别角色威胁	让被试回答性别角色问卷（Bem, 1977）,给予被试他们性别角色得分偏向异性的反馈（控制组：得分偏向同性）
	智力威胁：联想智力	使用 Remote Association Test 测量被试的联想智力,告诉被试他们的得分低于75%的人（控制组：没有反馈）

续表

研究	被威胁特质	操纵方法
Kim 和 Rucker (2012)	智力威胁：感知智力	让被试完成一个虚拟感知游戏（Virtual Perception Game），告诉被试这个游戏用于测量人的感知智力，并且给予他们的得分显著低于平均大学生的水平的反馈（控制组：没有告诉他们游戏的目的，也没有反馈）
	动机威胁	让被试完成一个"动机和热情评估"（Motivation and Enthusiasm Assessment），并告诉他们评估的结果与他们未来生活的满意度和未来的工作成功之间有着紧密的联系，最后告知被试他们的测试得分低于平均大学生水平（控制组：没有告诉测验的目的，也没有反馈）
Kim 和 Gal (2014)	权力威胁	回忆一件别人对他拥有权力的事件（Galinsky 等，2003）。
	智力威胁	进行一项智力测试，告诉被试这项测试的结果可以预测他们的学术和事业成就，然后告诉被试他们得分远远低于其他参加测验的学生（控制组：没有告诉测验的目的，也没有反馈）
Han 等 (2015b)	智力威胁	与 Kim 和 Rucker (2012) 的操纵方法一致
	死亡凸显	与 Goldenberg 等（2000）的方法一致，在纸上回答以下两个问题：①请简要描述当你想到你自己死亡时的情绪感受；②请详细写下你认为当你死亡的时候会发生什么事情？（控制组：回答有关牙疼的问题）
	控制感威胁	与 Cutright (2012) 的方法一致，让被试回忆在过去的几个月中有哪些事情不是因为你做了什么而发生的？（控制组：哪些事情是因为你做了什么而发生的）
	社会排斥	与 Twenge 等（2007）的方法一致，被试在合作分组任务中被其他的成员排斥（控制组：被接纳）

注：本表由笔者整理，只列出了具有代表性的几个研究。

第三节 自我威胁情境下消费者行为的类型

本章第一部分综述的各个理论分别解释了消费者在面对自我威

胁时不同的心理过程,那么这些不同的心理过程又会导致个体怎样不同的消费行为呢？针对该问题,本书总结和概括了以下四种自我威胁情境下的消费行为。

一 符号补偿性消费

符号补偿性消费的理论基础是象征性自我完善理论,也是在补偿性消费领域研究较多采用的一种视角（Rucker and Galinsky, 2013；柳武妹等, 2014a）。该视角认为消费者可以借由商品的符号功能来向外界表达内在的自我,这种符号性的表达既可以用来修复自我的损伤,也可以用来操纵自己在别人眼中的印象。例如,已有研究发现自我威胁下的个体不仅会对能够象征地位的商品表现出更高的购买意愿（Sivanathan and Pettit, 2010）, 而且还会对低地位的商品表现出厌恶和排斥（Pan et al., 2014）。来自更广泛的数据也发现,在低收入、低社会阶层的群体或种族中反而存在更高的炫耀性消费意愿（Ivanic et al., 2011）。这是由于炫耀性商品具有象征财富和地位的功能,而在社会系统中拥有地位和财富的群体比低地位和缺乏财富的群体拥有更多可以抵抗各种风险和自我威胁的资源,别人对他们的评价也更高,同时也拥有更多获取社会资源的机会。因此,对于遭受自我威胁的个体,拥有象征地位和财富的商品从外部可以帮助他们操纵别人对自己的印象,从内部可以补偿个体的自尊,让他们感觉自己更有价值。

由于不同的商品具有不同的符号价值,因此当消费者遭遇不同类型的威胁时他们可以根据需求来选择具有相应象征意义的商品（Dommer and Swaminathan, 2013）。例如,智力受到威胁的个体可以选择象征智力的商品（Gao et al., 2009；Kim and Rucker, 2012；Kim and Gal, 2014）, 权力感受到威胁的个体可以选择象征地位的商品（Rucker and Galinsky, 2008；2009）, 社会排斥后个体会购买象征自己是某群体一员的商品等（Mead et al., 2011）。但是,符号补偿性消费只能解释个体对那些具有明显象征性并且和被威胁特质相关商品的购买行为，而流动性补偿消费可以很好地补充符号补偿消费解释力的局限性。

二 流动补偿性消费

根据自我肯定理论，消费者在遭受自我威胁后，通过消费能够证明自己在其他方面较为优秀的商品来维持自己的自我价值，从而补偿自己所受到的威胁（Dimofte et al.，2015）。由于这种形式的补偿并不是直接通过补偿其所受威胁的方面而完成的，因此这种现象又被称为流动性补偿（Fluid Compensation）。已有文献在很多自我威胁的领域都发现了流动补偿的现象。例如，在吸引力威胁领域，Park 和 Maner（2009）发现当个体因为感觉自己外貌和吸引力不足而遭受自我威胁的时候，他们既可能想办法增强自己的身体吸引力，也可能通过增加自己的社交倾向来向他人寻找归属和肯定。Sobol 和 Darke（2014）发现当消费者因为观看完美身材模特而体验到吸引力威胁时，会通过更加理性的消费决策来突出自己的智力优势，以此来补偿自己在吸引力上所受到的威胁。在社会排斥领域，个体除了可以通过直接购买强化他们归属的商品的方式来应对社会排斥外（Mead et al.，2011；Wan et al.，2014；Wang et al.，2012），Lee 和 Shrum（2012）发现消费者还可以通过炫耀性消费的方式来提升自己的力量感，Duclos 等（2013）发现社会排斥下的个体还可能更愿意通过冒险来获得潜在经济利益，因为金钱会让他们在生活中获得更强的控制感。由此可见，流动补偿的核心是消费者在一方面受到威胁时，通过强化其他方面的优势来从整体上补偿自我完整性的行为。流动补偿性消费的视角在符号补偿性消费视角的基础上，极大地扩展与丰富了自我威胁对消费者行为影响研究的理论视角，也有助于更深刻地理解现实生活中个体消费选择的多样性，这使得对自我威胁情境下消费行为的研究将并不仅仅局限于与所受威胁相关的商品上。

三 问题解决性消费

尽管前两种研究视角给了我们一定的视野拓展和理论启发，但是有关应对威胁的方法，我们最直观想到的便是直接解决导致威胁的来源或提升自身相应的能力来完成自我成长，即问题解决性的消费。在问题解决性消费的模式下，消费者会更看重商品的功能属性，更偏好那些能够帮助他们解决问题和完成自我成长的商品（Mandel et al., 2017）。例如，感觉自己在相貌和吸引力上遭受威胁的消费者会通过去健身馆、整容、购买提升他们外表的服装和饰品等方式来解决其所面临的威胁（Park and Maner, 2009; Hoegg et al., 2014）。

问题解决性消费不同于符号补偿性消费和流动补偿性消费。符号补偿性消费是通过能够象征自己在某方面优秀的商品来告诉他人自己在被威胁方面其实很优秀，同时也可以强化自己在被威胁方面的自我价值，其隐含的前提是我并不认可或并不想让他人知道我在该方面存在欠缺的事实，所以符号补偿性消费并不指向直接解决他所面临的问题。流动补偿性消费指个体对于导致他们威胁的来源和自己存在的不足采取回避的态度，转而强调自己在其他未被威胁方面的特长或者通过提升未被威胁的能力来从总体上补偿自我价值的行为，因此也不直接指向问题解决。尽管问题解决性消费最有助于消费者的自我成长，然而无论是在现实生活中还是在已有文献里，我们发现个体在面对自我威胁时问题解决性消费大多数情况下并不是个体的首要选择。这是由于个体采取问题解决应对方式的前提是他首先要认可自己在某方面存在不足的事实，并且接纳由自我威胁所造成的自我价值贬损。认可自己存在不足往往会造成个体情绪上的痛苦和自尊上的挫败，因此他们更可能启动心理防御机制来否认或者回避威胁的存在，有关心理防御机制的内容我们将在第六章详细介绍。

Kim 和 Gal（2014）发现当消费者遭受自我威胁后，他们会倾向于选择符号补偿性消费，通过商品的象征意义来维持自己对被威胁特质的拥有感。但是，如果引导他们自我接纳的话，他们会选择能够提高被威胁特质水平的商品，通过商品的具体功能来提升自己。这说明接纳自己的不足可以提升消费者的问题解决性消费倾向。例如，当被引导自我接纳的被试受到权力感威胁时，他们更可能选择一本如何提高自己权力和影响力的杂志，而没有被引导自我接纳的被试更可能选择一本象征地位的奢侈品杂志。与此类似，当被引导自我接纳的被试受到智力威胁时，他们更可能选择一个有助于脑力提升的训练程序，而没有被引导自我接纳的被试更可能选择一支象征智力的大脑造型的精致的笔。由此可见，问题解决性消费往往并不是消费者面对自我威胁时的首要选择，采取这种行为往往是有条件的，有关该问题我们将在第五章详细阐释。

四 逃避性消费

根据应对方式理论，面对自我威胁个体既可以采取问题聚焦的应对方式，也可以采取情绪聚焦的应对方式。前者对应上文的问题解决性消费，后者本书将其称为逃避性消费。逃避性消费的第一种表现为避免消费与被威胁特质相关的商品，因为无论是问题解决性的消费还是符号补偿性的消费，所消费的商品都与被威胁的特质相关，在个体不愿面对他所遭受威胁的情况下，这些与被威胁特质相关的商品可能会提醒个体自我威胁的存在或他在该方面存在不足的事实（Lisjak et al., 2015），因此他会尽可能地躲避这些商品来逃避威胁的影响。例如，White 和 Argo（2009）发现，个体在其社会身份受到威胁时，高群体自尊的个体会选择与其社会身份相关的商品来捍卫社会身份，而低群体自尊的个体会避免选择与其社会身份相关的商品来逃避自己与该群体身份的联系。他们通过让被试阅读自己同性别的人具有更低的分析推理能力、更低的工作动机、更低的社会智力文章的方式来操纵被试的社会身份威胁，结果发现低群体自尊的被试比高群体自尊的被试更多地选择了中性的商品（《美国周刊》杂志），而不是与身份相关的商品（男性为《体育画报》杂志，女性为《世界妇女》杂志）。Dalton 和 Huang（2014）也发现当个体的社会身份受到威胁时，他们会更多遗忘与自己被威胁身份相关的广告信息。

逃避性消费的第二种表现为消费者倾向于选择能够帮助他们的注意力从被威胁的事情当中转移出来的商品（Kim and Rucker, 2012）。逃避性消费与流动补偿性消费不同，流动补偿性消费中的商品虽然与被威胁的特质无关，但是它具有象征和强化自己其他特质的作用，其目的是恢复自我的完整性。而逃避性消费中的商品并不具有象征和强化自己某些特质的作用，而更像是享乐型商品这种能够帮助他们转移注意力不去思考与自我威胁相关问题的商品。对于逃避性消费中研究较多的是对食品的过度消费，因为饮食是个体常用的一种转移注意力、缓解情绪和压力的方法（Heatherton and Baumeister, 1991）。例如，Mandel 和 Smeesters（2008）发现，消费者在死亡凸显之后会增加对食品的消费，以此把他面临的自我威胁排除在意识之外。Troisi 和 Gabriel（2011）发现，个体的归属感受到威胁后，他们会消费那些并不仅仅在生理上满足他们，而且可以给他们带来情绪愉悦的食品。Cornil 和 Chandon（2013）发现，当球迷所支持的球队失败时他们会消费更多的不健康食品。甚至，因为肥胖而感受自我威胁的个体也可能会通过暴饮暴食的方式来逃避本身由过度饮食而导致的问题（Heatherton and Baumeister, 1991）。除了对食品的消费以外，强迫性购物、酗酒、游戏等消费也可能是逃避性消费的重要方式。

第四节　调节自我威胁情境下消费者行为的因素

通过上文可以看到，面对自我威胁时消费者有很多种消费行为可以选择，那么何种因素会影响他们对特定消费行为的选择呢？本书总结了以下四种可能起调节作用的因素。

一 个体差异因素

在个体差异中被研究最多的是自尊的作用，高自尊的个体比低自尊的个体拥有更积极的自我评价，对自我的确认度更高，因此他们面对自我威胁的态度也可能会更积极。首先，已有研究普遍发现低自尊的个体更容易受到自我威胁的影响。例如，Dommer 和 Swaminathan（2013）发现，对于低自尊的消费者而言，当他们受到社会排斥时会选择与其他人不同类型的品牌通过展示独特性来应对威胁，但是这种效应在高自尊群体中并不存在。White 和 Argo（2009）发现，当一个人的群体自尊较高时，无论其所在群体是否遭受社会认同威胁，他们都倾向于偏好与该群体身份相关的商品。但是，对于群体自尊较低的个体，当他们所在的群体遭遇社会认同威胁时，他们会更少地选择与该群体身份相关的商品。其次，已有研究普遍发现低自尊的个体面对自我威胁时，更可能选择相对消极和逃避的应对方式。例如，Song 等（2017）发现，面对尴尬情绪，低自尊的消费者倾向于通过避免自我关注的方式来应对尴尬，进而较少选择炫耀性品牌，而高自尊的消费者倾向于通过修复自我形象的方式来应对尴尬，进而较多选择炫耀性品牌。Mandel 和 Smeesters（2008）发现，低自尊的个体更可能通过食用大量食物的方式来逃避死亡凸显的影响。

权力状态所起到的作用与自尊类似，这是由于高权力的个体比低权力的个体拥有更多应对自我威胁的资源，因此当他们面对威胁时更倾向于去解决问题，而低权力的个体更倾向于逃避问题。例如，Liang 和 Chang（2016）发现，当遭遇社会排斥时，高权力的个体更倾向于选择多数人选择的商品，通过融入群体来解决被排斥的境遇，而低权力的个体更倾向于选择少数人选择的商品通过将自己从群体中隔离来逃避问题。Brick 和 Fitzsimons（2017）也发现在伙伴关系中拥有较低权力的一方在面对由伙伴所造成的挫败感时，他们更可能选择与自己伙伴相反的品牌。

除自尊和权力等与个体自我价值相关的变量外，还有文献从个体社会性的层面来寻找调节因素。例如，White 等（2012）发现，个体的自我建构水平会影响他们面对社会身份威胁时的消费选择。独立型自我建构的个体更倾向于将自己看作独立、独特、与他人区分开的个体。因此当他们的社会身份受到威胁时，更可能选择与被威胁身份无关的商品，通过将自己与社会身份分离的方式应对威胁。而互依型自我建构的个体更倾向于将自己看作高度与他人相互依赖的个体，因此当他们的社会身份受到威胁时，他们更可能选择与被威胁身份紧密联系的商品，通过支持自己所在的群体来应对威胁。Murphy 等（2010）发现，女性相比男性更可能受到社会身份威胁的影响，这是由于女性比男性具有更强的社会性。

二 威胁本身的特征

首先，已有研究发现个体所受威胁的类型会调节自我威胁下的消费选择。例如，Lee 和 Shrum（2012）发现，当消费者遭遇被忽视类型的社会排斥时，他们的炫耀性消费倾向会增加，当他们遭遇被拒绝类型的社会排斥时，他们帮助别人或捐赠的亲社会行为会增加。Han 等（2015b）检验了不同类型威胁对消费者行为的影响，结果发现某些特定类型的威胁可以引发个体的趋近动机和问题聚焦的应对策略，如智力威胁、死亡凸显，而另外一些类型的威胁可以引发个体的回避动机和情绪聚焦的应对策略，如社会排斥和控制感威胁。并且他们引用了观察学习理论和内隐理论进行了解释。

其次，已有研究还发现自我威胁所产生的时间点也会起到调节作用。Kim 和 Rucker（2012）发现，当消费者在对未来可能出现的威胁进行预防性消费时，更可能选择与被威胁特质相关的商品，而在对已经出现的威胁进行反应性消费时，更可能选择与被威胁特质无关但能够分散他们注意力和缓解情绪的商品。例如，在被试因预见到自己将会在智力测验中失败而体验到自我威胁时，他们更可能选择与智力相关的商品（一本字典、能够提高认知能力的唱片），在被试已经经历智力测验失败而体验到自我威胁时，他们更可能选择与智力无关的商品（一盒巧克力、一个能够让人放松的唱片）。

自我威胁所具有的属性也会起到调节作用。例如，Wan 等（2014）发现，当遭遇社会排斥的消费者感知到这种排斥是稳定的时候他们更可能感觉自己是独特的，进而选择能够将自己与其他人区分出来的独特性消费，而当他们感觉这种排斥是不稳定时，这种独特性消费的倾向就会降低。Ward 和 Dahl（2014）发现，当消费者遭受来自他梦寐以求的品牌的排斥时，他反而会增强对该品牌的购买意愿，如果这种排斥来自一个普通的品牌，这种效应则会消失。除以上举例外，自我威胁的属性还可以有很多种。例如，自我威胁是公开的还是私下的、是来自重要他人还是普通人等，这些都可以为未来的研究提供更多的启发和空间。

三 情境性因素

消费者对自我威胁应对方式的选择，并不仅仅取决于自己与威胁两方面的特征，还受到威胁所发生情境的影响。例如，Wang 等（2012）发现，孤独的个体在私下的情况下会购买少数人购买的商品，因为这与他们的状态更匹配。但是在公开的情况下，他们会为了避免来自他人负面评价产生的自我威胁，而选择购买大多数人购买的商品。除此之外，在威胁产生时，个体是否有其他机会恢复自我价值也会对他的消费选择产生影响。已有研究发现如果自我威胁前让个体进行自我肯定的话，那么他们的符号性补偿、流动性补偿和逃避性消费的倾向都会减小（Cornil and Chandon, 2013）。相对前两种个体差异和威胁特征而言，对情境因素的研究并不多。然而对情境因素的研究将会为指导商家如何通过构建营销情景来影响消费者的选择提供更可操作性的建议，因此将会是未来研究的一个重要方向。

四　文化因素

在本章所列出的调节因素中对文化因素的关注和研究是最缺乏的，但依然取得了一些研究成果。例如，Ma-Kellams 和 Blascovich (2012) 发现，面对死亡凸显，持东方价值观的消费者比持西方价值观的消费者会更加深入地思考人生的意义，并出现更多享受生活的行为。Morrison 和 Johnson (2011) 发现，个人主义文化下的个体比集体主义文化下的个体更倾向于把自己的拥有物看成自我的一部分，因此在遭遇自我威胁时他们更可能通过符号补偿性消费来应对威胁。

对文化因素的关注其实非常重要，因为他会检验已有理论的效用边界。例如，在 Lee 和 Shrum (2012) 的研究中他们发现当个体遭遇含蓄的被忽视的社会排斥时会进行炫耀性消费，而当个体遭遇直接的被拒绝的社会排斥会表现出亲社会行为。但是，在他们后续的研究中却发现在其他文化中存在相反的效应，即被忽视的社会排斥会引发亲社会行为，被拒绝的社会排斥会引发炫耀性行为。于是，Lee 等 (2017) 通过引入文化因素修正了之前的模型：当个体所受到的社会排斥类型（直接的拒绝 VS 含蓄的忽视）与他所处的文化背景（直接的沟通方式 VS 含蓄的沟通方式）一致时，他们更可能表现出亲社会的行为，当个体所受到的社会排斥类型与他所处的文化背景不一致时，他们更可能表现出炫耀性消费行为。有关自我威胁的研究主要是在西方文化背景下展开的，因此以上结论在其他文化下的解释力如何，效应边界究竟是什么，将会是未来研究的一个重要方向，并且来自其他文化的研究成果可能会对已有理论起到补充和修正的作用。

第五节　自我威胁情境下消费行为的后续影响

正如上文所述，个体可以通过多种消费行为来应对自我威胁，那么他们的消费选择会产生何种后续的影响？这不仅会影响他们的身心健康，还会影响商家进一步的营销策略。然而对特定消费行为后续影响的研究却相对匮乏。这种匮乏也意味着这是一个重要的研究缺口，给未来的研究者提供了更大的研究空间。下面本文将以已有的一些文献为例，述评与展望一下未来可能的研究方向。

一 对身心健康的影响

由于个体在自我威胁情境下的消费行为就是为了应对自我威胁的影响，因此消费者在进行了相应的消费行为后，他们的自我威胁是否得到了缓解、是否有利于身心健康、能否获得自我成长是一个非常值得关注的问题。在已有文献中，Blair 和 Roese（2013）发现，在消费情景中感觉到尴尬的消费者往往会通过购买一些多余的商品来缓解自己的尴尬，但事实上这样的行为往往并不会降低尴尬，反而会增加尴尬。Lisjak 等（2015）发现，如果消费者选择与被威胁特质相关的商品来进行符号补偿性消费的话，那么这个商品反而可能成为对他所受到威胁的一个提醒，让他反复去回想自己所受到的威胁，进而占用他的认知资源，并影响他后续自我调节任务的表现，如无法抵制不健康食物的诱惑、在需要更多认知参与的数学任务上表现更差等。从以上文献可以看到，个体所选择的用于应对自我威胁的消费行为往往是不利于他们解决问题和身心健康的。除了以上消费行为，个体还可能选择非理性消费、放纵消费等方式来应对自我威胁，这些消费行为会给个体的财务和健康状况造成更大的负担，进而诱发更大的自我威胁。因此，研究何种消费行为会更有利于消费者解决自我威胁、保持身心健康、获得自我成长，以及何种因素会促进个体对这些健康消费行为的选择将会是未来研究的一个重要方向。

二 对后续消费行为的影响

在商家层面，他们更关心消费者在选择了特定的商品来应对自我威胁之后，其后续的消费倾向会产生何种变化，是否会产生重复消费等行为。Gao等（2009）发现，当个体通过符号补偿性消费来应对自我威胁之后，他们后续对符号补偿性消费的意愿就会降低，例如，受到智力威胁的消费者如果在第一次选择时被分配了象征智力的商品，那么在第二次选择时再选择象征智力商品的倾向就会降低，但是如果第一次选择时被分配了象征其他特质的商品，那么在第二次选择时对象征智力的商品依然具有很高的选择倾向。Loveland等（2010）发现，在社会排斥后选择怀旧商品的消费者归属需求会降低，因为怀旧消费在某些程度上满足了他的归属需求。以上研究说明，当消费者由自我威胁所产生的驱力借由具体的消费行为得到缓解之后，再次进行消费的动机就会下降。但是，正如上文所说，很多消费方式并不能让自我威胁得到真正的解决，如逃避性的消费，那么在这种情况下消费者是否会持续保持对同一种类型商品的消费动机（如对甜品的持续消费），仍然是一个值得关注但尚未得到充分研究的问题。除了重复消费行为之外，商家可能还会关心消费者在为应对自我威胁而进行消费之后的品牌态度，这可能会直接导致积极或消极的口碑。例如，Williams和Steffel（2014）发现，消费者在使用那些宣称能够帮助他们提升某方面技能和水平的商品后，他们会认为该商品对自己的提升程度要小于对其他人的提升程度，进而对使用这样商品的行为产生双重道德标准，即认为他人使用该商品的不道德程度要大于自己使用该商品的不道德程度。虽然已经有一些研究关注了这个问题，但是从这个视角展开的研究依然非常匮乏，这使得该问题可能成为未来值得挖掘的一个重要领域。

第 五 章

对自我威胁的应对方式与商品选择偏好

  本章内容是第八章实证研究的基础，主要内容是介绍对自我威胁不同的应对方式如何影响消费者对不同类型商品的偏好。应对方式是心理学的一个经典概念，指个体面对威胁时为了缓解由威胁所导致的压力而采取的认知策略与行为方式。这一章，我们根据个体面对自我威胁时所采取的不同的应对方式，即问题聚焦应对和情绪聚焦应对，选择了两种典型的商品作为消费者商品选择偏好的代表，分别为自我成长型商品和自我享乐型商品。问题聚焦应对指个体通过直接改变造成压力的来源方法来应对压力的应对方式，而情绪聚焦应对指个体通过调节面对压力的情绪反应来应对压力的应对方式。与此对应，自我成长型商品指在消费者遭遇自我威胁的情况下，能够帮助他们解决所面临的问题，帮助消费者在所受威胁方面有所成长的商品。自我享乐型商品指消费者遭遇自我威胁的情况下，能够帮助他们调节由自我威胁所导致的负面情绪，但是并不能帮助他们解决所受威胁来源的商品。下面，我们首先对应对方式的概念与相关理论进行介绍，其次介绍心理学中常见的应对方式分类，然后对在消费者行为学领域产生重要影响的问题聚焦应对和情绪聚焦应对的分类进行综述，并且基于此阐述自我成长型和自我享乐型商品作为商品选择偏好的代表性问题，再然后论述基于应对方式理论而形成的应对方式的视角如何拓展和丰富了传统补偿性消费视角的局限性和存在的问题，最后对影响应对方式的因素进行述评。

第一节 应对方式的概念

有关应对（Coping）的研究可以追溯到心理学对压力的研究领域。通常情况下消费者行为学引用最多的为 Lazarus 和 Folkman（1984）所提出的应对的定义：个体为了缓解由外部或内部需求导致的压力而采取的具有适应性价值的认知或者行为上的努力。应对的概念包括以下三点含义：

首先，应对行为需要有确定的压力情景或有明确的需要应对的对象。Han 等（2015a）认为，当一个人第一次遭遇一个压力情景时，比如刚刚搬到一个新的城市，他们需要大量的认知和行为上的努力来适应这个新的环境，这个时候他们需要有意识地选择自己的应对方式。但是，当他们所面临的问题反复出现，直到他们对这些问题产生了自动化的反应性行为和习惯时，这些问题对于他们来讲就已经不再产生压力，他们不需要思考如何通过调动各种资源来适应这些问题，那么这样的行为就不能再被称为应对了。

其次，应对是个体有意识的主动选择的行为。由于应对被定义成个体为缓解压力而采取的一种努力，因此应对是一个有意识的主动选择的过程，这一点上有别于弗洛伊德的防御机制的概念（我们会在第六章介绍防御机制的概念）。因此，那些我们无意识的行为或被胁迫被动选择的行为不属于应对的范畴。

最后，应对是一个行为过程而不是行为的结果。应对是个体为了降低压力而采取行动的过程，不应该根据应对行为是否达到了预想的结果来判断某个行为是否属于应对。因此，如果一个个体做出了尝试降低压力的行为，那么无论压力是否最终被解决，那么这种行为都被称之为应对，例如，忍受、接纳或者忽视压力等行为方式虽然并不能解决压力，但是它们依然是个体可以选择的应对方式。

根据以上应对的定义和特点，Lazarus 和 Folkman（1984）提出了应对的两阶段理论。该理论认为应对包含着两个心理阶段，分别为初级评估阶段和次级评估阶段。初级评估指的是当个体感知到一个外在刺激的时候，他首先会评估这个刺激和情景是否会对他产生影响或威胁。如果这个刺激和情景会对或可能对个体产生消极的影响，那么这个刺激会被识别为压力源，然后个体会进入次级评估环节。在次级评估中，个体会评估他是否能够通过采用某一个或者某些应对策略来有效地应对压力，并且会评估他所采用特定应对策略可能导致的结果，然后选择自己的应对方式。这里需要注意的是，虽然在理论上区分初级评估和次级评估是有意义的，但是初级评估和次级评估往往并不是依次进行，而是同时完成的。Lazarus 和 Folkman（1984）还指出应对涉及两个心理过程，即认知加工过程和情绪加工过程。个体对压力源认知层面的初级评估和次级评估会引发个体的各种情绪反应，情绪反应和认知评估共同引导个体采用特定的应对策略，这些应对策略又会反过来影响个体所感知的压力和情绪。由此可见，应对是个体在压力面前一系列复杂的心理变化和行为反应。

值得注意的是，尽管应对方式的概念最早是基于对压力的应对而提出来的，但是鉴于自我威胁与压力之间的密切关系（具体阐释见第三章第四节），应对方式理论逐步地被引入对自我威胁的研究中（Han et al.，2015a），并且 Han 等（2015b）通过实证研究检验了消费者在死亡凸显、社会排斥、控制感威胁和智力威胁四种自我威胁情境下应对方式的使用状况。因此，在接下来的篇章里，我们将着重基于自我威胁的情境来对应对方式展开理论上的探讨和综述。

第二节 应对方式的分类

社会心理学已经发现了很多种自我威胁的应对方式，已有研究者对个体常使用的应对方式进行了结构化的总结和分类，并基于这些分类开发出了一些研究工具，下面本文就对这些应对方式的分类进行一下简要的介绍。

Carver 等（1989）开发的应对方式问卷（The Cope Inventory）是得到较为广泛应用和关注的问卷，在问卷编制前他总结了已有研究中涉及的 14 种常见的应对方式，并将其作为问卷的 14 个维度，具体如下：①积极应对（Active Coping）指个体积极主动地尝试去消除或规避压力源，或者降低压力源负面影响的行动，具体包括：直接启动行动、增加努力程度、一步一步地解决手头的问题、直接采取行动。②计划（Planning）指个体思考如何解决压力源的认知努力，具体包括：找出行动策略、制订行动计划、思考行动步骤、思考解决问题的最佳方式。③抑制其他竞争性的活动（Suppression of Competing Activities）指个体先把其他的活动放在一边，尝试避免其他事情的干扰，如果可能的话任由其他事情的发展而专心的处理压力源的策略。④克制应对（Restraint Coping）指个体等待一个合适的时机来让问题自己解开，让问题自己消退，或在时机没有成熟之前不采取行动的策略。⑤寻求工具性的社会支持（Seeking Social Support for Instrumental Reasons）指个体向他人寻求建议、帮助和信息等行为。⑥寻求情感性的社会支持（Seeking Social Support for Emotional Reasons）指个体寻求从别人那里获得道德上的支持、共情和理解的行为。⑦对问题重新进行积极的诠释并且成长（Positive Reinterpretation and Growth）指个体尝试从其他的角度来重新看待他所面临的问题并从中获得成长的认知策略。⑧接纳（Acceptance）指个体尝试去接受不好的事情已经发生的行为。⑨求助于宗教

（Turning to Religion）指个体企图通过求助于宗教和祈祷的方式来解决问题的行为。⑩关注和表达情绪（Focus on and Venting of Emotions）指个体通过关注和表达自己负面情绪的方法来应对压力的行为岗位。⑪否认（Denial）指个体通过自欺欺人地否认他所面临的问题的来应对压力的行为。⑫行为上的放弃（Behavioral Disengagement）指个体放弃解决压力源，甚至放弃去追求那些可能会给其带来压力的目标。⑬认知上的放弃（Mental Disengagement）指个体通过转移注意力的方式放弃对压力的思考。⑭酒精和药物依赖性的放弃（Alcohol-drug Disengagement）指个体通过酒精和药物依赖的方式来放弃解决压力的行为。尽管 Carver 等（1989）的应对方式问卷包含了较为全面的各种应对策略，但是由于其过于细分，反而导致后续实证研究的困难，因此后续研究多摘取其量表中的某一个或某几个维度作为研究的对象。

为了解决 Carver 等（1989）的应对方式问卷的庞杂性问题，后续的研究倾向于将这些应对方式进行分类。例如，Amirkhan（1990）通过因素分析的方法发现了个体经常使用的三种常见的应对策略，分别为：问题解决（Problem Solving）、寻求社会支持（Seeking Social Support）和逃避（Avoidance），并且基于此编制了应对策略指标量表（Coping Strategies Indicator，以下简称 CSI）。其中，问题解决的应对方式具体包括：尝试去解决问题、仔细制订行动计划、在作决定前思考各种可能的方案、设定问题解决的目标、尝试使用各种不同的方法来解决问题直到发现有效的方法。寻求社会支持的应对方式具体包括：向朋友或亲人倾诉自己的恐惧和担忧、向最了解你的人寻求安慰、和别人谈论你所面临的境遇来让自己感觉好受一些、向遇到相同问题的朋友寻求理解和共情、向朋友寻求解决问题的建议。逃避的应对方式具体包括：避免和其他人接触、做有事情变好的白日梦、希望别人仅仅能让你单独待一会、认为自己和小说或电影中的人物非常相似、沉迷于电视。值得注意的是，已有研究者对应对方式的归类不尽相同。例如，Endler 和 Parker（1990）也通过因素分析的方法开发了面对压力情景的多元应对方式问卷（Multidimensional Coping Inventory，以下简称 MCI），该问卷共包含三个维度：任务导向应对（Task - oriented Coping）、情绪导向应对（Emotion - oriented Coping）和回避导向应对（Avoidance - oriented Coping）。

除了以上维度的整合之外，后续研究的另外一个方向是对某类应对方式进行更加细化的研究。例如，Stanton 等（2000）专门研究了个体对自己情绪的应对方式，并且开发了情绪应对量表（Emotional Approach Coping Items）。量表共包含情绪处理（Emotional Processing）和情绪表达（Emotional Expression）两个维度。情绪处理具体包括：弄清楚自己的感受到底是什么、关注情绪以便更好地理解这些情绪、认识到情绪是非常有用和重要的、接纳自己的情绪。情绪表达具体包括：任凭情绪的发展、花时间去表达出自己的情绪、允许自己表达情绪、在表达情绪的时候感觉是自由的。

第三节 消费者的应对方式与商品选择偏好

除了以上应对方式的分类以外，还有很多研究者也从各自的角度提出了应对方式的分类。由以上文献可见，应对方式是一系列包含了非常多具体应对策略的庞杂的行为集合，可以有多种形式的分类，每种分类侧重了应对的不同方面，并且适用于不同的领域和对不同问题的研究。在消费者行为学研究中影响最广的是 Lazarus 和 Folkman（1984）所提出的"问题聚焦应对"和"情绪聚焦应对"的分类。

问题聚焦应对指个体致力于解决导致压力来源的应对方式，具体包含以下 4 种应对方式：问题解决（Problem Solving）指个体针对解决压力来源的努力；寻求信息（Information Seeking）指个体通过深入的思考现状或者问题本身，从压力情景或问题当中有所学习和成长的行为；依靠自己（Self - reliance）指个体控制自己的情绪，并把它导向有利于问题解决的具有建设性的一面的行为；协商（Negotiation）指寻找在不利条件和有利条件之间达成平衡的新的可能的行为。

情绪聚焦应对指个体致力于缓解由压力带来情绪的应对方式，具体包含以下8种应对方式：无助（Helplessness）指个体以放弃或者不作为的方法来应对压力的行为；逃避（Escapism）指个体以忘记压力的方式来应对压力的行为；社会支持（Social support）指个体从他人那里获得同情、理解和经验的应对方式；推脱（Delegation）包括了诉苦、抱怨、自怜在内的非适应性的行为；隔离（Isolation）指个体把自己与其他人或者压力事件隔离开的行为；调整（Accommodation）指个体调整个人的喜好，接受不利的现状，让自己顺应环境的行为；自责（Submission）指陷入对自己的责备当中的行为；敌对（Opposition）指把事情丢给别人，或者指责与攻击别人的行为。

尽管情绪聚焦应对和问题聚焦应对分别包含了8种和4种具体的应对方式，但是在消费者行为研究中通常并不细化地探索这12种具体的应对方式对消费者行为的影响，而通常把情绪聚焦应对和问题聚焦应对直接当作两个相对应的变量进行研究。由于问题聚焦应对和情绪聚焦应对会导致个体不同的行为模式，因此也可能会导致他们不同的商品偏好。例如，一个员工在年终考核中获得了较差的成绩，那么此时他可能会感到自我威胁。面对即将来临的假期，他可以选择思考如何改变生活习惯、提高工作效率，学习如何提高业务技能，向有经验的人去请教然后寻找出自己的问题等应对方式，这些行为都可以称为问题聚焦应对。那么在这种情况下消费者将可能更加偏好那些能够帮助他有效管理时间和提升工作效率的商品和服务，以及可以帮助他提高技能的书籍或培训等。这些商品和服务都有利于消费者更好地应对自我威胁，给消费者带来更加积极的结果，帮助消费者更好地成长。在本书中我们将具有这种功能的商品称为"自我成长型商品"。

除了致力于解决具体的问题以外，受到自我威胁的消费者还可以压抑那些失败所带来的让人不愉快的感受，通过发泄情绪来缓解焦虑，或者找其他人来获得情感上的支持与安慰，这些行为都可以称之为情绪聚焦应对。那么在这种情况下消费者将可能更加偏好看一场电影或者计划一次旅行，通过转移注意力来缓解一下自己挫败的心情，或者和朋友吃一顿美食、喝一顿酒来宣泄一下自己的情绪。这些商品和消费方式都有利于消费者调节由自我威胁所造成的负面情绪，给消费者带来情绪上的愉悦。在本研究中我们将具有这种功能的商品称为"自我享乐型商品"。

基于以上理论和现象，我们在本书中对自我成长型商品和自我享乐型商品给予明确的定义。自我成长型商品指的是在消费者遭遇自我威胁的情况下，能够帮助他们解决所面临的问题，帮助消费者在所受威胁方面有所成长的商品。自我享乐型商品指的是在消费者遭遇自我威胁的情况下，能够帮助他们调节由自我威胁所导致的负性情绪，但是并不能帮助他们解决所受威胁的商品。在明确定义后，我们假设当消费者面对自我威胁时，他们的应对方式会决定他们对不同类型商品的偏好。具体来说，问题聚焦的应对方式与自我成长型商品相关联，即采取问题聚焦应对的消费者更偏好自我成长型的商品；而情绪聚焦的应对方式与自我享乐型商品相关联，即采取情绪聚焦应对的消费者更偏好自我享乐型的商品。

第四节　影响应对方式选择的因素

面对自我威胁，个体可能会选择不同的应对方式，进而导致不同的商品选择偏好。因此，在本节中我们将对影响应对方式选择的因素进行综述。已有研究普遍认同个体应对方式的选择是人格因素和情境因素相互作用的结果，并且分别在人格因素、情境因素和威胁类型等因素对应对方式选择的影响上取得了一定的研究成果，下面本文将对这些因素进行简要的综述。

一 人格性因素

对人格性因素进行研究的视角其实隐含着这样一个假设：个体对各种压力事件的应对方式会保持相对的一致性和稳定性（Duhachek，2005）。这是由于每个人在日常生活中都形成了对压力应对的较为稳定的策略和行为方式，而不同的人格倾向往往和这些稳定的应对方式相关联。例如，Bolger 和 Zuckman（1995）研究了"大五人格"与应对方式之间的关系，他们发现外向型的人格和尽责型的人格更可能采取问题聚焦型的应对方式，并且会产生更适应性的结果。而神经质的人格更可能采取情绪聚焦型的应对方式，并且常常出现不适应的结果。已有研究还发现，特质性焦虑的人和抑郁的人更可能采用情绪聚焦型的应对方式，并且对长期的适应和心理健康有负面的影响（Keller et al., 2002），而乐观型人格的人和核心自我评价型（Core Self - evaluation）的人更可能采用问题聚焦型的应对方式，并且对长期的适应和心理健康有正面影响（Kammeyer - Mueller et al., 2009）。在消费者行为研究领域，Duhachek 和 Iacobucci（2005）发现，那些更在乎自己合法权益的消费者，对产品、销售等相关市场的信息更了解的消费者，以及外向和喜欢激情与刺激的消费者更倾向于使用积极的应对策略和问题聚焦型的应对方式。

二 情境性因素

Lazarus 和 Folkman（1984）认为，应对是一个涉及个人与环境互动的动态过程。不仅一个人的人格、经验和反应倾向会影响其应对方式的选择，他所处的环境还会影响其对应对方式的选择。因此，最近的研究越来越把应对当作一个在人格因素和情境因素交互作用下的行为过程，而不像传统的研究仅仅把应对方式看作一个人的个体特征。

对个体应对方式情境因素的研究都基于这样的一个假设：个体

选择应对压力的方式很大程度上是不稳定的，并且情境因素可以通过影响个体对压力的评估过程，进而影响他们所选择的应对方式（Duhachek，2005）。例如，Parkes（1984）、Schaubroeck 和 Merritt（1997）发现在个体感觉到对压力情景是可控的情况下，他们更可能选择预防性的应对方式（问题聚焦应对方式的一种）。Sujan 等（1999）发现如果一个人体验到较高的自我效能感时，他更可能选择问题聚焦型的应对方式，如果一个人体验到较低的自我效能感时，他更可能选择情绪聚焦型的应对方式。当消费者相信他们有能力去处理威胁的时候，他们更可能选择问题聚焦的应对策略，当消费者认为他们不能处理威胁的时候会选择情绪聚焦的应对方式。

三 威胁本身的因素

Han 等（2015b）发现不同类型的威胁也可能会导致个体采用不同的应对策略，某些特定类型的威胁（例如，智力威胁和死亡凸显）可以引发个体的趋近动机和问题聚焦的应对策略，某些特定类型的威胁（例如，控制感威胁和社会排斥）可以引发个体的回避动机和情绪聚焦的应对策略。为什么不同类型的威胁会激发个体不同的应对方式呢？Han 等（2015b）引用观察学习理论和内隐理论来进行解释。

内隐理论（Implicit Theory）通常指一般民众在日常生活中形成的，且以某种形式保留在个体头脑中的关于某一事物或现象的观点和看法，这些观点和看法组成人们解释世界的底层框架，所以内隐理论又被称为"Lay Theory"（Piaget and Garcia，1989）。之所以把这种认知方式称为内隐理论，是因为普通民众相信通过亲自观察和亲身经历所获得的信念和规律更能够反映社会现实，并把这些信念和规律作为一个解释框架，在此框架指导下加工社会信息（于海涛等，2014）。根据内隐理论和观察学习理论，个体会从不同的事件当中提取出潜在的规则，并且基于这些规则来调整他们的行为和动机。这种内隐的规则可以作为指导人们在某一个特定情境中或针对某一个事件该如何反应和行动的指导性原则。已有研究经发现人们会在不同领域内应用不同的内隐规则来帮助他们解释和预测社会现象（Neel and Shapiro，2012）。

Han 等（2015b）认为个体在社会中通过观察学习已经形成了将不同的威胁与特定应对方式建立连接的内隐规则，因此人们可能已经习惯对某些威胁产生了特定的应对反应。在西方文化背景下，在学校和社会中人们习得了在智力上要表现得更好和要更加关注健康的观点，因此人们形成了要努力获取健康和成就的内隐理论，这使得人们在面对智力和健康威胁时会唤起趋近动机和选择问题聚焦的应对方式。相反，在西方文化中人们习得了避免控制感缺乏和避免被社会排斥的内隐理论，因此他们会在面对控制感威胁和社会排斥的情况下会产生回避动机并选择情绪聚焦型的应对方式。这种内隐理论的形成是随着时间的积累在环境中习得而形成的，并且让个体形成了对不同威胁的不同反应模式。

四 情绪因素

消费者在日常生活中经常感受到各种负面情绪。例如，消费者会由于花销过多或者饮食过多而感觉到内疚，可能会因为不愉快的购物经历或服务体验而感觉到愤怒，或者因为没有购买到自己心仪的商品而感觉到沮丧。由于负面情绪是让消费者讨厌的一种状态，并且会影响消费者的身心健康。因此消费者也会使用各种应对策略来应对这些负面情绪及其影响。已有研究发现遗憾、紧张、羞愧和恐惧的情绪都会诱发消费者的应对性行为。例如，Mick 和 Fournier（1998）发现消费者可能把使用新科技产品看作一种自我威胁，这是由于新科技产品可能存在各种不确定性，使用新科技产品可能是对消费者接受能力和适应性的一种考验。这个过程可能伴随着各种负面情绪。例如，对他人熟练使用的嫉妒，感觉自己愚钝而产生的挫败，面对新事物的谨慎等。这些不同的情绪都可能影响消费者选择不同的应对方式。

那么不同的情绪究竟会导致个体哪些不同的应对行为呢？已有的文献给我们提供了一些启发。例如，Raghunathan 等（2006）发现焦虑的情绪会引发个体的风险规避倾向，而悲伤的情绪会引发个体寻求奖励的倾向。Yi 和 Baumgartner（2004）发现生气和失望的情绪会让消费者选择问题聚焦的应对方式，而后悔的情绪会让消费者采取情绪聚焦的应对方式。Duhachek 等（2012）发现在面对戒酒的广告时，内疚的情绪会激发消费者问题聚焦的应对策略，而羞耻的情绪会激发消费者情绪聚焦的应对策略。

第五节　本章总结：从补偿性消费的视角到应对性消费的视角

通过以上综述可以看到，有关应对的研究已经在心理学领域积累了丰富的文献，并且已经形成了相对完善的框架，然而这些研究成果如何转化成消费者行为领域的研究问题？如何基于应对方式理论拓展消费者行为研究的理论框架？这些问题都是非常值得探索的方向。笔者认为应对方式的相关理论有助于营销学对自我威胁情境下的消费者行为的研究从补偿性消费的视角向应对性消费的视角拓展和转化。

以往对自我威胁情境下消费者行为的研究主要是从补偿性消费的视角展开的。补偿性消费指消费者在其自我概念（如自我价值感、自尊等）受到威胁时，通过偏爱和选择某些特定商品来进行自我补偿的行为（Rucker and Galinsky, 2013）。补偿性消费之所以会起作用是由于某些商品具有象征性的符号功能（Belk, 1988; Shavitt et al., 2009）。例如，个体的地位不仅可以被他们的职位所反映，还可以被个体穿戴的商品和品牌所反映。鉴于商品和自我象征之间存在的紧密联系，消费者可以通过获取能够象征自我某一方面属性的商品来缓解自己被威胁的感觉。然而，这种逻辑主要是基于象征性自我完善的视角，把商品和品牌看作消费者向他人展示自我的某种符号（Wicklund and Gollwitzer, 1981; Rucker and Galinsky, 2013）。例如，Wicklund and Gollwitzer（1981）发现当 MBA 学生缺乏能够展现他们成功的指标时，他们更可能购买能够象征成功的商品，比如昂贵的手表或公文包。虽然补偿性消费的视角已经成为研究自我威胁情境下消费者行为的主流视角，但是补偿性消费的视角仍然存在以下问题，而这些问题可以由应对性消费的视角进行补充。

首先，补偿性消费的视角主要强调商品具有象征性意义的一面，因此补偿性消费的研究大多集中在对地位商品、炫耀性商品、能够象征某种身份或特质的商品的研究上（Rucker and Galinsky, 2008; Sivanatha and Pettit, 2010; 郑晓莹、彭泗清, 2014; 金晓彤等, 2017）。虽然象征性是商品的一个重要属性，但是消费者在日常生活中可能会更多考虑商品的功能性，具体包括解决消费者当下问题的功能和情绪安抚的功能等，这些功能可以帮助消费者更有效地应对威胁，而不仅仅是借由象征性来完成自我补偿。因此，在商品属性上，应对性消费的视角相比补偿性消费的视角更加关注商品帮助消费者应对问题的功能属性，是对商品象征属性研究的一种扩展和补充。

其次，已有研究还发现补偿性消费并不能帮助消费者很好地解决他所面临的问题，反而会造成很多不利的影响。例如，已有研究发现低社会经济地位和低收入的群体，往往更容易出于自我补偿的目的而进行地位消费和炫耀性消费，但是这些消费不仅无法帮助他们摆脱社会经济地位的困境，反而给他们带来各种财务负担和心理压力（Ivanic et al., 2011）。而应对性消费的视角则分别从问题聚焦应对和情绪聚焦应对两个角度关注应对性消费的积极方面和消极方面，并且研究何种因素会调节消费者对自我成长型商品和自我享乐型商品的偏好。因此，应对性消费的视角比补偿性消费的视角能够更加多元地关注到消费行为对消费者的积极与消极影响。

第 六 章

对自我威胁的防御机制与个体的防御性消费倾向

防御机制是心理学的一个经典概念，指个体在面对挫折或冲突时，为了缓解由此而带来的心理紧张与焦虑而无意识采取的认知与行为倾向，这些倾向大多数具有扭曲对事物的认知或自欺欺人等性质。本章根据个体面对自我威胁时防御机制的使用情况将个体的消费倾向分为防御性消费和接纳性消费两种倾向。防御性消费指当消费者面对自我威胁时对宣称能够帮助他们提高受威胁特质的商品和品牌呈现出防御的姿态和排斥态度的行为。接纳性消费指当消费者面对自我威胁时对宣称能够帮助他们提高受威胁特质的商品和品牌保持认可和接纳态度的行为。下面，我们首先对防御机制的概念和分类进行介绍。其次，对自我威胁与防御机制的关系进行梳理，再次对防御机制与应对方式之间的区别进行辨析。然后，论证防御机制与消费倾向之间的关系。最后，对防御机制的研究方法进行介绍。

第一节 防御机制的概念及理论发展

在上一章我们介绍了个体对自我威胁的应对方式及其相关研究。

在心理学中除了对应对方式的研究外，还有另外一个与自我威胁相关的研究领域，这就是防御机制。防御机制的理念最初由弗洛伊德（Sigmund Freud）提出，他的女儿安娜·弗洛伊德（Anna Freud）对其进行了进一步发展。根据防御机制理论，几乎所有人都倾向于对自己持积极和肯定的态度。然而，经常会有一些外在或内在的事情会打破他们这种对自我的积极认知。在这种情况下，自我需要某种机制或过程来保护自己免受这些威胁的影响，这些过程通常被称为防御机制（Baumeister et al.，1998）。

防御机制的概念产生之初，弗洛伊德从他的潜意识理论和心理动力学角度出发把防御机制（Defense Mechanism）定义成自我为了缓解和防止焦虑或内疚的精神压力而采取的一种潜意识心理策略，是自我在寻求本我的冲动和否定它们的超我要求之间的日常冲突中用来保护自身的心理防御策略（车文博，1992）。在弗洛伊德看来，个体的焦虑与压力主要有三个来源：①来自本我所要求满足的本能冲动；②来自超我的严厉监督和惩罚；③来自外在的现实世界的各种社会规范的限制与要求。弗洛伊德和他的女儿提出了很多种防御机制，并且对后续的研究者产生了深远的影响。

弗洛伊德提出防御机制的基础主要是基于对精神疾患的观察，而现代人格和社会心理学研究并不接受弗洛伊德的"防御机制主要用于应对个体潜意识中的性冲动和攻击冲动"的观点，而更加认同"防御机制主要用于保护个体自尊"的观点，并且发现防御机制会对个体日常生活中的多种行为产生广泛和强烈的影响（Cramer，2012）。甚至有些研究者声称，很多社会心理学的核心概念只不过是对防御机制委婉的说法。例如，"认知失调"其实是社会认知框架下对防御机制的表达，"归因"其实就是"投射"防御机制的延伸，"积极错觉"在某些方面其实就是"否认"防御机制的应用等（Cramer，2000）。

防御机制的概念在发展的过程中，与弗洛伊德所提出的概念相比已经有所变化，并且各领域的研究对其有不同的侧重点。在本书中，我们将防御机制定义成：在面对自我威胁时，个体为了保护自我免受威胁的影响，而采取的对威胁进行否认、回避、攻击等无意识地扭曲对事物的认知从而维持自我价值的行为。目前，研究者普遍认为防御机制具有以下几点性质：①防御机制的使用不是一个有意识的结果，而是无意识的过程；②防御机制具有保护自己的自尊和自我价值免受外在伤害的作用；③防御机制具有自我欺骗的性质，通过掩饰和伪装我们真实的感受、情绪和动机，或者通过扭曲我们对事物的认知来达到保护自我的目的；④防御机制本身并不是病理性的，在正常人身上也经常观察到。

尽管防御机制的概念在人格和社会心理学领域产生了广泛和持续的影响，但是他并没有被很好地整合进消费者行为学的研究。值得注意的是，已有消费者行为学对自我威胁的研究主要是基于应对方式的视角而展开的，而几乎完全忽略了防御机制理论（Han et al.，2015a；Mandel et al.，2017）。尽管有些文献关注并探究了消费者的防御过程，但是很少有研究者明确地宣称他们的研究源自防御机制理论（例如，Lin et al.，2003；Dalton and Huang，2014）。已有文献忽视防御机制的原因可能是由于已有文献对防御机制和应对策略这两个概念的混淆，并且倾向于过度使用对"应对"这一术语。

第二节 防御机制与应对方式之间的区别

已有消费者行为学的文献经常出现将防御机制和应对方式相混淆的现象，甚至这种现象在社会心理学中也经常出现。这种混淆可能在对这两个概念进行定义的时候就埋下了种子。Anna Freud（1936）将防御机制（Defense Mechanism）定义成"个体用来让自己免受过分焦虑影响的心理功能，无论这种焦虑来自于让人不安的外在事件还是来自于负面的内在的心理状态"。而 Lazarus 和 Folkman（1984）将应对（Coping）定义成"个体为了降低内在或外在需求所导致的压力，而采取的认知和行为上的努力的适应性过程"。这两个定义共同强调了应对和防御机制对自我威胁的适应性功能，但是却忽视了二者之间的区别。正是由于应对和防御机制都具有这种处理自我威胁的功能，已有研究经常将二者混淆。

为了澄清这两者的区别，Cramer（1998）提出了两个区分应对和防御机制的重要标准：首先，应对是一种意识层面的心理过程，而防御机制是一个不需要意识参与的无意识过程。其次，应对方式主要是个体为了解决具体困境而有目的使用的策略，而防御机制是个体没有目的而自动化产生的心理过程。

基于以上标准，我们可以看到消费者行为学领域的已有文献并没有明确地对"应对"和"防御机制"进行区分，并且对"应对"这个概念有过度使用的倾向。例如，在 Mandel 等（2017）的综述中，他们总结了五种消费者对自我威胁的应对策略（"直接解决""符号性自我完善""分离""逃避"和"流动性补偿"），但是完全没有提到防御机制（具体请参照他们文章当中的 Table 1）。然而，他们综述的大部分文献名没有明确宣称他们所研究行为背后的心理机制究竟是应对方式还是防御机制（例如，Wicklund and Gollwitzer, 1981; Rucker and Galinsky, 2008; 2009; Kim and Gal, 2014; Kim and Rucker, 2012）。尽管他们综述的一些文献倾向于将他们研究的消费行为描述成一种对自我威胁的应对策略，但是并没有明确的检验背后的心理机制是基于有意识、有目的的应对，还是无意识无目的的防御机制。甚至，Mandel 等（2017）引用的作为应对策略例证的少量文献宣称了他们研究的理论源自于防御机制（Willer et al., 2013）的研究，或者有的研究认为他们研究的效应更可能是一个无意识的过程（Townsend and Sood, 2012）。最明显的反例是 Dalton 和 Huang（2014）的研究，他们不仅宣称了他们的研究继承了弗洛伊德压抑防御机制的理念，而且通过实证的方法明确地验证了他们研究的心理机制是一个无意识的过程。

通过以上例子可以看出，已有消费者行为研究的文献并没有明确的区分无意识的防御机制和有意识的应对策略,并且倾向于过度的使用"应对"这个概念。这可能是由于很多研究者既使用"应对"这个概念来广义地代表个体对自我威胁的反应,也就是说将所有对自我威胁的反应都当作"应对",同时又使用"应对"来代表具体的行为策略。例如,问题聚焦应对和情绪聚焦应对。这种混乱可能是由于,人们习惯于在日常用语中使用"coping"来指代人们对外在威胁事件的所有反应。因此,有必要区分出广义的coping和特指的coping。前者指个体广义的对自我威胁的所有反应性行为,很多文献都是这样使用coping的(例如,Von Hippel et al., 2005; Mandel et al., 2017)。后者指个体有意识和有目的使用的,用来降低自我威胁影响的特定策略,这与防御机制有所区别。

鉴于应对和防御机制是两个完全不同的心理过程,区分消费者自我威胁情境下某种消费行为背后的心理机制究竟是有意识的应对还是无意识的防御机制具有深远的意义。实际上,一些消费者行为学文献讨论过他们研究的效应究竟是在意识层面还是无意识层面发生的,并指出了这可能是一个未来有价值的研究方向。例如,Dubois等(2012)在他们研究的讨论部分就曾提出过个体符号补偿性消费背后的心理机制究竟是一个有意识的过程还是一个无意识的过程的问题。同样的讨论在Wang等(2012)和Gao等(2009)的研究中也可以见到。然而,消费者行为领域仍然缺乏有关该问题的实证研究。

第三节 防御机制如何帮助个体抵御自我威胁

一 防御机制的种类

值得注意的是防御机制与应对方式一样并不是对某一种特定行为的描述,而是对由许多共同特征的行为组成的行为集合的概括。这使得防御机制理论成为一个比较综合和复杂的理论,有关防御机制究竟包含哪些具体类型，已有文献一直无法给出一个终极的清单。弗洛伊德在他的毕生著作中零散地提出了多种类型的防御机制，他的女儿安娜·弗洛伊德对其进行了整理和扩展，后续的研究者根据弗洛伊德的防御机制理念也提出和增补了一些防御机制的类型。下面我们对一些典型的防御机制类型进行简单的介绍。

我国学者车文博（1992）基于对弗洛伊德原著的系统性梳理，总结出了弗洛伊德曾提出过的防御机制，其中几种比较典型的防御机制有：①压抑（Repression），指个体把不能接受的欲望、意念、冲动、情感和记忆排斥到潜意识中去，使它无法进入意识层面，以免产生焦虑、恐惧和痛苦的行为。例如，我们倾向于去遗忘那些让我们感觉痛苦或对我们造成威胁的信息。②投射（Projection），指自我把不能接受的或不好的欲望、冲动、思想推向他人或其他事物上，以减轻和避免内心的痛苦，求得心理的安慰。例如，当一个人拥有一个不道德的想法时，他会认为别人也拥有这个想法。③合理化（Rationalization），指用一种自我能接受、超我能宽恕的理由来代替自己行为的真实动机或理由。具体说，就是个人编造貌似合理的"好理由"为自己的失误或失败找辩护托词，借以掩饰自己的理性不能容忍的行为的真实动机和欲望。典型的例子就是那个知名的"吃不到葡萄就说葡萄酸"的寓言。④替代（Displacement），指潜意识地将本能冲动（如性和攻击性）从一个威胁性的目标转移到另一个非威胁性的目标上。换句话说，当本我冲动不能在某些对象上获得直接的满足，就会潜意识地转移到其他对象上获得替代性满足，迁怒便是替代作用的表现形式。⑤升华（Sublimation），指把本能的冲动转化到被社会所容许或赞许的目标上去，是一种积极的、富有建设性的防御机制。例如，将不被接受的性冲动与攻击性转化为对文学或艺术作品的创作中。⑥补偿（Compensation），指个人在追求某个目标受挫或因为某种缺陷自卑时，用其他更可行的目标或其他优势来补偿以上不足，以弥补因失败和缺陷而丧失自尊与自信的痛苦的行为。

Baumeister 等（1998）总结了7种在人格与社会心理学中得到较多实证研究的防御机制，分别是，反向生成（Reaction Formation）、隔离（Isolation）、否认（Denial）、取消（Undoing）、投射（Projection,）、替代（Displacement）和升华（Sublimation）。其中投射、替代和升华与车文博（1992）的整理重合，其他四种防御机制的概念具体如下：①"反向生成"指个体会以相反的方式表达出那些他们无法接受的冲动。例如，当一个人内心的愤怒和怨恨无法表达时，她会将自己装扮成一个爱好和平的人，反而增加对他人的付出和关心。②"隔离"指个体将那些会产生心理威胁的事情和想法隔离在意识之外不去思考和感知的倾向。例如，考试失败的学生会避免思考与考试相关的事情。③"否认"指个体否认某件不好的事情已经发生的倾向。例如，亲人去世时人们有时会否认亲人去世的事实。④"取消"指个体幻想去改变过去以让某件事情没有发生的思维倾向。例如，有时我们幻想自己有某种魔法，可以回到过去让一件不好的事情不会发生。

通过以上综述可以看到，防御机制的种类多种多样。尽管这些不同的防御机制在心理动力过程中具有相似性，但是却可能导致完全不同的行为。例如，当一个人被其他人激怒但是又不能对他表达攻击性的时候，"替代"的防御机制可能会让他将愤怒发泄在其他人身上，而"反向生成"的防御机制可能会让他反而表现的温和来证明自己是一个爱好和平或能忍受的人。因此，不同的防御机制会导致不同的行为结果，并且对于特定的行为某种防御机制可能比其他的防御机制更能解释这种行为。由于本书在第九章展开实证研究中将基于防御机制理论来解释为什么个体在面对自我威胁时反而更不愿意购买自我提升商品的现象，下面我们将对本书第九章可能涉及的两个防御机制进行简要的介绍，即"否认"和"隔离"。

二 "否认"与"隔离"防御机制的作用机制

"否认"可以被定义为个体拒绝面对那些让他们失落或对自尊有

潜在伤害事件的倾向（Baumeister et al.，1998）。已有文献证实否认是一种个体面对自我威胁常用的基础的防御机制，即使年龄较小的孩子也经常使用否认防御机制（Cramer，2012）。已有文献表明否认可以通过多种形式的作用帮助消费者防御自我威胁。

首先，人们可以直接否认威胁的来源。个体可以有很多种方式来达到这种目的。例如，对负面信息的有效性和公平性产生置疑，忽视具有威胁性的信息，或者直接宣称他们在受威胁的领域是有能力的。例如，有大量研究发现当学生在一个测验上表现较差时，他们更倾向于认为这个测验是无效和不公平的，而对于同一个测验，那些取得好成绩的人却认为这个测验是更有效和公平的（Ditto and Lopez，1992）。Barkow（1989）发现个体倾向于选择性地忽视那些暗示他们处于低地位的信息，而更关注那些让他们感觉高地位的信息，以此来否认他们处于低地位的事实。Zuckerman（1979）发现人普遍具有的一个基本归因模式，那就是人们倾向于把导致自我威胁的失败归因于外部的或偶然的原因，而把能够提升自我价值的成功归因于自我的内部原因。例如，当一个学生在考试中取得好成绩时，他会倾向于认为这是他实力的体现，而当他取得的成绩不理想时，他会倾向于归咎于试题太难、考试那天状态不好或者指责监考老师和周围的同学干扰了他的状态。Crocker等（1991）发现当美国黑人遭受来自白人的负面评价时，他们会将这种评价归因于种族偏见，进而否认自己身上存在的不足。通过以上方式，个体可以否认这些失败和负面反馈是他们自己在某方面能力缺乏的结果，以此来保护自我免受外在的威胁。

其次，他们还可以通过降低被威胁方面的重要程度和结果的严重程度来否认自我威胁的影响。Liberman和Chaiken（1992）发现喝咖啡的人倾向于反驳和忽视喝咖啡与疾病之间的关系，而不喝咖啡的人没有这种偏差。面对禁烟的信息时，吸烟者经常否认吸烟对健康影响的严重性而不吸烟的人倾向于支持禁烟。一些研究者甚至发现个体可能通过选择性遗忘失败和负面信息的方式来否认威胁的影响（Kuiper and Derry，1982）。

还有一种相对极端的否认形式是"自我增强"（Self-enhancement），即面对负面反馈，个体不仅不承认自己在该方面存在不足，反而认为自己在该方面更优秀了。研究发现，当被试收到有关他人格方面的负面反馈时，他们反而在评估自己受别人欢迎程度上给出了更高的分数（Greenberg and Pyszczynski，1986）。与此相似的发现是，在给被试反馈了有关他们的消极信息后，他们反而倾向于对自己未来的表现产生更加积极的预测，并表现出过度自信（Baumeister et al.，1993）。Wan 等（2009）发现当让女性被试与完美的模特形象进行对比时，她们相对那些没有与完美形象进行对比的女性，对自己的外貌给予了更积极的评估。个体甚至会通过出对不幸和失败展现出不切实际的乐观的方式来对潜在的威胁使用"否认"防御机制。例如，人们倾向于认为自己遭受失败、疾病和意外等不好的事件的概率要低于其他人（Perloff and Fetzer，1986；Lin et al.，2003）。

除了"否认"以外，"隔离"是另外一种较为常见并且可能解释第九章实证研究现象的心理防御机制。"隔离"指个体为了最小化自我威胁的负性影响，他们可能会采用将自己和引起自我威胁的源头、想法和感受进行隔离的方式来屏蔽掉自我威胁（Campbell and Sedikides，1999），这些策略会让个体远离造成自我威胁的来源等（Tesser and Paulhus，1982）。例如，一个在考试中失败的人，会拒绝与别人讨论有关考试的相关话题，或者远离那些可能让他们想起有关考试的人或场景。

第四节　防御机制对个体消费倾向的影响

根据以上对防御机制研究的综述我们可以看到，虽然使用防御机制可以在某些程度上帮助个体抵御自我威胁的影响，但是，防御机制会让个体在受到外在威胁的时候拒绝改变现状，进而失去了提升与成长自我的潜在机会。那么这种影响在消费领域又会有怎样的体现呢？

一 防御性消费倾向与接纳性消费倾向

在消费市场中有很多宣称自己可以帮助消费者提升某方面能力或特质的商品和服务，如减肥产品和整容手术等提升吸引力的商品和服务；专业技巧和学习方法的培训等提升学习能力的商品和服务；提升人际关系和压力管理的商品和服务等。这些商品和服务的形式也多种多样，如书籍、多媒体产品、培训，甚至是衣着和化妆品等日常用品等。那么在消费者遭遇自我威胁的情况下，面对这些宣称能够帮助他们提升被威胁特质的商品时，他们会产生怎样的消费倾向呢？

设想一下，假如你刚刚被朋友嘲笑身材肥胖而体验到自我威胁。此时恰好走来一位推销员向你推销一款减肥产品，并告诉你这款产品可以很好地帮你摆脱现在的困扰。你会以怎样的态度对待他的推销呢？你可能会接纳他的推销，并把该商品当作改变自己身材的救命稻草。也可能会把一腔的怨愤发泄到他身上，告诉他你不需要他的产品，让他走开。也就是说，在自我威胁情境下我们可能会对同一个宣称能够帮助我们提升被威胁特质的商品表现出截然不同的态度和行为。Qiu（2010）根据消费者防御机制的使用情况将消费倾向分成两类，分别为防御性消费（Defensive Consumption）和接纳性消费（Compliant Consumption）。前者指当消费者面对自我威胁时对宣称能够帮助他们提高受威胁特质的商品和品牌呈现出防御的姿态和排斥态度的行为。后者指当消费者面对自我威胁时对宣称能够帮助他们提高受威胁特质的商品和品牌保持认可和接纳态度的行为。

二 个体为什么会进行防御性消费

在我们的常识里使用自我提升商品来弥补不足是一个解决自我

威胁的有效方法，然而已有文献却发现消费者往往并不倾向于采取这种方式。例如，已有研究发现使用否认防御机制的个体在面对健康威胁时更不倾向于从事健康的行为，更不愿意采取行动预防潜在的风险（Thompson and Schlehofer，2008）。那么为什么消费者会表现出这种防御性消费倾向呢？

我们假设消费者购买自我提升商品的前提是：他们认识到并且接受自己在某方面存在不足，并且认为有必要提升相应的能力。然而，采用"否认"防御机制的消费者可能不认为他们存在不足，认为自己没有必要购买自我提升的商品，进而表现出拒绝的倾向。并且，那些宣称能够帮助个体弥补不足的商品可能反而成为持续提醒他们存在不足的事物，这会让他们不断回想自己遭受的威胁，进而受到更大的威胁（Lisjak et al.，2015）。例如，一个宣称能帮你减肥的商品可能在提醒"你是肥胖的"，一个宣称能提升你魅力的商品可能在提醒"你是缺乏魅力的"。已有文献发现当个体使用"隔离"防御机制的时候，他们倾向于遗忘和远离那些提醒他们存在威胁的事物（Otgaar et al.，2018），这会使得他们远离那些宣称提升自己不足的商品。例如，成绩不好的学生更不愿意参加补习班等提升他们学习能力的消费，这是由于这些消费活动会反复激活他们自己学习不好的事实，进而给他们带来持续的威胁。

除此之外，当个体采取否认防御机制的时候，还可能对那些提醒他们存在不足的事物表现出攻击的态度。这是由于在遭遇自我威胁时，个体可能会出现很多消极的情绪。例如，挫败、愤怒、焦虑，甚至是敌意（Campbell and Sedikides，1999）。这些情绪可能会指向那些提醒他们存在不足的人或事上。例如，Wan等（2009）发现当个体在吸引力上比较自卑的时候他们会诋毁那些长得好看的人。Hokanson等（1963）发现当被试在实验中被主试挫败之后，他们会对实验主试、实验助理，甚至对其他的没有遭受挫折的被试进行攻击。

通过以上逻辑可以看到，当个体采用防御机制来保护自己免受自我威胁的影响时，他们更可能认为自己是不存在缺点和不足的，更倾向于将宣称能够提升他们不足的商品看成进一步的威胁，进而对它们展现出购买意愿更低的防御性消费倾向。

三　调节个体防御性消费的因素

除了防御性反应之外，当个体遭受自我威胁时也可能产生顺应性反应，即个体接纳自我受到威胁的事实，承认自我价值的贬损，然后通过增加认知和行为上的努力来解决导致自我威胁的来源，寻找方法来修复自我的不足。那么这种情况下，消费者就可能把宣传能够提升他们不足的商品和品牌当作一种自我提升的有效方法，进而更可能欢迎和接纳该品牌。那么什么情况下消费者更可能使用防御机制来应对自我威胁进而表现出防御性消费倾向，什么时候消费者更少地使用防御机制进而表现出接纳性消费倾向呢？虽然没有明确研究探讨这个问题，但是我们可以在一些与该问题相关的文献中得到启发，下面我们对这些文献进行简单的介绍。

首先，心理学研究发现当高自尊个体遭受自我威胁时更可能采用防御机制来抵御和否认潜在的不完美感（Cassidy，1988）。例如，Vohs 和 Heatherton（2003）发现高自尊个体在自我威胁后的人际交往中往往表现得更不受欢迎：在他们的研究中，当给予被试他们在学术测试上表现很差的负面反馈时，高自尊的个体比低自尊的个体表现出更多的自恋、否认甚至是攻击等防御倾向，这些行为让他们的同伴更不喜欢与之相处。Roese 和 Olson（1993）发现高自尊个体更倾向于将失败归因于外部的因素而不是责备自己，然而低自尊个体的模式则正好相反。Dodgson 和 Wood（1998）发现在接受任务失败的反馈之后，那些高自尊的个体更多地思考自己的优点而不是缺点，他们会夸大自己的优点而弱化自己的缺点。Kernis 等（1993）发现处于脆弱的高自尊情况下的人更可能对失败进行外部归因。这些研究说明，在自我威胁下，高自尊的个体比低自尊的个体更倾向于维持他们的自我概念，并更可能使用防御机制。

其次，心理学研究发现在实验中向被试呈现实验材料的种类可以影响被试对威胁的感知，进而影响防御机制的使用（Mathews et al.，1997）。相比以非公开的暗示状态产生的威胁（如通过想象启动的方式），以直接公然的形式产生的威胁（如当众给予被试他们存在缺点的反馈）更容易引发个体的防御性反应（Locander et al.，1976）。社会比较的研究中也发现了相似的结果，如相比于仅仅向被试呈现优秀对象的客观信息，当个体被要求与一个优秀的对象进行比较的时候他们更可能产生防御性的反应（Wan et al.，2009）。

四　对防御性消费展开研究的意义与价值

在消费者行为学研究领域，已有研究更多的基于应对方式理论关注消费者如何通过购买某种商品来应对自我威胁的行为，而忽略了从防御机制理论探究消费者为什么排斥和拒绝某种商品的行为。这种研究的不对称性可能是防御机制和应对方式对个体行为影响的方式不同导致的。尽管应对和防御机制都可以帮助消费者降低负面情绪并将他们的心理功能恢复到舒适的基准水平，但是他们在促进人们行动的层面上却有所不同。应对方式帮助个体以积极解决问题或者通过行动来缓解负面情绪的方式应对威胁，而防御机制只会促进个体改变内心状态而不是外部现实，从而产生一种歪曲现实的自欺欺人的感知（Cramer，1998）。回到消费者行为领域，购买一件商品（无论是有助于解决问题的，还是缓解情绪的）都需要个体积极的行动，而我们对一个商品的排斥却在内心中完成就足够了。基于以上逻辑，我们认为应对方式的使用更可能与消费者购买某个商品的行为相关，而防御机制更可能与消费者排斥某个商品的态度相关。已有的消费者行为学领域的文献主要关注个体通过购买某个商品应对自我威胁的问题，而较少关注个体对某一个商品的排斥购买问题，这可能是防御机制理论被忽略的一个重要原因。因此，本书的第九章将从防御机制的理论视角研究消费者为什么在自我威胁的情境下会排斥购买自我提升商品。

有几篇消费者行为学文献研究的问题与本章提出的防御性消费

有些类似，这种现象被 Mandel 等（2017）称之为"分离"应对策略。例如，White 和 Argo（2009）发现当消费者遭受社会身份威胁时更倾向于避免购买与该身份相关的商品。Dalton 和 Huang（2014）发现当被试经历过与身份相关的威胁后会倾向于忘记与该身份相关的广告信息。然而，消费者行为学对该问题的研究仍然非常匮乏，因此对防御性消费的现象展开研究不仅具有将防御机制理论引入消费者行为研究的意义，还具有开拓新的研究问题与研究领域的价值。

第五节 对防御机制的研究方法

一 对防御机制展开实证研究的困境

将防御机制融入消费者行为研究的另外一个阻碍便是防御机制的潜意识性使得对其进行测量成为一个问题。由于防御机制被定义为一个在意识之外的心理与认知过程，因此一个潜意识的心理过程是否能够被测量是一个经常受到质疑的问题（Davidson and MacGregor，1998）。具体来说，如果通过直接询问被试是否使用了某种防御机制来进行测量的话，那么测量到的内容更可能是他们意识层面的心理过程，而不是无意识层面的心理过程。因此，采用这种方法测量的对象更可能是意识层面的 coping，而不是无意识层面防御机制。事实上，已有对应对方式的测量主要采用的就是这种方法，Carver 等（1989）编制的应对方式量表给被试呈现一些描述各种应对方式的陈述。例如，"我正在拒绝某件事的发生""我假装某件事情没有发生"，然后让被试评价这些陈述与自己当下状态的符合程度。但是这种测量方式并不适合测量防御机制，这是因为如果被试同意了这个陈述，则说明他们意识到了自己在使用这种否认倾向，这会使得测量的指标反映的不是潜意识的防御机制，而是有意识的应对策略。

除了上述方法上的障碍外，防御机制的自我欺骗性是另外一个导致测量困难的原因。因为，只有防御机制是在无意识的情况下发生，它的自我欺骗功能才会起到作用。如果个体意识到并且承认他们在使用防御机制进行自我欺骗，那么防御机制的这种自我欺骗功能就会降低（Cramer，2012）。因此，当我们直接询问被试的时候，他们会否认自己正在使用防御机制，这是导致防御机制难以直接测量的另外一个原因。例如，当你问一个正在使用否认防御机制的被试他是否在使用时，他会否认自己正在使用。

二 防御机制实证研究方法的理论基础

要想寻找到研究防御机制合适的方法，首先应该在理论上寻找到解决的途径。在此背景下，Cramer（2012）提出，防御机制内在的心理过程和防御机制外在的行为表现是可以独立区分的，尽管防御机制内在的心理过程由于其潜意识性是不可以观察的，但是外在的行为表现确是可以观察和认知的。他将防御机制这种在外在行为上的表现形式称之为防御性行为，并认为这种行为并不需要是无意识的。因此，在理论上一个人可以对他外在的防御性行为拥有意识（例如，我责备了他人），但是对促使他如此行动的心理过程（防御机制）是无意识的。这样的区分为通过实证方法研究防御机制提供了一条替代性思路。研究者可以通过测量被试外在的防御性行为，以此来间接证明内在防御机制的存在。

基于以上思想，已有文献主要通过以下三个方法对防御机制进行测量：①基于对被试的观察来评估其防御机制，这种方法主要在临床心理学中被使用；②通过自评量表来测量被试对防御机制的使用情况，这种方式经常被用于人格研究；③通过测量被试在威胁情境下的行为和态度来间接测量防御机制，这种方式经常被实验研究所使用。下面我们就对这三种方法进行简要介绍。

三 观察者评分的防御机制测量方法

观察者评分的测量方式直接继承于弗洛伊德的临床心理学的思想，即观察者可以在被观察者对自己防御机制没有意识的情况下合理地推断出他防御机制的运作情况（Perry and Ianni，1998）。根据弗洛伊德的观点，一个受过训练的精神分析师可以很合理地根据他人的言行推断出他防御机制的情况，尽管防御机制本身是不能被直接观察到的。观察者评分测量方式的资料来源主要有投射测验和临床观察或问诊两种。以常用的一种投射测验"主题统觉测验"（Thematic Apperception Test）为例，主试会给被试展示一个模棱两可的图片，让他们根据这个图片讲一个故事。临床心理学家开发出了一些对故事内容进行编码的评分系统，如 Cramer（2012）编制的防御机制手册（Defense Mechanism Manual）。当故事中出现了某些特征时，主试就会根据评分系统对其进行计分，以此将故事的内容编码成具体的分数。除了投射测验以外，还有一些针对临床访谈数据而开发出来的评分系统。例如，防御机制评价量表（Defense Mechanism Rating Scales）、防御相关行为问卷（Inventory of Defense-related Behaviors）。所有这些评分系统都可以计算出被试在某种防御机制上的分数，其评分的逻辑与前面主题统觉测验的逻辑基本相似。尽管这些评分系统经常被临床心理学家使用，偶尔也会被人格心理学家使用（Cramer，1987），但是它们依然在一定程度上依赖评分者的经验并具有一定的主观性，这限制了他们在消费者行为学领域的应用。

四 自我报告的防御机制测量方法

自我报告的防御机制的测量方式同样主要基于以上理念和原则。以防御机制问卷为例（Defense Mechanisms Inventory，以下简称DMI），这是一个被最广泛使用的防御机制量表。DMI包含了10个故事，用于描述人们经常会遇到的威胁情景（Cramer，2012）。每个故事后都有四道题，分别询问被试如果自己在上面的故事中，他们的行动、认知和情感会是什么样的。每一个问题都有五个不同的选项，分别代表五种不同的防御机制，被试在这五个选项当中去选择哪一个最能代表自己的反应，哪一个最不能代表自己的反应。每一种防御机制的分数由被试对 10 个故事的评分加总而成。这种自我报告量表的思路是通过测量被试在假定情境中的行为来评估他们的防御机制。但是，这种量表所评估的对象更可能是个体对特定防御机制的长期使用倾向，而不是在当下情境下对某个真实威胁的防御倾向。除此之外，这些量表的题项通常较多。例如，DMI 量表包含了 10 个故事的 200 个题项。这些特征限制了它们在实验研究中的使用。

五　实验研究中的防御机制的测量方法

近些年来，研究者倾向于通过实验操纵自我威胁的方法研究个体对防御机制的情境性使用。尽管防御机制由于其潜意识性仍然无法被直接测量，但是他们通过测量被试面对特定威胁时的防御性行为间接地验证了防御机制的存在。例如，Dalton 和 Huang（2014）操纵了被试的社会身份威胁并且测量了他们对于身份相关促销信息的遗忘程度。结果证明人们更倾向于遗忘与他们所遭受的自我威胁相关的信息，这与弗洛伊德所提出的压抑的防御机制相一致。Ruttan 和 Nordgren（2016）让被试完成一个表面上是测量"感知整合能力"的任务，然后通过告知被试他们的成绩排名在后 28% 的方式来操纵自我威胁。然后，他们采用 7 点量表测量了被试认为感知整合能力的重要程度和他们认为该测验的有效性。例如，询问被试"你认为感知整合能力有多重要""你认为感知整合能力测验能够真实地反映你的能力吗？"结果被试倾向于认为该能力是不重要的，该测验是无效的。通过这种方法 Ruttan 和 Nordgren（2016）证明了人们在遭受外在的自我威胁时会通过否认、歪曲和回避自我威胁信息的方式来进行防御性信息处理。在这个例子中，尽管防御性信息处理是不能直接测量的，但是却可以通过测量被试对自我威胁的态度来进行间接的推断。尽管使用该方法的研究为了保持与实验情景和自我威胁类型的一致性，在不同的研究中采用了不同的测量防御性行为的指标，但是这种方法的理念是一致的，即在潜意识中的防御机制可以通过在意识层面测量个体对自我威胁的防御性行为来间接的推断。在第九章的实证研究中，我们将会延续这种理念，并采用这种方法展开实验研究。

第七章

控制感与消费者行为研究

在第八章和第九章的实证研究中,我们将会以控制感作为边界条件来探究自我威胁对个体商品偏好和消费倾向的影响。因此,在本章我们将对控制感的概念和相关研究进行简要的综述。

第一节 控制感的概念

控制感(Perceived Control)指个体对自己能够控制外界事物和环境的认知与感受。人们总是渴望能够通过自己的行为预知和改变环境,因此控制感是人类的一项基本需求(Burger and Cooper, 1979)。控制感与个体所实际具有的客观的控制能力有所区别。已有研究倾向于认为,由于控制感才是个体直接的感受和认知,因此对个体行为的影响比实际具有的控制能力更为直接(高伟娟, 2005)。例如,Taylor(1983)发现即便癌症患者并不能真正控制他们的病情,但是增加患者的控制感会帮助他们更加积极地配合治疗。

有关控制感的概念,已有研究者主要从两个角度对其进行定义。一个角度倾向于将控制感看成个体对自己能力的感知。例如,Rodin等(1980)将控制感定义成个体对自己在特定环境下有能力达到预期结果的感知。另一个角度倾向于将控制感看成一种归因系统。例如，Brim（1974）将控制感定义成个体是否把某些事物的发生或改变归因于是由他的行为所引起的相关信念。

Skinner（1995）总结了有关控制感的两个特点：首先，他认为控制感是一系列信念的集合而不是一个单一的特质。由于 Rotter（1966）的控制源量表（Locus of Control Scale）经常用于测量个体差异，因此很容易让人理解为控制感是一个稳定的、内在的、单一的人格特质。但实际上，控制感更倾向于是一系列彼此相关的信念，这些信念分别针对不同的领域。例如，一个学习优秀的学生面对考试所体验到的控制感比较强，但是对于社交场景所体验到的控制感却可能比较弱。因此对控制感的理解要进行灵活的对待。其次，控制感既受到已有经验的影响又具有情境性。由于控制感并不是一个稳定单一的人格特质，因此很容易受到情境的影响。例如，如果周围的人都认为个体即将在未来的考核中失败，那么个体的控制感就可能降低，相反如果周围的人都反馈给他积极的信息，那么他的控制感就可能上升。个人的控制感还来源于个体在相同领域内以往的经验。例如，一个在社会交往上具有较为丰富经验的个体在面对社交场合时会具有较高的控制感，而一个在社会交往上具有消极和失败经验的个体对于社交场合的控制感则会较低。

第二节　控制感的不同来源及相关理论

控制感的概念在心理学中已经得到了广泛的关注和研究，其中较为有影响力的理论分别为 Rothbaum（1982）的初级与次级控制理论、Rotter（1966）的控制源理论和 Bandura（1995）的自我效能感理论，这些理论可以分别从不同的角度解释控制感的来源。也就是说，个体的控制感有很多来源，既可以来源于外在威胁本身的属性，也可以来源于个体的内在特征，还可以来源于个体以往的经验。下面我们将结合这些理论对控制感的不同来源进行阐述。

一 威胁的可控性

在个体所面临的外在世界的众多威胁中，有些是他可以控制的，如成绩的下降、人际关系的危机；有些是他无法控制的，如自然灾害、生老病死。即使面对同一种威胁，有些人倾向于认为这种威胁是可以控制的，而有些人则认为这种威胁是不可以控制的。例如，在工作中面对领导的指责和刁难，有的人会认为这完全是领导的原因，即使我做什么他都会刁难我，所以这件事情是自己无法控制的；而有些人则认为他是可以通过改善与领导的相处方式来解决这个问题的，因此这件事情在他看来就是可控的。进一步说，即使同一个人面对同一种威胁，在不同的情境下也可能会认为这种威胁是可控或者不可控的。例如，面对生活的困境，如果你接触了改变自己命运的故事、报道、文学作品或影视节目，那么你可能会倾向于认为人的命运是可以控制在自己手中的；但是如果你接触了宿命论的故事、观点或人，那么你可能会倾向于认为人的命运是无法掌握在自己手中的。由此可见，我们评估一个威胁是否可控，不仅受到威胁客观情况的影响，还受到我们个人的认知、情绪和环境的影响。

Rothbaum 等（1982）将控制分为初级控制（Primary Control）和次级控制（Secondary Control）两个过程，初级控制指个体通过改变环境来满足他的期待和需要的行为，而次级控制指个体无法改变环境时，选择适应和顺应环境的行为。在个体遇到外在威胁的时候他们会首先选择改变环境或解决问题的初级控制，但是当个体发现无法改变环境时，他会选择改变自己的次级控制。Heckhausen 和 Schulz（1995）认为初级控制的适应性意义大于次级控制，但是在现实生活中并不是所有的事情都是可控的，因此在个体面对无法控制的事情时，次级控制可以帮助他们顺应环境，因此也具备了不可替代的适应性作用。本研究认为，初级控制和次级控制与威胁的可控性存在对应关系，即当个体感觉威胁可控时，他们更可能采取初级控制，而个体感觉威胁不可控时，他们更可能采取次级控制。

二 内外控制源

控制源指个体认为事件的结果多大程度上是受他自己控制还是受外界力量控制的认知。Rotter（1966）将控制源分为内控（Internal Control）和外控（External Control）两种类型，内控者倾向于认为在他身上所发生的事件主要受自己的行为和内在因素决定，认为自己的生活是可以受自己控制的；而外控者倾向于认为在他身上所发生的事件主要取决于外部因素，比如运气和他人的影响，他们自己无法控制自己的生活。例如，当一个人得知自己在考试中获得较好成绩的时候，内控者会倾向于为自己的能力感觉到骄傲，反之，当他得知自己的成绩较差时，他会责备自己，因为内控者认为考试成绩的好坏是由他自己内部的因素决定的。而外控者倾向于把成功或失败归因于老师的水平、考卷的难度、幸运等外在因素，因为他们认为考试成绩的好坏是由其他外部的因素决定的。

Rotter（1966）认为内控者常常有两个重要的特征，分别为：高成就动机（High Achievement Motivation）和低外部导向（Low Outer-directedness）。并且基于这两个特征编制了控制源量表，在国内王登峰（1991）对"内在—外在心理控制源量表"进行了修订，在控制源量表上得分越高的个体越倾向于外控，得分越低的个体越倾向于内控。由于内控者相信事情的结果是受他们控制的，因此他们更加相信通过自己的努力会获得积极的结果，更加接纳发生的事情是由自己所导致的（April et al., 2006）。而外控者更倾向于认为外在的世界是超出他们预测和控制范围的，更多受到诸如运气、命运和掌权者等因素的影响和左右，因此他们更倾向于责备别人和环境，而不是通过自己的努力改变境遇（Jacobs-Lawson et al., 2011）。王登峰（1991）还发现外控的人比内控的人更倾向于对自己的行为进行辩解，并且更倾向于对他人进行责备。

尽管有些人更倾向于内控或者外控，但是已有研究者认为其实还存在一种混合型的控制源类型，被称为双重控制源特征（Bi-local characteristics)。具有双重控制源的个体会同时使用内控和外控两种视角，这会让他们既承担对事情的责任，同时又对外在的资源保持开放的态度，因此他们能够更加有效地应对压力（Jacobs – Lawson 等，2011）。例如，对于一个在考试中失败的具有双重控制源特征的个体，内控的视角会让他更加承担自己在考试失败中的责任，同时外控的视角又使他更加寻求老师和同学等资源的帮助。

三 应对经验与自我效能感

自我效能感指个体对自己实现特定目标所具有能力的信心或信念（张鼎昆等，1999）。Bandura（1995）认为自我效能感会提升个体对自己在特定情境中是否有能力完成某个任务的预期。在自我效能感的概念提出之前，传统研究主要关注个体实际具有的能力对他们完成任务的影响。但是 Bandura（1995）认为能力只是个体完成任务的必要条件，而不是充分条件。个体是否认为自己有能力完成其所面临的任务和自己对任务完成情况的心理预期往往会影响他们完成任务的心态，进而影响结果。

Bandura（1995）将个体对任务完成的预期区分为结果预期和效能预期，前者指个体对自己的行动会导致何种结果的预期，后者指个体对自己是否能够顺利完成某个任务的预期。效能预期可以影响个体对任务的态度、方法的选择和努力的投入程度，因此个体对自己完成任务的效能预期更可能会直接决定他的行动方式。例如，我们经常看到这样的现象：一个客观上具有完成某项任务能力的人，面对任务却经常表现出退缩，并且无法很好地利用自己的能力来完成任务；一个在客观上拥有很高水平的学生，却常常恐惧考试，并且在考试中无法发挥出良好的成绩。这些都说明，拥有能力和如何调动这些能力完成任务是存在区别的，这其中很重要的一个因素便是个体对自我完成某个任务的效能的评估，即自我效能感。

已有研究通常认为自我效能感具有三个维度，分别为：自我效能感的水平、自我效能感的强度和自我效能感的延展性。首先，自我效能感的水平指一个人认为自己有能力完成某个任务的程度，我们经常用高低来描述。高自我效能感的人更倾向于认为自己有能力完成任务，并且更倾向于选择有难度、有挑战的任务。而低自我效能感的人更倾向于认为自己没有能力完成任务，更倾向于选择简单的任务。其次，自我效能感的强度指一个人自我效能感的稳定程度，我们经常用强弱来描述。自我效能感较强的人更不容易受到外界信息和失败经验的影响而导致自我怀疑，即使面对诸多困境，他们也依然相信自己的能力而不放弃努力。而自我效能感较弱的人更容易受到外部信息和失败经验的影响，而产生低自我效能感。最后，自我效能感的延展性指个体的自我效能感反映在不同领域上的广度，自我效能感延展性强的个体在很广泛的领域内都具有较高的自我效能，他们倾向于对任何领域都充满自信，而自我效能感延展性弱的个体只在特定的领域内认为自己是有效能的，只对特定的任务具有较高的自我效能感，而对其他类型任务的自我效能感水平较低。

已有研究还对自我效能感进行了一般自我效能感和特殊自我效能感的区分，这种区分自我效能延展性的概念相关。一般自我效能感指个体在整体上对自己完成任务的自信程度的评估，一个一般自我效能感高的人会倾向于认为自己在任何任务上都具有较高的效能。然而，最近得到更多关注和研究的是针对特定领域的特殊自我效能感。因为，不同领域之间的任务具有较大的差异性，所需要的能力也各不相同。对于个体而言，他可能在某些任务和领域上具有更加积极的经验，因此在这些领域上的自我效能感较高。而对另外一些领域上经验较少，或者拥有消极的经验，因此他们在这些领域上的自我效能感较低。例如，一个在成绩上拥有积极经验学生的学业自我效能感较高，但可能由于他在社会交往上拥有消极经验而拥有较低的社交自我效能感。在特殊自我效能感上，已有研究关注了很多不同的领域，例如，学业自我效能、创造力自我效能、工作自我效能等。

第三节　控制感对个体心理与行为的影响

已有研究主要关注控制感对心理健康和压力应对的影响。已有研究发现控制感可以对个体的幸福感和健康水平产生积极的影响（Infurna et al.，2011）。具有较高控制感的个体会表现出更强的自主性，并且能够更好地应对压力和挫折（Frazier et al.，2011）。已有研究还发现控制感的缺乏是个体社交恐惧和情绪控制失调的一个重要影响因素（Hofmann，2005）。已有研究发现外控个体比内控个体会体验到更强烈的无助情绪，并且在遇到问题的时候更少主动去寻求帮助。Seligman（1972）提出了习得性无助的概念（Learned Helplessness），并且发现习得性无助会让人认为自己无法控制事情的结果，无论自己做什么都会失败，进而出现抑郁、绝望等问题。Burger 和 Arkin（1980）认为控制感的缺乏是导致习得性无助的一个重要因素。Rodin 和 Langer（1977）在养老院中进行了实地实验，结果发现那些被允许控制自己生活，自主选择自己房屋布置形式和参与什么活动的老年人，比不能控制自己生活的老年人，表现出更良好的生理健康状况和精神愉悦，并且一年后的死亡率更低。

当然，控制感对个体的影响并不完全是积极的，还有消极的方面。已有研究发现，在压力源是无法控制的情况下，内控的人比外控的人更倾向于高估自己的控制能力，因此在面对无法改变的压力时更可能感受到自己的局限性，进而产生更大的压力反应（Vazquez，2001）。在面对压力的情况下，控制感高的个体更倾向于选择解决问题的应对方式，而控制感较低的个体则更可能选择逃避的应对方式，因此控制感高的个体在解决问题的过程中可能出现心率和血压升高等生理唤起，长时间会损坏个体的身心健康（石林，2004）。

除了心理健康以外，还有研究关注了控制感与学业成就和工作投入之间的关系（D'Ailly，2003；Gilman and Anderman，2006）。已有研究发现学业自我效能感高的学生对自我的管理能力较强,对学习的目标更加坚定,因此学业自我效能感可以很好地预测学生的学业成绩(周文霞、郭桂萍,2006)。Rodríguez 等(2001)发现当员工对工作有过高的心理要求,但是却有较低的控制感时会出现较大的工作压力。他们发现让员工参与更多的决策会提升他们对工作的控制感,进而提升他们的工作动机和工作满意度。

控制感对个体如此重要,因此当个体的控制感缺失的时候他们会进行控制感补偿(Compensatory Control),即个体在低控制感的情境下,为了缓解不确定性和低秩序感所产生的焦虑,个体会通过各种途径来重新获得控制感(Kay et al.,2010b)。Whitson and Galinsky(2008)发现当个体的控制感受到威胁时会表现出寻求结构的倾向,把随机或没有联系的刺激知觉为一个有意义的、彼此联系的、有结构的整体,更倾向于在没有联系的事件之间建立因果关系。这些控制感补偿行为的理论基础在于个体可以通过追求外在系统的秩序来补偿自身控制感的缺失(Kay et al.,2010b;2010d)。

已有研究还发现控制感缺乏的个体比高控制感的个体更希望政府参与到个人的生活中来(Kay et al.,2008;2010c),这是由于当个体控制感缺乏的时候他们渴望由一个外在的机制来帮助他们进行决策,以此来替代他们对自己生活所需要的控制感(Kay et al.,2010b)。同时,控制感缺乏的个体比高控制感的个体对宗教持更积极的态度,这是由于宗教作为一种外在的强大力量和控制感的来源可以增加个体的幸福感(Jackson and Bergeman,2011)。宗教之所以可以提升控制感是由于宗教可以让个体相信任何事情都不是随机事件,而是一种冥冥之中的秩序安排(Kay et al.,2010a)。

第四节 控制感对消费者行为的影响

在消费者行为研究领域,已有研究者也从各自的角度研究了控制感对消费者行为的影响，其中一个主要的视角便是基于补偿控制理论。已有研究发现当消费者感觉到自身控制感较低时，他们会倾向于选择那些能够提升他们控制感的商品或者进行恢复控制感的消费行为。例如，Hamerman 和 Johar（2013）研究了控制感和消费者对幸运商品偏爱之间的关系，所谓幸运商品偏爱指消费者把某种商品与成功或失败相联系起来的现象。例如，一个球迷在喝某个品牌的饮料时，他所支持的球队获胜了，那么在以后他看比赛的时候就更可能选择这个品牌的饮料。Hamerman 和 Johar（2013）通过实验研究发现当消费者对所面临的问题具有强烈的控制需求但是却拥有较弱的控制感时，他们会更加偏好幸运商品，以借此获得虚拟的控制感。又如，Cutright（2012）通过研究发现，当消费者的控制感受到威胁的时候，会激发他们对结构和秩序的追求，进而偏好具有边界的商标，因为边界会让消费者感觉到更强的控制感。Cutright 和 Samper（2014）发现控制感缺乏的消费者会倾向于选择那些让他们卷入更多努力的商品，比如更倾向于选择一个需要大量练习和努力才可以掌握使用技巧的高尔夫球杆而不是一个基本不需要练习就可以掌握使用技巧的高尔夫球杆，因为在消费者大量付出努力的时候，他们的控制感会得到恢复。柳武妹等（2016）发现控制感受到威胁时会激发消费者对商品的触摸渴望，这是由于触摸可以满足消费者的控制需求。

另外一些研究则从控制感对个体的认知与行为风格影响的角度展开研究。例如，Martin 等（2007）发现女性的控制感可以影响他们对广告当中女性模特的反应。当女性对自己的体重具有较高控制感的时候，对广告中苗条模特的评价更加积极，而当女性对自己体重具有较低控制感的时候则对广告中偏胖模特的评价更为积极。Tangsrud 和 Smith（2001）研究了控制感和消费者购买决策之间的关系，消费者的购买决定既可以是完全自主做出的，也可以是依赖他人做出的，或者两者兼而有之（如向别人征求建议），他们发现消费者的控制感越低，他们的购买决定就越依赖他人。Herzenstein 等

（2015）的研究发现在受恐怖主义威胁的地区，民众在消费上会出现退缩性的倾向，例如，减少外出吃饭和看电影等公共场合的消费。但是，如果提升消费者的控制感则这些消费行为会增加。Hui 和 Bateson（1991）的研究发现当消费者遭遇负面的服务体验时，他们的控制感会下降，此时他们会通过将责任归因于服务者的方式来恢复控制感，并且对服务者形成稳定的负面归因。例如，这是一家很糟糕的店。而当消费者遭遇正面的服务体验时，他们的控制感会上升，此时他们会倾向于把愉快的体验归因于自己，对服务者形成不稳定的正面归因。例如，这次购物体验很愉快。Chang（2008）发现在网络购物的情境下，为消费者提供及时的补救措施，会提升消费者的控制感，进而不仅会提升消费者对补救措施的满意度，还会提升他们对整体服务的满意度。

通过以上文献可以看到控制感会对消费者的行为产生复杂的影响，但是针对自我威胁情境下控制感对消费者行为影响的研究尚为空白，因此在第八章和第九章中，我们将从三种不同的控制感来源检验控制感与自我威胁的交互作用如何对消费者行为产生影响。

第八章

实证研究一：自我威胁情境下控制感对个体商品偏好的影响

第一节 研究一的理论推演与假设提出

由于自我威胁是一种让人厌恶的状态，因此消费者会致力于通过各种途径来应对其所遭受的威胁（Han et al.，2015b）。有关应对方式的研究发现，个体主要可以采取两种取向来应对其所面临的威胁，分别为问题聚焦应对和情绪聚焦应对。前者指个体通过直接改变造成威胁来源的方法来应对自我威胁的方式，而后者指个体通过调节对威胁的情绪反应来应对自我威胁的方式（Lazarus and Folkman，1984）。两种应对方式会导致个体面对自我威胁时表现出不同的行为导向。问题聚焦应对会促使个体思考如何解决由威胁所导致的困境，通过改变自己的行为来获得更好的结果。相反，情绪聚焦应对会导致个体不去思考压力情景，通过转移注意力和调节情绪来降低自我威胁的影响（Han et al.，2015b）。

不同的应对方式也会导致消费者对不同类型商品的偏好。自我成长型商品可以帮助消费者提升自己被威胁方面的特质，解决自我威胁的来源。例如，能力受到威胁的消费者可以通过购买书籍来提升自己相应的能力（Kim and Gal, 2014），遭受到社会排斥的消费者可以通过参加培训来提升自己的社交技巧，吸引力受到威胁的消费者可以通过购买提升自己吸引力的服装来提升自己的魅力等（Groesz et al., 2002）。自我享乐型商品则可以通过调节自己的情绪来缓解自我威胁所造成的影响。例如，能力受到威胁的消费者除了提升自己相应的能力以外，还可以通过吃一顿美食来让自己开心起来；受到社会排斥的消费者除了修复自己的社会关系以外，还可以通过一次旅游来暂时搁置其所面临的问题；吸引力受到威胁的消费者除了进行提升魅力的努力外，也可以通过看一场电影来转移自己的注意力，安抚一下自己的情绪。

通过以上逻辑可以发现，当消费者遭遇自我威胁时他们既可以选择自我成长型的商品来进行问题聚焦型的应对，也可以选择自我享乐型的商品来进行情绪聚焦型的应对。那么何种因素会调节消费者自我威胁情境下应对方式的选择和商品选择偏好便成为一个重要的理论问题。

一 威胁是否可控的调节作用

控制感指个体对自己能够控制外界事物和环境的感受（Burger and Cooper, 1979）。根据 Rothbaum 等（1982）的初级和次级控制理论，当个体面对具体问题的时候他们首先会寻求初级控制，即通过改变环境和所遇到的问题来满足个体的期待。当个体发现即使通过努力也不能改变环境和问题的时候，他们会寻求次级控制，即通过调节自己来适应环境和接受现状。因此，个体对他们所受的威胁是否感觉到可控会直接决定他们所采取的应对策略。

已有研究发现，当个体认为他所面临的威胁是可控的时候，他更倾向于去解决问题，当个体认为他所面临的威胁是不可控的时候，他更倾向于去逃避问题。例如，Rodríguez 等（2001）发现提升员工对工作任务的控制感，会增强他们去解决问题的工作动机。Parkes

(1984)、Schaubroeck 和 Merritt（1997）发现在个体感觉到对压力情境是可控的情况下，他们更可能选择问题聚焦的应对方式。Yi 和 Baumgartner（2004）发现当消费者感觉到威胁具有确定性时他们会选择问题聚焦的应对方式，当感觉到威胁是不确定性的时候他们会选择情绪聚焦的应对方式。

因此，基于以上理论逻辑我们提出假设 1 和假设 2：

假设 1：感觉自我威胁可控的消费者比感觉自我威胁不可控的消费者更可能采取问题聚焦的应对策略，进而表现出对自我成长型商品的选择偏好。

假设 2：感觉自我威胁不可控的消费者比感觉自我威胁可控的消费者更可能采取情绪聚焦的应对策略，进而表现出对自我享乐型商品的选择偏好。

二 控制源的调节作用

控制感可以有多种来源，除了威胁本身的特征之外，消费者自身的某些特征也可能影响他们应对方式的选择和商品偏好。控制源是控制感的一种来源，指个体对事件的结果是受他自己控制还是受外界力量控制的认知（Rotter，1966）。内控者倾向于认为在他身上所发生的事件主要取决于自己的行为和内在因素，认为自己的生活是可以受自己控制的（April et al.，2006）；而外控者倾向于认为在他身上所发生的事件主要取决于外部因素，如运气和他人的影响，他们自己无法控制自己的生活（Jacobs - Lawson et al.，2011）。

由于内控者相信事情的结果是受他们控制的，因此他们更加相信通过自己的努力会获得积极的结果，而外控者更倾向于认为外在的世界是非常复杂的，是超出他们预测和控制范围的，因此他们更倾向于责备别人和环境，而不是通过自己的努力改变境遇。Lefcourt（1980）发现外控个体比内控个体会体验到更强烈的无助情绪，并且在遇到问题的时候更少主动去寻求可以利用的信息。因此，在自我威胁的情境下，内控的消费者会更加认为自己应该承担解决问题的责任，并且主动寻求解决问题的途径，进而选择问题聚焦的应对方式和自我成长型的商品。而当外控的消费者面对自我威胁时，他们更不认为自己能够改变周围的环境和解决其所面临的问题，因此更不倾向于通过行动来改变境遇，而是转向次级控制，通过调节自身的情绪状态来适应其所遭受的威胁。所以，外控的消费者比内控的消费者更可能采取情绪聚焦的应对策略，进而表现出对自我享乐型商品的偏好。

基于以上理论逻辑我们提出假设3和假设4：

假设3：在自我威胁情境下，控制源为内控的消费者比外控的消费者更可能采取问题聚焦的应对策略，进而表现出对自我成长型商品的选择偏好。

假设4：在自我威胁情境下，控制源为外控的消费者比内控的消费者更可能采取情绪聚焦的应对策略，进而表现出对自我享乐型商品的选择偏好。

三 应对经验的调节作用

控制感不仅来源于威胁本身的特性和消费者的控制源，还可能受到消费者以往对所受威胁应对经验的影响。当消费者对所受威胁具有积极应对经验时，比他们对所受威胁具有消极应对经验时，可能具有更强的自我效能感。自我效能感指个体对自己具有实现特定目标所需能力的信心或信念（张鼎昆等，1999）。Bandura（1995）认为自我效能感会提升个体对自己在特定情境中是否有能力完成某个任务的预期。有关自我效能感的研究发现影响个体自我效能感的最大因素就是以往的成功或失败经验（Bandura，1995）：如果一个个体在某件任务上有较多的成功经验，当他再次面对该任务时，他便更有信心去完成该任务，并且他对自己完成任务的预期更积极，这说明成功经验可以提升个体面对某个任务时的自我效能感；相反，如果一个个体在某件任务上有较多的失败经验，当他再次面对该任务时，他便更没有信心去完成该任务，并且他对自己完成任务的预期更消极,这说明失败经验可以降低个体面对某个任务时的自我效能感。

当个体面对自我威胁时,自我效能感会影响他对解决威胁的信心和是否能够解决威胁的预期,进而会影响他应对自我威胁的策略。Sujan 等(1999)发现当个体相信他们有能力去处理威胁的时候,他们更可能选择问题聚焦的应对策略,当个体认为他们不能处理威胁的时候,他们更可能会选择情绪聚焦的应对方式。这是由于当个体对解决所受威胁具有较高自我效能感的时候,他认为自己更可能通过解决问题来获得成长,这个时候他更可能把注意力关注在如何解决问题上,进而表现出对能够帮助他解决问题的自我成长型商品的偏好。而当个体对解决所受威胁具有较低自我效能感的时候,他们认为自己更可能无法解决所面临的问题,如果此时选择去解决问题的话,则可能会承受失败的风险和心理上的打击,这个时候他更可能把注意力关注在如何从自我威胁的情境中逃避出来,缓解自己消极的情绪和感受,进而表现出对能够帮助他调节情绪的自我享乐型商品的偏好。

基于以上理论逻辑我们提出假设 5 和假设 6:

假设 5:在自我威胁情境下,对威胁具有积极应对经验的消费者比具有消极应对经验的消费者具有更高的自我效能感,更可能采取问题聚焦的应对策略,并表现出对自我成长型商品的偏好。

假设 6:在自我威胁情境下,对威胁具有消极应对经验的消费者比具有积极应对经验的消费者具有更低的自我效能感,更可能采取情绪聚焦的应对策略,并表现出对自我享乐型商品的偏好。

四 本书研究的理论框架

在本研究中我们提出了以上 6 条假设,并将以上 6 条假设概括成图 8-1 中的理论框架。通过图 8-1 可以看到,控制感会调节自我威胁情境下消费者应对方式的选择,进而影响他们的商品选择偏好。就自我威胁而言,在本研究中我们将检验以下四种自我威胁来源的影响：死亡凸显（实验 1）、智力威胁（实验 2）、权力感威胁（实验 3）和社会排斥（实验 4）。对于控制感，我们将检验以下三种控制感来源的作用：威胁是否可控（实验 1、实验 2）、内外控制源（实验 3）和积极与消极应对经验（实验 4）。应对方式作为理论框架的中介变量包含两种类型，分别为问题聚焦应对和情绪聚焦应对。商品选择偏好作为理论框架的因变量包含两种类型，分别为自我成长型商品和自我享乐型商品。在实证研究中我们将对以上变量的各个水平以及各变量之间的关系进行系统的检验，其中实验 1 和实验 2 的主要目的是检验假设 1 和假设 2，实验 3 的主要目的是检验假设 3 和假设 4，实验 4 的主要目的是检验假设 5 和假设 6。

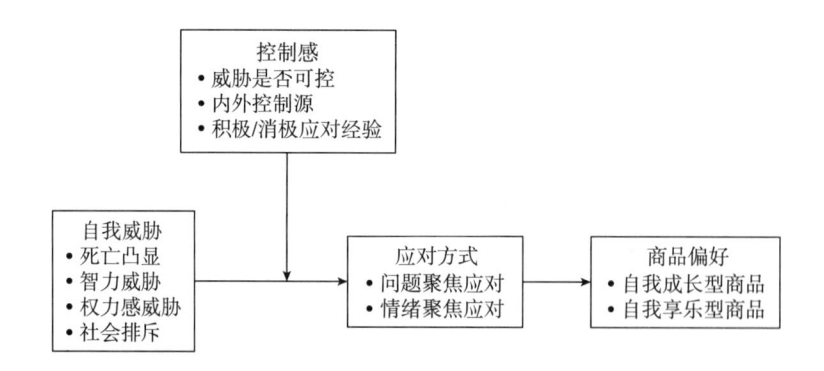

图 8-1 本书的理论框架

注：本图由笔者绘制。

第二节 实验1：自我威胁是否可控对消费者商品偏好的影响

一 实验目的

为了验证假设 1 和假设 2，我们设计并实施了实验 1。首先通过实验方法操纵了被试的自我威胁和对威胁的可控程度,然后测量被试的问题聚焦和情绪聚焦的应对倾向以及被试对自我享乐型商品和自我成长型商品的选择偏好,最后通过统计分析探究自我威胁情境下个体对威胁的可控程度是否会影响消费者的应对方式和商品选择偏好。

二 实验设计与被试

实验1采取2（自我威胁：实验组、控制组）×2（控制感：可控组、不可控组）的被试间实验设计。招募了来自两所学校128名MBA学生作为实验样本（$M_{年龄}=29.65$，$SD=2.08$），其中男生62人，女生66人，并将被试随机分配到4个实验组中进行实验,每个实验组各32人。

三 实验程序

本实验分多个批次在实验室中进行,并告诉被试他们即将完成多个独立的任务。我们首先对被试的自我威胁进行操纵,并且选取死亡凸显作为对被试自我威胁的操纵方法。任务开始前告诉被试这是一个考察他们想象力水平的测验,但实际上是对被试的死亡凸显进行操纵。对死亡凸显的操纵使用Arndt等（2002）的实验程序。我们让实验组被试想象有关自己死亡时可能出现的场景,并回答以下两个问题,对每个问题的回答不少于50字：①想到死亡,你会有什么样的情绪感受？②请详细地写下如果你死亡,那么会发生什么？让控制组被试想象自己牙痛时可能出现的场景,并回答以下两个问题,对每个问题的回答不少于50字：①想到牙痛,你会有什么样的情绪感受？②请详细地写下如果你牙痛,那么会发生什么？回答问题后,为了便于对被试死亡凸显的操纵进行操纵检验,我们使用Conte等（1982）编制的死亡焦虑量表对被试的死亡焦虑程度进行测量,量表由15道关于死亡的题目组成。例如,你担心死亡吗？你担心会永远消失吗？其中回答"是"计1分,回答"否"计0分,15

道题的分数相加作为死亡焦虑的总分（一致性信度 $\alpha = 0.863$），分数越高代表死亡焦虑程度越高。

回收问卷后，告诉被试他们即将完成一个考察他们阅读能力的测验，但实际上是对被试的控制感进行操纵。本实验选取让被试阅读一篇虚拟文字材料的方法来操纵被试对威胁的可控程度。对不可控组提供一段500字左右的文字材料，该材料描述了生命和健康的基因观，内容大意为：经研究发现人的生老病死都是受基因控制并且是先天决定好的，后天的影响不大。对可控组也提供一段500字左右的文字材料，描述了生命的保健观，内容大意为：经研究发现人的生老病死很大程度受到后天保健影响的，并且科学的保健方法和良好的习惯可以促进健康和延长生命。阅读文章后让被试回答两道有关文章内容的问题，一方面强化生命基因观或保健观的内容；另一方面考察被试阅读材料的仔细程度，并剔除未仔细阅读材料的被试。为了对被试控制感的操纵进行操纵检验，我们让被试在李克特7点量表上回答一道问题：此时你认为人的健康和生命在多大程度上是可以由自己控制的？1代表完全不可控，7代表完全可控。

四 变量测量

回收问卷后，我们参考了Skinner等（2003）所使用的测量应对方式的量表对被试的情绪聚焦应对倾向和问题聚焦应对倾向进行测量，该量表共包含12个维度39个题项，其中4个维度的15个题项用于测量被试的问题聚焦应对倾向。例如，"想出一个行动计划并且照计划执行""思考可以提升境遇的可能途径"等；其余8个维度的24个题项用于测量被试的情绪聚焦应对倾向。例如，"从问题上转移自己的注意力""拒绝思考所面临的问题"等。量表采取5点计分，测量被试对每种应对方式的使用倾向，1代表非常不倾向于使用，5代表非常倾向于使用。分别将测量问题聚焦应对倾向的15个题项和测量情绪聚焦应对倾向的24个题项的得分进行加总平均，获得被试问题聚焦应对倾向（一致性信度 $\alpha=0.785$）和情绪聚焦应对倾向（一致性信度 $\alpha=0.801$）的分数。

对应对方式进行测量后，我们采用让被试选择商品的方式测量被试的商品偏好。本实验虚拟了两款价位相同的商品分别作为自我享乐型商品和自我成长型商品的代表，分别为一个价值3000元的三亚旅游计划和一个价值3000元的健康管理计划。对于三亚旅游计划，我们通过文字和图片向被试传达旅游胜地的美景，并且告知被试通过这次旅行他可以收获快乐；对于健康管理计划，我们通过文字和图片向被试呈现健康管理计划的必要性和科学性等信息。在预实验中我们独立选取了来自同一总体的60名被试，分成两组，每组30人，让他们分别观看以上两款商品的介绍并且在5点量表上分别对这两款商品能够给人带来快乐的程度和给人带来自我成长的程度进行打分，1代表完全不能够，5代表完全能够。结果发现被试对三亚旅游计划能给人带来快乐程度的评分显著高于健康管理计划，$t(58)=7.12$，$p<0.001$；对健康管理计划能给人带来自我成长程度的评分显著高于三亚旅游计划，$t(58)=12.31$，$p<0.001$，这说明本实验选取的材料对自我享乐型商品和自我成长型商品具有很好的代表性。在正式实验时，我们向被试展示这两款商品，并告诉被试，这里有两张分别针对以上两款商品的8折的折扣券，被试可以选择其中一款商品的折扣券作为实验回报。最后，向被试说明实验的真实目的，并且赠送礼品作为回报。

五 研究结果

（一）操纵检验

我们首先对死亡凸显的操纵进行操纵检验，以死亡焦虑量表得分为因变量进行2（死亡凸显：实验组、控制组）×2（控制感：可控组、不可控组）的被试间方差分析，结果发现只有死亡凸显的主效应显著，$F(1,124)=29.41$，$p<0.001$，$\eta_p^2=0.19$；死亡凸显×控制感的交互作用不显著，$F(1,124)=0.06$，$p=0.815$；控制感的主

效应不显著，$F(1,124) = 2.51$，$p = 0.116$，这说明对死亡凸显的操纵成功，并且并没有对其他变量产生干扰。

然后我们对控制感的操纵进行操纵检验。所有被试都正确作答了文字材料后的问题，说明所有被试都认真阅读了文章。我们以被试认为人生命和健康的可控程度为因变量进行 2（死亡凸显：实验组、控制组）×2（控制感：可控组、不可控组）的被试间方差分析，结果发现只有控制感的主效应显著，$F(1,124) = 41.74$，$p < 0.001$，$\eta_p^2 = 0.25$；死亡凸显×控制感的交互作用不显著，$F(1,124) = 0.29$，$p = 0.593$；死亡凸显的主效应不显著，$F(1,124) = 1.77$，$p = 0.185$，这说明对控制感的操纵成功，并且没有对其他实验变量产生干扰。

（二）控制感对应对方式的影响

我们首先以被试问题聚焦应对得分为因变量进行 2（死亡凸显：实验组、控制组）×2（控制感：可控组、不可控组）的被试间方差分析（分析结果的描述统计见图 8-2）。统计结果发现，死亡凸显的主效应不显著，$F(1,124) = 0.13$，$p = 0.725$；控制感的主效应显著，$F(1,124) = 28.39$，$p < 0.001$，$\eta_p^2 = 0.19$；死亡凸显×控制感的交互作用显著，$F(1,124) = 7.90$，$p < 0.010$，$\eta_p^2 = 0.06$。进一步进行简单效应分析发现，在死亡凸显条件下，可控组被试问题聚焦应对的得分（$M = 3.44$，$SD = 0.58$，$n = 32$）显著高于不可控组（$M = 2.48$，$SD = 0.68$，$n = 32$），$F(1,124) = 33.12$，$p < 0.001$，$\eta_p^2 = 0.21$；在无死亡凸显条件下，可控组被试（$M = 3.06$，$SD = 0.54$，$n = 32$）与不可控组被试（$M = 2.77$，$SD = 0.82$，$n = 32$）问题聚焦应对的得分差异边际显著，$F(1,124) = 3.17$，$p = 0.077$。这说明在死亡凸显条件下，对死亡凸显感觉可控的消费者比对死亡凸显感觉不可控的消费者，表现出了更强的问题聚焦应对倾向。而在无死亡凸显条件下，对死亡凸显感觉可控的消费者和对死亡凸显感觉不可控的消费者在问题聚焦应对倾向上得分的差异不显著。

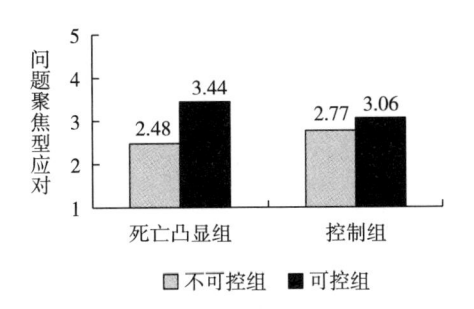

第八章　实证研究一：自我威胁情境下控制感对个体商品偏好的影响　　169

```
           5
问  4          3.44
题                              3.06
聚  3   2.48         2.77
焦  
型  2
应  
对  1
         死亡凸显组         控制组
           □ 不可控组  ■ 可控组
```

图 8-2　控制感×死亡凸显在问题聚焦应对倾向上得分的描述统计

注：本图由笔者绘制。

然后我们以被试情绪聚焦应对得分为因变量进行 2（死亡凸显：实验组、控制组）×2（控制感：可控组、不可控组）的被试间方差分析（分析结果的描述统计见图 8-3）。统计结果发现，死亡凸显的主效应显著，$F(1,124) = 16.95$，$p < 0.001$，$\eta_p^2 = 0.12$；控制感的主效应显著，$F(1,124) = 140.46$，$p < 0.001$，$\eta_p^2 = 0.53$；死亡凸显×控制感的交互作用显著，$F(1,124) = 8.02$，$p < 0.010$，$\eta_p^2 = 0.06$。进行简单效应分析发现，在死亡凸显条件下，不可控组被试情绪聚焦应对的得分（$M = 3.78$，$SD = 0.77$，$n = 32$）显著高于可控组（$M = 2.13$，$SD = 0.52$，$n = 32$），$F(1,124) = 107.8$，$p < 0.001$，$\eta_p^2 = 0.47$；在无死亡凸显条件下，不可控组被试情绪聚焦应对的得分（$M = 3.00$，$SD = 0.67$，$n = 32$）也显著高于可控组（$M = 1.99$，$SD = 0.54$，$n = 32$），$F(1,124) = 40.67$，$p < 0.001$，$\eta_p^2 = 0.25$。但是，通过图 8-3 可知，在死亡凸显条件下不可控组和可控组情绪聚焦应对倾向得分的差异大于非死亡凸显条件下不可控组和可控组情绪聚焦应对倾向得分的差异。这说明相比非死亡凸显的条件下，在死亡凸显条件下对死亡凸显感觉不可控的消费者比对死亡凸显感觉可控的消费者，表现出了更强的情绪聚焦应对倾向。

（三）控制感对商品选择倾向的影响

我们使用 Pearson 卡方检验对死亡凸显和控制感两个因素的独立

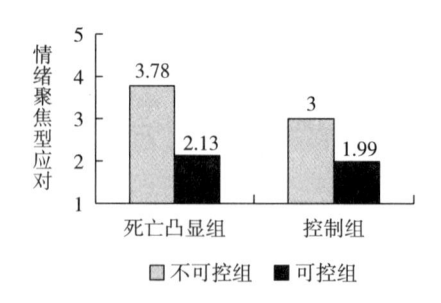

图 8-3 控制感×死亡凸显在情绪聚焦应对倾向上得分的描述统计

注：本图由笔者绘制。

性进行卡方检验，描述统计结果见表 8-1。数据分析结果发现死亡凸显和控制感的交互作用对被试自我享乐型商品选择（$\chi^2 = 4.86$，$p < 0.050$）和自我成长型商品选择（$\chi^2 = 4.95$，$p < 0.050$）的影响显著。为了进一步了解交互作用的影响，我们以商品选择为因变量（自我享乐型商品 = 0，自我成长型商品 = 1），将死亡凸显（控制组 = 0，死亡凸显组 = 1）、控制感（不可控组 = 0，可控组 = 1）以及它们的交互作用纳入二元 Logistic 回归方程进行分析。结果发现：死亡凸显×控制感的交互作用对商品选择的影响显著，Wald $\chi^2(1) = 9.33$，$p < 0.010$；死亡凸显的主效应显著，Wald $\chi^2(1) = 7.38$，$p < 0.010$；可控感的主效应不显著，Wald $\chi^2(1) = 0.07$，$p = 0.798$。进一步进行配对比较分析发现：在死亡凸显条件下，可控组被试选择自我成长型商品的比例[81% = 26/(6+26)]显著高于不可控组被试选择自我成长型商品的比例[25% = 8/(8+24)]，可控组被试选择自我享乐型商品的比例[19% = 6/(6+26)]显著低于不可控组被试选择自我享乐型商品的比例[75% = 24/(8+24)]，Wald $\chi^2(1) = 17.70$，$p < 0.001$；在控制组条件下，可控组和不可控组被试选择自我享乐型商品[37% = 12/(12+20) Vs. 41% = 13/(13+19)]和自我成长型商品[63% = 20/(12+20) Vs. 59% = 19/(13+19)]的差异不显著，Wald $\chi^2(1) = 0.07$，$p = 0.798$。这说明在死亡凸显条件下，控制感促进了消费者对自我成长型商品的选择，抑制了消费者对自

我享乐型商品的选择。

表8-1 被试对自我享乐型商品和自我成长型商品选择的描述统计

		自我享乐型商品		自我成长型商品		总计
		可控组	不可控组	可控组	不可控组	
死亡凸显组	频数	6	24	26	8	64
	百分比（%）	4.7	18.8	20.3	6.3	50
控制组	频数	12	13	20	19	64
	百分比（%）	9.4	10.2	15.6	14.8	50
总计	频数	18	37	46	27	128
	百分比（%）	14.1	30.0	35.9	21.1	100
	χ^2	4.86		4.95		
	p	0.043		0.031		

注：本表由笔者整理。

六 实验1小结

在实验1中我们以死亡凸显作为自我威胁的操纵，分析了自我威胁与控制感的交互作用对个体问题聚焦应对倾向、情绪聚焦应对倾向和商品偏好的影响。通过实验和统计分析结果发现：在自我威胁情境下，控制感可以提高消费者的问题聚焦应对倾向，降低消费者情绪聚焦的应对倾向。尽管控制感在非自我威胁情境下对消费者情绪聚焦应对倾向的作用依然显著，但是这种作用小于自我威胁的情境。

对商品选择倾向的分析发现，在自我威胁情境下对威胁具有可控感的消费者更倾向于选择自我成长型的商品，对威胁不可控的消费者更倾向于选择自我享乐型的商品，假设1和假设2得到了部分验证。但是，实验1并没有验证问题聚焦应对和情绪聚焦应对在自我威胁和控制感的交互项对商品偏好影响中的中介效应，并且只选择了死亡凸显作为自我威胁的操纵。为了解决以上问题，我们设计并实施了实验2，在实验2中，我们选择智力威胁作为自我威胁的操纵，对商品偏好的测量采用被试间的实验设计，并采用因变量指标为连续变量的测量方式，以便验证问题聚焦应对和情绪聚焦应对的中介作用。

第三节 实验2：自我威胁是否可控对消费者商品偏好的影响

一 实验目的

为了进一步验证假设1和假设2，并且对问题聚焦应对和情绪聚焦应对的中介效应进行分析。我们设计并实施了实验2。首先对被试的自我威胁以及控制感进行操纵，其次测量被试问题聚焦和情绪聚焦的应对倾向以及被试对自我享乐型商品和自我成长型商品的购买意愿，最后通过中介效应分析验证问题聚焦应对和情绪聚焦应对的中介作用。

二 实验设计与被试

实验2采取2（自我威胁：实验组、控制组）×2（控制感：可控组、不可控组）×2（商品类型：自我享乐型、自我成长型）的被试间实验设计。本实验招募了来自两所学校的264名本科生作为实验样本（$M_{年龄} = 20.12$，$SD = 1.35$），其中男生124人，女生140人，并将被试随机分配到8个实验组中进行实验，每个实验组各33人。

三 实验程序

本实验分多个批次在实验室中进行，告诉被试他们即将完成多个独立的任务。我们首先对被试的自我威胁进行操纵，并且选取智力威胁作为自我威胁的操纵方法。我们让被试通过网页程序回答12道瑞文智力测验题，为了保证被试对自己答案的不确定性，每题限时15秒，平均正确率59%，测验结束后通过网页程序向他们随机反馈虚拟的测验结果，告知智力威胁组被试，根据测验结果，他们的智力水平在同龄人当中排名后10%，告知控制组被试，根据测验结果，他们的智力在同龄人中处于平均水平。由于Sivanathan和Pettit（2010）发现自我威胁会降低个体的自尊水平，因此向被试反馈测验结果之后使用Rosenberg（1965）的自尊量表测量被试的自尊作为检验自我威胁操纵是否成功的操纵检验指标（一致性信度 $\alpha = 0.879$）。

回收问卷后，我们告诉被试他们即将完成一个考察他们阅读能力的测验，但实际上是对被试的控制感进行操纵。本实验采用让被试阅读一篇虚拟文字材料的方法来操纵被试对威胁的可控感程度。对可控组提供一段500字左右的文字材料，描述了人类智力的先天观，内容大意为：经研究发现，人的智力是受基因控制，并且先天决定的，后天的影响不大。对不可控组提供一段500字左右的文字材料，描述智力的后天观，内容大意为：经研究发现，人的智力很大程度上是后天训练的结果，并且多进行有关智力的训练可以有效提高个体的智力水平。阅读文章后让被试回答两道有关文章内容的问题，一方面强化智力先天观或后天观的操纵；另一方面考察被试阅读材料的仔细程度，并剔除未仔细阅读材料的被试。为了对被试控制感的操纵进行操纵检验，我们让被试在李克特7点量表上回答一道问题：此时你认为人的智力多大程度上是能自己控制的？1代表完全不可控，7代表完全可控。

阅读材料后，使用与实验1相同的应对方式量表测量被试的问题聚焦应对倾向（一致性信度 $\alpha = 0.804$）和情绪聚焦应对倾向（一致性信度 $\alpha = 0.786$）。然后向自我享乐型商品组和自我成长型商品组展示两款虚拟的商品：自我享乐型商品组被试被告知今晚在学生活动中心有一场主题为"放飞青春"的party，在party上为大家准备很多美食和活动，告知自我成长型商品组被试今晚在学术礼堂有一场主题为"成长大脑"的学术讲座，讲座请到了心理学专业的教授，为大家讲解如何训练大脑，提高自己的大脑效率和思维水平，然后让两组被试分别在李克特 7 点量表上评价自己想要参加"放飞青春"party 或"成长大脑"讲座的意愿，1 代表非常不愿意参加，7 代表非常愿意参加。在正式实验前，我们进行预实验来验证以上两款商品的代表性，独立选取了来自同一总体的 60 名被试，分成两组，每组 30 人，让他们分别观看以上两款商品的介绍，并在 5 点量表上分别对这两款商品能够给人带来快乐的程度和给人带来自我成长的程度进行打分，1 代表完全不能够，5 代表完全能够。结果发现被试对"放飞青春"party 能给人带来快乐程度的评分显著高于"成长大脑"讲座，$t(58) = 10.42$，$p < 0.001$；对"成长大脑"讲座能给人带来自我成长程度的评分显著高于"放飞青春"party，$t(58) = 7.13$，$p < 0.001$，这说明本实验选取的材料对自我享乐型商品和自我成长型商品具有很好的代表性。实验结束后，向被试说明实验的真实目的，并且赠送礼品作为回报。

四 研究结果

（一）操纵检验

我们首先对自我威胁的操纵进行操纵检验，以自尊得分为因变量进行 2（智力威胁：实验组、控制组）×2（控制感：可控组、不可控组）×2（商品类型：自我享乐型、自我成长型）的被试间方差分析。结果发现只有自我威胁的主效应显著，$F(1,256) = 7.83$，$p < 0.001$，$\eta_p^2 = 0.09$，其他交互作用和主效应均不显著（$Fs < 1.36$，$ps > 0.050$），这说明对自我威胁的操纵成功，并且并没有对其他实验变量产生干扰。

我们还对控制感的操纵进行了操纵检验，首先，所有被试都正确作答了文字材料后的问题，说明所有被试都认真阅读了文章。其次，以被试认为人的智力受自己可控程度为因变量进行 2（智力威胁：实验组、控制组）×2（控制感：可控组、不可控组）×2（商品类型：自我享乐型、自我成长型）的被试间方差分析，结果发现只有控制感的主效应显著，$F(1,256) = 26.83$，$p < 0.001$，$\eta_p^2 = 0.16$，其他交互作用和主效应均不显著（$Fs < 0.92$，$ps > 0.050$），这说明对控制感的操纵成功，并且并没有对其他实验变量产生干扰。

（二）控制感对不同类型商品偏好的影响

首先以被试参加活动的意愿为因变量进行2（智力威胁：实验组、控制组）×2（控制感：可控组、不可控组）×2（商品类型：自我享乐型、自我成长型）的被试间方差分析。结果发现智力威胁×控制感×商品类型的三阶交互作用显著，$F(1,256) = 28.58$，$p < 0.001$，$\eta_p^2 = 0.10$。为了进一步了解自我威胁×控制感交互作用对不同类型商品喜好程度的影响，我们分别对两种类型商品进行了独立的二因素方差分析。

对自我享乐型商品组，以被试参加"放飞青春"party的意愿为因变量进行2（智力威胁：实验组、控制组）×2（控制感：可控组、不可控组）的被试间方差分析（描述统计结果见图8-4）。结果发现智力威胁×控制感的二阶交互作用显著，$F(1,128) = 17.39$，$p < 0.001$，$\eta_p^2 = 0.12$。进行简单效应分析发现，在智力威胁条件下，可控组被试参加"放飞青春"party的意愿（$M = 3.82$，$SD = 1.67$，$n = 33$）显著低于不可控组（$M = 5.15$，$SD = 1.03$，$n = 33$），$F(1,128) = 16.44$，$p < 0.001$，$\eta_p^2 = 0.11$；在无智力威胁条件下，可控组（$M = 4.67$，$SD = 1.19$，$n = 33$）与不可控组（$M = 4.06$，$SD = 1.37$，$n = 33$）参加"放飞青春"party的意愿得分差异不显著，$F(1,128) = 3.40$，$p = 0.068$。这说明在智力威胁条件下，对智力威胁感觉不可控的消费者比对智力威胁感觉可控的消费者，更倾向于选择自我享乐型商品。

对自我成长型商品组，以被试参加"点燃大脑"讲座的意愿为因变量进行2（智力威胁：实验组、控制组）×2（控制感：可控组、不可控组）的被试间方差分析（描述统计结果见图8-5）。结果发现智力威胁×控制感的二阶交互作用显著，$F(1,128) = 11.59$，$p <$

0.001，$\eta_p^2 = 0.08$。进行简单效应分析发现，在智力威胁条件下，可控组被试参加"点燃大脑"讲座的意愿（$M = 4.85$，$SD = 1.28$，$n = 33$）显著高于不可控组（$M = 3.00$，$SD = 1.12$，$n = 33$），$F(1,128) = 29.56$，$p < 0.001$，$\eta_p^2 = 0.19$；在无智力威胁条件下，可控组被试（$M = 4.03$，$SD = 1.07$，$n = 33$）与不可控组被试（$M = 3.82$，$SD = 1.90$，$n = 33$）参加"点燃大脑"讲座的意愿得分差异不显著，$F(1,128) = 0.39$，$p = 0.53$。这说明在智力威胁条件下，对智力威胁感觉可控的消费者比对智力威胁感觉不可控的消费者，更倾向于选择自我成长型商品。

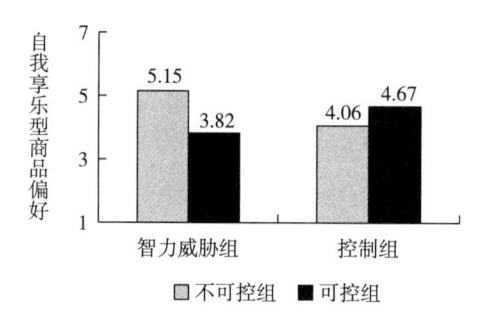

图 8-4 控制感 × 智力威胁在自我享乐型商品偏好得分上描述统计

注：本图由笔者绘制。

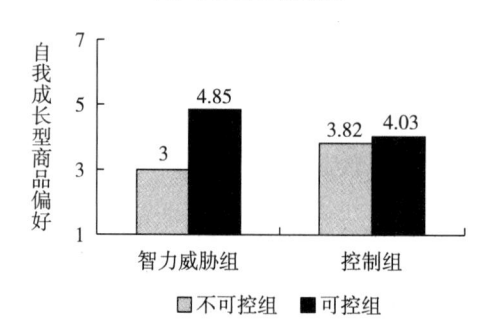

图 8-5 控制感 × 智力威胁在自我成长型商品偏好上得分描述统计

注：本图由笔者绘制。

（三）情绪聚焦应对和问题聚焦应对的中介效应分析：
我们使用 Hayes（2013）所提出的 Bootstrap 中介效应检验模型

(Model 8)分析情绪聚焦应对和问题聚焦应对在"自我威胁×控制感"交互项对自我成长型商品偏好影响的中介作用。使用 SPSS 程序,以被试对自我成长型商品的偏好为因变量 Y,以控制感为自变量 X(可控组 =1,不可控组 =0),以自我威胁为调节变量 W(自我威胁组 =1,控制组 =0),以情绪聚焦应对得分为中介变量 M_1,以问题聚焦应对得分为中介变量 M_2,采用 Bootstrap 方法,进行 5000 次有放回的抽样,95% 置信区间(Bias Corrected 算法)的有调节的中介效应分析(结果如图 8-6)。

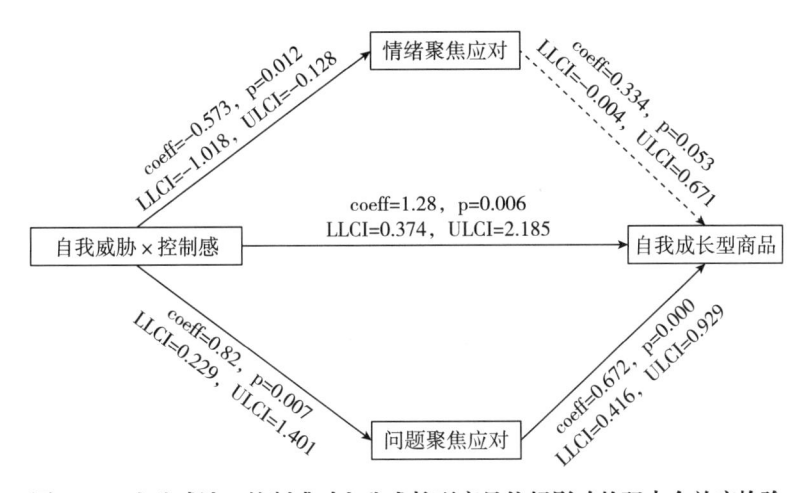

图 8-6 自我威胁×控制感对自我成长型商品偏好影响的双中介效应检验

注:coeff 代表非标准化的路径系数;p 代表显著性水平;LLCI 代表 95% 置信区间的下限,ULCI 代表 95% 置信区间的上限,区间值不包含 0 代表达到 0.05 显著性水平;本图由笔者绘制。

中介效应分析结果发现,问题聚焦应对在"自我威胁×控制感"交互作用对自我成长型商品偏好影响中的间接效应显著(Indirect effect =0.548,LLCI =0.193,ULCI =1.002)。进行进一步简单斜率分析发现:当消费者处于自我威胁情境下时,问题聚焦应对在控制感对自我成长型商品偏好影响中的中介效应显著(Indirect effect =0.960,LLCI =0.610,ULCI =1.402),这说明当消费者感觉到自我威胁可控时,比他们感觉自我威胁不可控时,具有更强的问题聚焦应对倾向，并提升了他们对自我成长型商品的偏好，假设1得到验证。当不存在自我威胁时，问题聚焦应对在控制感对自我成长型商品偏好影响中的中介效应也显著（Indirect effect = 0.412，LLCI = 0.151，ULCI = 0.783），但是中介作用却小于自我威胁情境下的中介作用，这说明在没有自我威胁的情境下，当消费者具有更强的可控感时，具有更强的问题聚焦应对倾向，并提升他们对自我成长型商品的偏好，但是中介作用小于自我威胁情境下的中介作用。但是情绪聚焦应对在"自我威胁×控制感"交互作用对自我享乐型商品偏好影响中的间接效应不显著（Indirect effect = -0.191，LLCI = -0.580，ULCI = 0.004）。对中介效应各路径进行具体分析发现："自我威胁×控制感"交互项显著负向影响被试的情绪聚焦应对倾向，但是情绪聚焦应对对被试自我成长型商品偏好的影响不显著，也就是说，在自我威胁情境下当消费者感觉威胁不可控时，他们的情绪聚焦应对倾向会提升，但是情绪聚焦应对倾向并没有影响他们对自我成长型商品的偏好。

我们用上述相同的方法以被试对自我享乐型商品的偏好为因变量Y，分析情绪聚焦应对和问题聚焦应对在"自我威胁×控制感"交互项对自我享乐型商品偏好影响中的中介作用（结果如图8-7）。

中介效应分析结果发现，情绪聚焦应对在"自我威胁×控制感"交互作用对自我享乐型商品偏好影响中的间接效应显著（Indirect effect = -0.648，LLCI = -1.126，ULCI = -0.252）。进行进一步简单斜率分析发现：当消费者处于自我威胁情境下时，情绪聚焦应对在控制感对自我享乐型商品偏好影响中的中介效应显著（Indirect effect = -1.090，LLCI = -1.518，ULCI = -0.755），这说明当消费者感觉到自我威胁不可控时，比他们感觉自我威胁可控时，具有更强的情绪聚焦应对倾向，并提升了他们对自我享乐型商品的偏好，假设2得到验证。当不存在自我威胁时，情绪聚焦应对在控制感对自我享乐型商品偏好影响中的中介效应也显著（Indirect effect = -0.441，LLCI = -0.837，ULCI = -0.133），但是中介作用却小于自

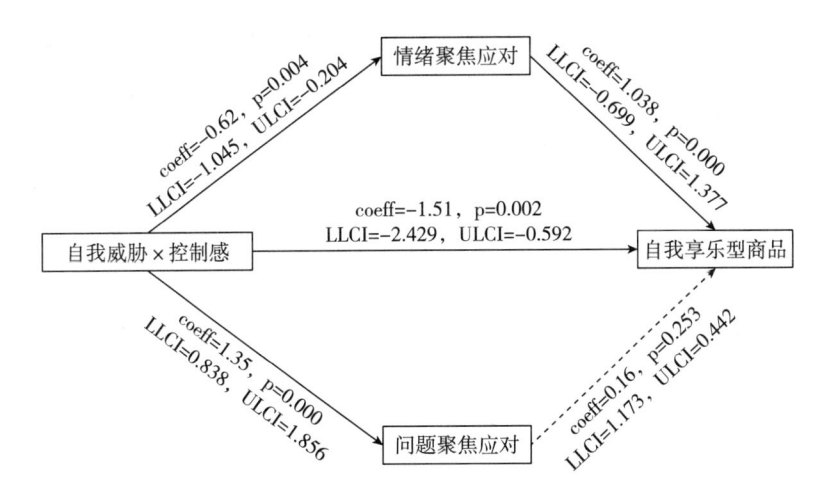

图 8-7 自我威胁×控制感对自我享乐型商品偏好影响的双中介效应检验

注：coeff 代表非标准化的路径系数；p 代表显著性水平；LLCI 代表 95% 置信区间的下限，ULCI 代表 95% 置信区间的上限，区间值不包含 0 代表达到 0.05 显著性水平；本图由笔者绘制。

我威胁情境下的中介作用，这说明在没有自我威胁的情境下控制感也会通过情绪聚焦应对倾向来提升他们对自我享乐型商品的偏好，但是中介作用小于自我威胁情境下的中介作用。问题聚焦应对在"自我威胁×控制感"交互项对自我享乐型商品偏好影响中的间接效应不显著（Indirect effect = 0.219，LLCI = -0.139，ULCI = 0.629）。对中介效应各路径进行具体分析发现："自我威胁×控制感"交互项显著正向影响被试的问题聚焦应对倾向，但是问题聚焦应对对被试自我享乐型商品偏好的影响不显著，也就是说，当消费者感觉自我威胁可控时，他们的问题聚焦应对倾向会提升，但是问题聚焦应对倾向并没有影响他们对自我享乐型商品的偏好。

五 实验 2 小结

实验 2 以智力威胁作为自我威胁的实验操纵，通过方差分析发现：在自我威胁条件下，对自我威胁感觉可控的消费者比对自我威胁感觉不可控的消费者，更偏好自我成长型商品，对自我威胁感觉不可控的消费者比对自我威胁感觉可控的消费者，更偏好自我享乐型商品。实验 1 以死亡凸显作为自我威胁操纵得出的结果在实验 2 以智力威胁作为自我威胁操纵的情境下进一步得到了验证，增加了本研究结论的稳定性。

通过两个双中介效应模型发现问题聚焦应对在"自我威胁×控制感"的交互项对自我成长型商品偏好影响中的中介作用显著，情绪聚焦应对在"自我威胁×控制感"的交互项对自我享乐型商品偏好影响中的中介作用显著。具体来说，在自我威胁情境下，当消费者感觉到自我威胁可控时，他们更可能采取问题聚焦的应对策略，并表现出对自我成长型商品的偏好，当消费者感觉到自我威胁不可控时，他们更可能采取情绪聚焦的应对策略，并表现出对自我享乐型商品的偏好，假设 1 和假设 2 得到了验证。与此同时，我们还发现，即使在没有自我威胁的情境下，控制感通过问题聚焦应对和情绪聚焦应对的中介作用对自我成长型商品偏好和自我享乐型商品偏好的影响依然存在。但是，在无自我威胁情境下控制感的这种作用小于有自我威胁的情境。

实验 1 和实验 2 通过死亡凸显和智力威胁两种自我威胁的方式，验证了自我威胁情境下控制感通过消费者的应对方式对商品偏好的影响。但是实验 1 和实验 2 中的控制感主要来源于所受威胁，即消费者对所受威胁是否感觉可控。消费者本身内控和外控的控制源特征是否也会对他们的应对方式和商品偏好产生影响呢？为了验证这个问题，我们设计并实施了实验 3。

第四节　实验 3：自我威胁情境下消费者控制源对商品偏好的影响

一　实验目的

为了验证假设 3 和假设 4，我们设计并实施了实验 3。我们首先通过实验方法操纵了对被试的自我威胁，并且测量被试的控制源、问题聚焦和情绪聚焦应对倾向以及被试对自我享乐型商品和自我成长型商品的选择偏好，通过统计分析验证自我威胁情境下个体的控制源是否会影响消费者的应对方式和商品选择偏好。

二 实验设计与被试

实验3采取2（自我威胁：实验组、控制组）×2（控制源：内控组、外控组）的被试间实验设计。本实验招募了来自两所学校120名MBA学生作为实验样本（$M_{年龄}$ = 30.52，SD = 1.85），其中男生62人，女生58人。

三 实验程序

在实验开始前首先使用由Rotter（1966）编制、王登峰（1991）修订的"内在—外在心理控制源量表"测量被试的内控倾向和外控倾向，该量表共包含23个正式题项和6个插入题项，每一题都有一个内控的表述和一个外控的表述，要求被试从中选择一个，选择外控表述计1分，选择内控表述不计分，满分23分，分数越高代表越外控，分数越低代表越内控。测量之后，以被试在"内在—外在心理控制源量表"上得分的中数为标准，将被试分到内控和外控两个实验组中，分数高于中数的为外控组，分数低于中数的为内控组。然后再分别将两组被试随机分配到自我威胁组和控制组中，对自我威胁进行操纵。

实验3选取对被试的权力感威胁作为自我威胁的操纵方法。参照Galinsky等（2003）的方法，告知被试他们即将参加一个有关记忆的研究，要求权力威胁组被试阅读以下内容："请回忆一个其他人对你拥有权力的事件。例如，其他人可以控制你去做某件事情，或者可以对你进行评价，而你需要无条件地去服从和接受评估的结果。请写出这个事件，当时发生了什么，你感觉如何？"要求控制组被试阅读以下内容："请回忆一个你与其他人拥有平等权的事件。例如，你们平等地去做一件事情，或者你们彼此给予客观公允的评价，你们之间可以彼此协商，或互相尊重地反馈彼此的看法。请写出这个事件，当时发生了什么，你感觉如何？"根据上述指导语，权力威胁组和控制组被试被要求在 5 分钟的时间内通过文字回答以上问题，书写要求不少于 100 字。回忆任务之后，让被试在 7 点量表上报告这个回忆任务让他此时体验到的权力感，1 代表权力感非常低，7 代表权力感非常高。并使用与实验 1 相同的研究工具测量被试的问题聚焦应对倾向（一致性信度 $\alpha = 0.794$）和情绪聚焦应对倾向（一致性信度 $\alpha = 0.765$）。

在商品偏好的测量上，本实验选取了两款价位相同的真实商品作为自我享乐型商品和自我成长型商品的代表，分别为一盒价值 38 元的"德芙巧克力"和一本价值 38 元的《权力为什么只为某些人所拥有》纸版图书。在预实验中我们独立选取了来自同一总体的 60 名被试，分成两组，每组 30 人，让他们分别观看以上两款商品，并且在 5 点量表上分别对这两款商品能够给人带来快乐的程度和给人带来自我成长的程度进行打分，1 代表完全不能够，5 代表完全能够。结果发现被试对"德芙巧克力"能给人带来快乐程度的评分显著高于《权力为什么只为某些人所拥有》，$t(58) = 21.37$，$p < 0.001$，对《权力为什么只为某些人所拥有》能给人带来自我成长程度的评分显著高于"德芙巧克力"，$t(58) = 25.66$，$p < 0.001$，这说明本实验选取的材料对自我享乐型商品和自我成长型商品具有很好的代表性。我们告诉被试他们可以选择其中一款商品作为实验回报。被试选择完后，向被试说明实验的真实目的，并且赠送礼品作为回报。

四 研究结果

（一）操纵检验

我们对权力威胁的操纵进行操纵检验，以被试自我报告的回忆任务让他此时体验到的权力感的得分为因变量进行 2（权力威胁：实验组、控制组）×2（控制源：内控组、外控组）的被试间方差分析，结果发现只有权力威胁的主效应显著，$F(1,116) = 55.76$，$p <$

0.001，$\eta_p^2 = 0.33$；权力威胁×控制源的交互作用不显著，$F(1, 116) = 0.03$，$p = 0.859$；控制源的主效应不显著，$F(1,116) = 1.14$，$p = 0.288$，这说明对权力威胁的操纵成功，并且没有对其他实验变量产生干扰。

（二）控制源对应对方式的影响

以被试问题聚焦应对得分为因变量进行 2（权力威胁：实验组、控制组）×2（控制源：内控组、外控组）的被试间方差分析（描述统计结果见图 8-8）。结果发现，权力威胁的主效应不显著，$F(1, 116) = 0.10$，$p = 0.756$；控制感的主效应显著，$F(1,116) = 90.45$，$p < 0.001$，$\eta_p^2 = 0.44$；权力威胁×控制源的交互作用显著，$F(1, 116) = 4.72$，$p < 0.050$，$\eta_p^2 = 0.04$。进行简单效应分析发现，在权力威胁条件下，内控组被试问题聚焦应对的得分（$M = 3.55$, $SD = 0.44$, $n = 30$）显著高于外控组（$M = 2.29$, $SD = 0.80$, $n = 30$），$F(1,116) = 68.26$，$p < 0.001$，$\eta_p^2 = 0.37$，这说明在权力威胁情况下，具有内控型人格的人比具有外控型人格的人表现出更强的问题聚焦应对倾向。在无权力威胁条件下，内控组被试问题聚焦应对的得分（$M = 3.35$, $SD = 0.49$, $n = 30$）也显著高于外控组（$M = 2.55$, $SD = 0.59$, $n = 30$），$F(1,116) = 26.92$，$p < 0.001$。但是，通过图 8-8 可知，在权力威胁条件下内控组和外控组问题聚焦应对倾向得分的差异大于非权力威胁条件下内控组和外控组问题聚焦应对倾向得分的差异。这说明相比非权力威胁的条件下，权力威胁条件下内控的消费者比外控的消费者表现出了更强的问题聚焦应对倾向。

以被试情绪聚焦应对得分为因变量进行 2（权力威胁：实验组、控制组）×2（控制源：内控组、外控组）的被试间方差分析（描述统计结果见图 8-9）。结果发现，权力威胁的主效应显著，$F(1, 116) = 35.82$，$p < 0.001$，$\eta_p^2 = 0.24$；控制感的主效应显著，$F(1, 116) = 74.89$，$p < 0.001$，$\eta_p^2 = 0.40$；权力威胁×控制源的交互作用显著，$F(1,116) = 6.99$，$p < 0.010$，$\eta_p^2 = 0.06$。进行简单效应分析

发现，在权力威胁条件下，外控组被试情绪聚焦应对的得分（$M = 3.41$，$SD = 0.65$，$n = 30$）显著高于内控组（$M = 2.34$，$SD = 0.49$，$n = 30$），$F(1,116) = 63.82$，$p < 0.001$，$\eta_p^2 = 0.36$，这说明在权力威胁情况下，具有外控型人格的人比具有内控型人格的人表现出更强的情绪聚焦应对倾向。在无权力威胁条件下，外控组被试情绪聚焦应对的得分（$M = 2.59$，$SD = 0.44$，$n = 30$）也显著高于内控组（$M = 2.02$，$SD = 0.46$，$n = 30$），$F(1,116) = 18.06$，$p < 0.001$，$\eta_p^2 = 0.14$。但是，通过图 8-9 可知，在权力威胁条件下内控组和外控组情绪聚焦应对倾向得分的差异大于非权力威胁条件下内控组和外控组情绪聚焦应对倾向得分的差异。这说明相比非权力威胁的条件下，在权力威胁条件下外控的消费者比内控的消费者表现出了更强的情绪聚焦应对倾向。

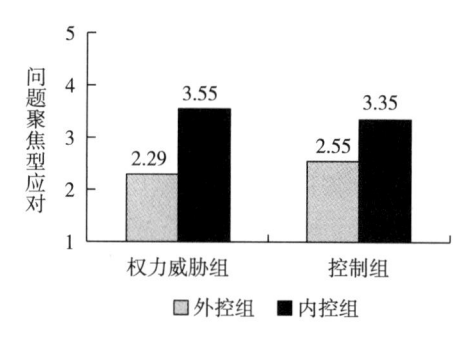

图 8-8　控制源 × 权力威胁的问题聚焦应对倾向得分的描述统计

注：本图由笔者绘制。

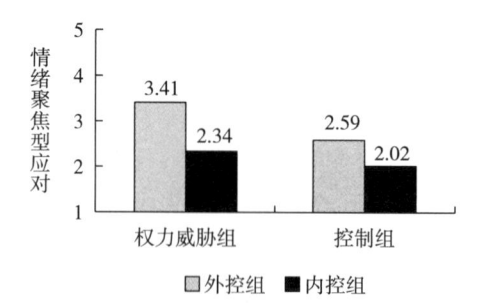

图 8-9　控制源 × 权力威胁的情绪聚焦应对倾向得分的描述统计

注：本图由笔者绘制。

(三) 控制源对商品偏好的影响

我们采用二元 Logistic 回归的方法分析"权力威胁×控制源"交互作用对自我享乐型商品和自我成长型商品偏好的影响。以商品选择为因变量（自我享乐型商品＝0，自我成长型商品＝1），将权力威胁（控制组＝0，权力威胁组＝1）、控制源（外控组＝0，内控组＝1），以及它们的交互作用纳入二元 Logistic 回归方程进行分析（描述统计结果见表 8-2）。结果发现："权力威胁×控制源"的交互作用对商品选择的影响显著，Wald $\chi^2(1) = 3.97$，$p < 0.050$；控制源的主效应显著，Wald $\chi^2(1) = 8.12$，$p < 0.004$；权力威胁的主效应不显著，Wald $\chi^2(1) = 0.41$，$p = 0.520$。进一步进行配对比较分析发现：在权力威胁条件下，内控组被试比外控组被试更多选择了自我成长型商品 [93% = 28/(2+28) Vs. 23% = 7/(7+23)]，而更少选择自我享乐型商品 [7% = 2/(2+28) Vs. 77% = 23/(7+23)]，Wald $\chi^2(1) = 20.30$，$p < 0.001$，这说明在权力威胁条件下，内控会促进消费者对自我成长型商品的选择，抑制消费者对自我享乐型商品的选择，而外控促进消费者对自我享乐型商品的选择，抑制消费者对自我成长型商品的选择。在控制组条件下，内控组被试也比外控组被试更多选择了自我成长型商品 [53% = 16/(16+14) Vs. 17% = 5/(5+25)]，而更少选择自我享乐型商品 [47% = 14/(16+14) Vs. 83% = 25/(5+25)]，Wald $\chi^2(1) = 8.12$，$p < 0.010$。但是通过表 8-2 可以看到，在自我威胁条件下外控组和内控组选择自我成长型商品和自我享乐型商品的差异高于无自我威胁条件下外控组和内控组选择自我成长型商品和自我享乐型商品的差异。这说明相比无自我威胁的条件下，在自我威胁条件下外控的消费者比内控的消费者表现出了更强的自我成长型商品偏好，外控的消费者比内控的消费者表现出了更强的自我享乐型商品偏好。

表8-2 被试对自我享乐型商品和自我成长型商品选择的描述统计

		自我享乐型商品		自我成长型商品		总计
		内控组	外控组	内控组	外控组	
权力威胁组	频数	2	23	28	7	60
	百分比（%）	1.67	19.17	23.33	5.83	50
控制组	频数	14	25	16	5	60
	百分比（%）	11.67	20.83	13.33	4.17	50
总计	频数	16	48	44	12	120
	百分比（%）	13.33	40.00	36.67	10.00	100
	χ^2	6.32		0.11		
	p	0.011		0.748		

注：本表由笔者整理。

五 实验3小结

在实验3中我们以权力感威胁作为自我威胁的操纵方式发现：在自我威胁情境下，内控的消费者比外控的消费者更可能采取问题聚焦的应对策略，并表现出对自我成长型商品的偏好；外控的消费者比内控的消费者更可能采取情绪聚焦的应对策略，并表现出对自我享乐型商品的偏好，假设3和假设4得到了验证。以上发现，进一步验证了多种来源的自我威胁和控制感之间的交互作用对消费者应对方式和商品偏好的影响，并且在实验1和实验2验证了消费者感觉威胁感是否可控对应对方式和商品偏好影响的基础上，实验3进一步验证了消费者控制源对应对方式和商品偏好的作用。实验3还发现，即使不存在自我威胁的情况下，控制源对消费者应对方式和商品偏好的影响依然存在，但是这种影响小于自我威胁情境下的作用。

通过前三个实验我们已经从威胁的特点（威胁是否可控）和消费者个人特征（控制源）两个角度验证了控制感对应对方式和商品偏好的影响，那么消费者已有的应对经验是否对他们的应对方式和商品偏好产生相同模式的影响呢？为了回答这个问题我们设计并实施了实验4。

第五节 实验4：消费者自我威胁的应对经验对商品偏好的影响

一 实验目的

为了验证假设5和假设6，我们设计并实施了实验4。我们首先通过实验方法操纵了被试的自我威胁以及对威胁的应对经验，并且测量被试的自我效能感、问题聚焦和情绪聚焦应对倾向，以及被试对自我享乐型商品和自我成长型商品的偏好，最后通过数据分析验证自我威胁情境下消费者对威胁的应对经验和自我效能感是否会影响他们的应对倾向和商品偏好。

二 实验设计与被试

实验4采取2（自我威胁：实验组、控制组）×2（应对经验：积极经验组、消极经验组）的被试间实验设计。本实验招募了来自两所学校140名本科生作为实验样本（$M_{年龄} = 19.77$，$SD = 1.23$），其中男生68人，女生72人，并将被试随机分配到4个实验组中进行实验，每个实验组各35人。

三 实验程序

本实验分多个批次在实验室中进行，告诉被试他们即将完成多个独立的任务。我们首先对被试的自我威胁进行操纵，并且选取社会排斥作为自我威胁的操纵方法。社会排斥的操纵方法采用Williams等（2000）开发的掷球游戏（Cyberball），这种社会排斥的操纵方法已经得到广泛的使用，具有良好的经验效度。任务开始前告知被试他们即将参加一个联网的掷球游戏，为了掩盖实验的真实目的，我们告知被试这是一个测验他们想象力的游戏,点击开始按钮后,他们即将和实验室中的其他三名匿名玩家联网开始传球游戏,当自己接到球后点击其他玩家的头像就可以把球传给他,在传球的过程中请被试想象这是一个真实的场景:与你传球的人是什么样子的?他们是什么人?你们在哪里传球?天气如何?尽可能地去想象这个游戏在现实生活中的真实场景。但实际上,这个传球游戏的程序是提前设置好的,在社会排斥组的程序中,被试仅在游戏初期接到3次传球,随着游戏的进行,传球仅在其他三位虚拟玩家中进行,不再将球投掷给被试,被试的接球数与三位虚拟玩家存在较大差别。在控制组的程序中,被试与其他三位虚拟玩家平均拿到10次投球,得到球的概率大体一致。为了对以上操纵方法的效果进行检验,在被试完成游戏程序后我们通过问卷让被试回答以下四个问题:①在刚才的游戏中你接到几次球?②你接到球的次数占所有人总传球次数的比例是百分之多少?③在刚才的游戏中你感觉被忽视的程度如何?④在刚才的游戏中你感觉被拒绝的程度如何?对于后两个问题采用5点计分,1代表完全没有,5代表非常强烈。

回收问卷后,告诉被试他们即将完成一个考察他们记忆的任务,但实际上是对他们的应对经验进行操纵。我们让积极应对经验组被试进行以下任务:请回忆一件"你自己亲身经历的被他人忽视或被他人拒绝,但是最后你成功解决了这个问题,并得到理想结果的事件",回忆得越详细越好,并且写下这件事情发生的经过和你对这次事件的感受,不少于100字。我们让消极应对经验组被试进行以下任务:请回忆一件"你自己亲身经历的被他人忽视或被他人拒绝,但是你无法解决这个问题,没有得到理想结果的事件",回忆得越详细越好,并且写下这件事情发生的经过和你对这次事件的感受,不少于100字。任务完成后为了检验上述操纵方法的有效性,我们询问被试:此时,你感觉自己对被忽视或被拒绝这类事件所拥有的应对经验如何?1代表具有非常消极的应对经验,7代表具有非常积极的应对经验。并采用Schwarzer等(1999)编制的一般自我效能感量表（General Self Efficacy Scale）对被试的自我效能感进行测量（一致性信度 $\alpha = 0.863$），采用与实验1相同的应对方式量表对被试的问题聚焦应对（一致性信度 $\alpha = 0.814$）和情绪聚焦应对（一致性信度 $\alpha = 0.778$）倾向进行测量。

在商品偏好的测量上，我们选择两款图书作为自我享乐型商品组和自我成长型商品的代表，一本书名为《马上开心起来：极简主义达人教你最简单的快乐之道》，另一本为《魔力四射：如何打动、亲近和影响他人》。尽管，图书本身具有自我成长的属性，但是本实验对商品选择的偏好采用被试内设计，向同一名被试呈现两款图书，然后让他们在两款当中选择一款他现在想阅读的书，那么他们的关注点就会在图书所给他们带来的价值是快乐还是自我成长之上。并且，本研究所指的自我成长是指受威胁后与受威胁方面相对应的成长，而不是广泛意义上的阅读所有书籍行为的自我成长。为了保证实验材料选取的代表性，在正式实验之前我们先独立选取了来自同一总体的60名被试，对他们进行上述与正式实验相同的社会排斥操纵，然后让他们在两道题项上分别评价这两款图书能够给自己带来快乐和自我成长的程度，结果发现被试认为《马上开心起来：极简主义达人教你最简单的快乐之道》能给他们带来快乐的程度显著高于《魔力四射：如何打动、亲近和影响他人》，$t(59) = 27.87$，$p < 0.001$，并认为《魔力四射：如何打动、亲近和影响他人》能给他们带来自我成长的程度显著高于《马上开心起来：极简主义达人教你最简单的快乐之道》，$t(59) = 9.66$，$p < 0.001$。

在正式实验时，向被试同时呈现这两款图书的实物，然后让被试在两款图书中选择一款他此时更倾向于阅读的书，并且让他们在3点量表上，评价他对自己所选择的这款书相比另一款图书更倾向于阅读的程度，1代表"相比另一款图书，我有点倾向于自己选择的这一本"，2代表"相比另一款图书，我比较倾向于自己选择的这一本"，3代表"相比另一款图书，我非常倾向于自己选择的这一本"。对选择自我享乐型商品被试给出的分数转换成负数，即当被试选择相比《魔力四射：如何打动、亲近和影响他人》他们更倾向于阅读《马上开心起来：极简主义达人教你最简单的快乐之道》的程度为"非常倾向"时，分数记为 -3 分。这样就形成了一个在两款商品之间阅读倾向性的 6 点计分量表，当被试倾向于阅读《魔力四射：如何打动、亲近和影响他人》时，他们的分数为正，分数越大代表他们对自我成长型商品的倾向性越大，如 3 分；当被试倾向于阅读《马上开心起来：极简主义达人教你最简单的快乐之道》时，他们的分数为负，分数越小代表他们对自我享乐型商品的倾向性越大，如 -3 分。被试选择完后，向被试说明实验的真实目的，并且赠送礼品作为回报。

四 研究结果

（一）操纵检验

我们首先对社会排斥的操纵进行操纵检验，以被试报告接到球的次数、接到球的比例、感觉被忽视和被拒绝的程度为因变量进行 2（社会排斥：实验组、控制组）×2（应对经验：积极经验组、消极经验组）的被试间方差分析。结果发现所有社会排斥的主效应显著（$Fs > 6.94$, $ps < 0.010$），所有应对经验的主效应和社会排斥×应对经验的交互作用均不显著（$Fs < 2.03$, $ps > 0.050$），这说明对社会排斥的操纵成功，并且并没有对其他实验变量产生干扰。其次，对应对经验的操纵进行操纵检验，以被试自我报告的回忆任务结束后他感觉到"对被忽视或被拒绝这类事件所拥有的应对经验"的得分为因变量进行 2（社会排斥：实验组、控制组）×2（应对经验：积极经验组、消极经验组）的被试间方差分析，结果发现只有应对经验的主效应显著，$F(1,136) = 84.86$, $p < 0.001$, $\eta_p^2 = 0.29$；社会排斥×应对经验的交互作用不显著，$F(1,136) = 0.38$, $p = 0.540$；社会排斥的主效应不显著，$F(1,136) = 0.12$, $p = 0.734$，这说明对应对经验的操纵成功，并且并没有对其他实验变量产生干扰。

(二) 应对经验对不同类型商品偏好影响的分析

以被试商品偏好为因变量进行 2（社会排斥：实验组、控制组）×2（应对经验：积极经验组、消极经验组）的被试间方差分析（描述统计见图 8-10）。结果发现：应对经验的主效应显著，$F(1, 136) = 17.25$，$p < 0.001$，$\eta_p^2 = 0.11$；社会排斥的主效应不显著，$F(1, 136) = 0.47$，$p = 0.496$；社会排斥×应对经验的二阶交互作用显著，$F(1, 136) = 9.80$，$p < 0.010$，$\eta_p^2 = 0.07$。进行简单效应分析发现，在社会排斥条件下，积极应对经验组的商品偏好得分（$M = 1.29$，$SD = 1.27$，$n = 35$）显著高于消极应对经验组（$M = -0.94$，$SD = 1.53$，$n = 35$），$F(1, 136) = 46.77$，$p < 0.001$，$\eta_p^2 = 0.26$；在无社会排斥条件下，积极应对经验组的商品偏好得分（$M = 0.17$，$SD = 1.34$，$n = 35$）与消极应对经验组（$M = 0.49$，$SD = 1.29$，$n = 35$）差异不显著，$F(1, 136) = 0.93$，$p = 0.337$。这说明在社会排斥条件下，对社会排斥有积极应对经验的消费者比对社会排斥有消极应对经验的消费者，更倾向于选择自我成长型商品；对社会排斥有消极应对经验的消费者比对社会排斥有积极应对经验的消费者，更倾向于选择自我享乐型商品。而在无社会排斥的条件下，这种差异不显著。

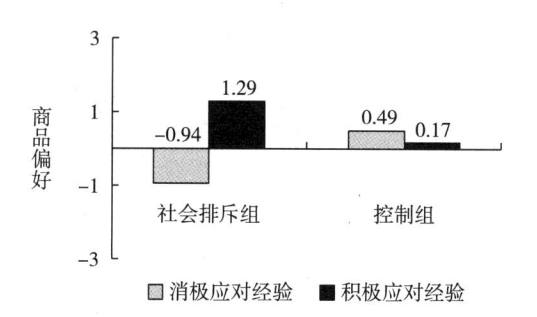

图 8-10 社会排斥×应对经验的商品偏好得分的描述统计

注：本图由笔者绘制。

(三) 应对经验对应对方式影响的分析

以被试问题聚焦应对倾向为因变量进行 2（社会排斥：实验组、控制组）×2（应对经验：积极应对经验组、消极应对经验组）的被试间方差分析（描述统计结果见图 8-11）。结果发现：应对经验的主效应显著，$F(1,136)=95.40$，$p<0.001$，$\eta_p^2=0.41$；社会排斥的主效应不显著，$F(1,136)=0.01$，$p=0.932$；社会排斥×应对经验的二阶交互作用显著，$F(1,136)=20.34$，$p<0.001$，$\eta_p^2=0.13$。进行简单效应分析发现，在社会排斥条件下，积极应对经验组的问题聚焦应对倾向（$M=3.69$，$SD=0.84$，$n=35$）显著高于消极应对经验组（$M=1.87$，$SD=0.53$，$n=35$），$F(1,136)=101.91$，$p<0.001$，$\eta_p^2=0.43$；在无社会排斥条件下，积极经验组的问题聚焦应对倾向（$M=3.10$，$SD=0.67$，$n=35$）也显著高于消极经验组（$M=2.43$，$SD=0.91$，$n=35$），$F(1,136)=13.82$，$p<0.001$，$\eta_p^2=0.09$。但是，通过图 8-11 可知，在社会排斥条件下积极应对经验组和消极应对经验组问题聚焦应对倾向得分的差异大于无社会排斥条件下得分的差异。这说明相比无社会排斥的条件下，在社会排斥条件下有积极应对经验的消费者比有消极应对经验的消费者，表现出了更强的问题聚焦应对倾向。

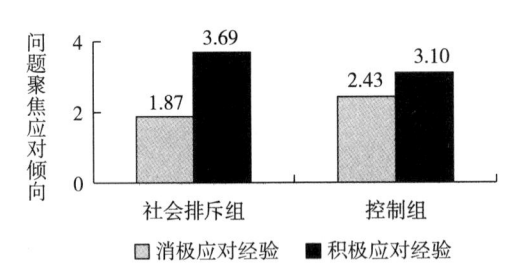

图 8-11 社会排斥×应对经验的问题聚焦应对倾向得分的描述统计

注：本图由笔者绘制。

以被试情绪聚焦应对倾向为因变量进行 2（社会排斥：实验组、控制组）×2（应对经验：积极应对经验组、消极应对经验组）的被试间方差分析（描述统计结果见图 8-12）。结果发现：应对经验的主效应显著，$F(1,136) = 61.83$，$p < 0.001$，$\eta_p^2 = 0.31$；社会排斥的主效应也显著，$F(1,136) = 6.31$，$p < 0.050$，$\eta_p^2 = 0.04$；社会排斥 × 应对经验的二阶交互作用显著，$F(1,136) = 10.05$，$p < 0.010$，$\eta_p^2 = 0.07$。进行简单效应分析发现，在社会排斥条件下，积极应对经验组的情绪聚焦应对倾向（$M = 2.60$，$SD = 0.69$，$n = 35$）显著低于消极应对经验组（$M = 3.84$，$SD = 0.60$，$n = 35$），$F(1,136) = 60.86$，$p < 0.001$，$\eta_p^2 = 0.31$；在无社会排斥条件下，积极应对经验组的情绪聚焦应对倾向（$M = 2.67$，$SD = 0.66$，$n = 35$）也显著低于消极应对经验组（$M = 3.20$，$SD = 0.70$，$n = 35$），$F(1,136) = 11.01$，$p < 0.001$，$\eta_p^2 = 0.08$。但是，通过图 8-12 可知，在社会排斥条件下消极应对经验和积极应对经验组情绪聚焦应对倾向得分的差异大于无社会排斥条件下消极应对经验组和积极应对经验组情绪聚焦应对倾向得分的差异。这说明相比无社会排斥的条件下，在社会排斥条件下有消极应对经验的消费者比有积极应对经验的消费者，表现出了更强的情绪聚焦应对倾向。

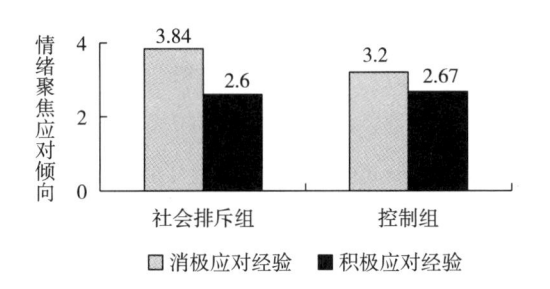

图 8-12　社会排斥 × 应对经验的情绪聚焦应对倾向得分的描述统计

注：本图由笔者绘制。

（四）对自我效能感中介作用机制的分析

我们使用 Hayes（2013）所提出的 Bootstrap 有调节的中介效应检验模型（Model8），分析自我效能感在社会排斥 × 应对经验的交互项对商品偏好影响中的中介作用（如图8-13）。使用 SPSS 程序，以被试商品偏好得分为因变量 Y，以应对经验为自变量 X（积极应对经验=1，消极应对经验=0），以社会排斥为调节变量 W（社会排斥组=1，控制组=0），以自我效能感为中介变量 M，采用 Bootstrap 方法，进行5000次有放回的抽样，95%置信区间（Bias Corrected 算法）的有调节的中介效应分析。

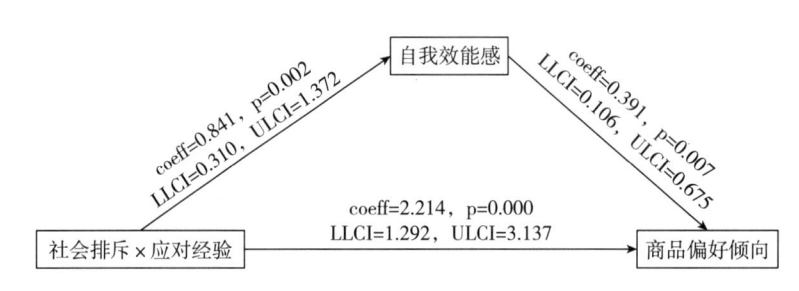

图8-13 社会排斥×应对经验对商品偏好倾向影响的中介效应检验

注：coeff 代表非标准化的路径系数；p 代表显著性水平；LLCI 代表95%置信区间的下限，ULCI 代表95%置信区间的上限，区间值不包含0代表达到0.05显著性水平；本图由笔者绘制。

结果发现，自我效能感在社会排斥×应对经验交互作用对商品偏好影响中的间接效应显著（Indirect effect = 0.329，LLCI = 0.086，ULCI = 0.720）。进一步进行简单斜率分析发现：当消费者处于社会排斥情境下时，自我效能感在应对经验对商品偏好影响中的中介效应显著（Indirect effect = 0.697，LLCI = 0.168，ULCI = 1.205）。这说明在社会排斥情境下，当消费者对社会排斥有积极应对经验时，比他们对社会排斥有消极应对经验时，具有更高的自我效能感，并提升他们对自我成长型商品的偏好，当消费者对社会排斥有消极应对经验时，比他们对社会排斥有积极应对经验时，具有更低的自我效能感，并提升他们对自我享乐型商品的偏好，假设5和假设6得到验证。当不存在社会排斥时，自我效能感在应对经验对商品偏好倾向影响的中介效应也显著（Indirect effect = 0.368，LLCI = 0.094，ULCI = 0.743），但是中介效应却小于社会排斥情境下的中介效应，这说明在没有社会排斥的情境下，消费者的应对经验也会通过自我效能感影响他们的商品选择偏好，但是中介作用小于社会排斥情境下的中介作用。

采用上述相同的方法以问题聚焦应对为因变量，进行有调节的中介效应分析（如图8-14）。结果发现，自我效能感在社会排斥×应对经验交互作用对消费者问题聚焦应对倾向影响中的间接效应显著（Indirect effect = 0.182，LLCI = 0.056，ULCI = 0.404）。进一步进行简单斜率分析发现：当消费者处于社会排斥情境下时，自我效能感在应对经验对问题聚焦应对影响中的中介效应显著（Indirect effect = 0.385，LLCI = 0.114，ULCI = 0.668），这说明当消费者对社会排斥有积极应对经验时，比他们对社会排斥有消极应对经验时，具有更高的自我效能感，并提升他们的问题聚焦应对倾向。当不存在社会排斥时，自我效能感在应对经验对问题聚焦应对影响中的中介效应也显著（Indirect effect = 0.204，LLCI = 0.059，ULCI = 0.426），但是中介效应却小于社会排斥情境下的中介效应。这说明在没有社会排斥的情境下消费者的积极应对经验也会激活他们的自我效能感，并提升他们的问题聚焦应对倾向，但是中介作用小于社会排斥情境下的中介作用。

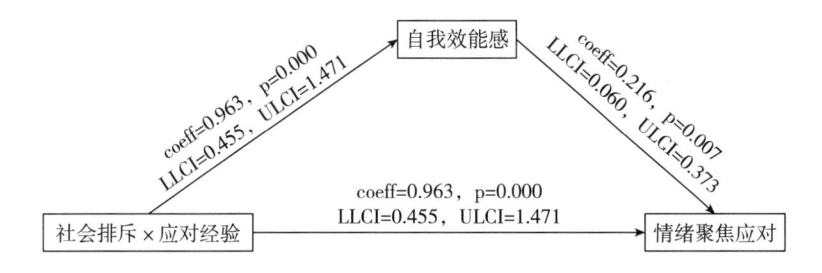

图 8 – 14　社会排斥×应对经验对问题聚焦应对影响的中介效应检验

注：coeff 代表非标准化的路径系数；p 代表显著性水平；LLCI 代表 95% 置信区间的下限，ULCI 代表 95% 置信区间的上限，区间值不包含 0 代表达到 0.05 显著性水平；本图由笔者绘制。

采用上述相同的方法以情绪聚焦应对为因变量，进行有调节的中介效应分析（如图 8-15）。结果发现，自我效能感在社会排斥×应对经验交互作用对情绪聚焦应对影响中的间接效应显著（Indirect effect = -0.142，LLCI = -0.357，ULCI = -0.022）。进一步进行简单斜率分析发现：当消费者处于社会排斥情境下时，自我效能感在应对经验对情绪聚焦应对影响中的中介效应显著（Indirect effect = -0.302，LLCI = -0.582，ULCI = -0.032），这说明当消费者对社会排斥有消极应对经验时，比他们对社会排斥有积极应对经验时，具有更低的自我效能感，并提升他们的情绪聚焦应对倾向。当不存在社会排斥时，自我效能感在应对经验对情绪聚焦应对影响的中介效应也显著（Indirect effect = -0.159，LLCI = -0.353，ULCI = -0.024），但是中介效应却小于社会排斥情境下的中介效应，这说明在没有社会排斥的情境下消费者的消极应对经验也会降低他们的自我效能感，并提升他们的情绪聚焦应对倾向，但是中介作用小于社会排斥情境下的中介作用。

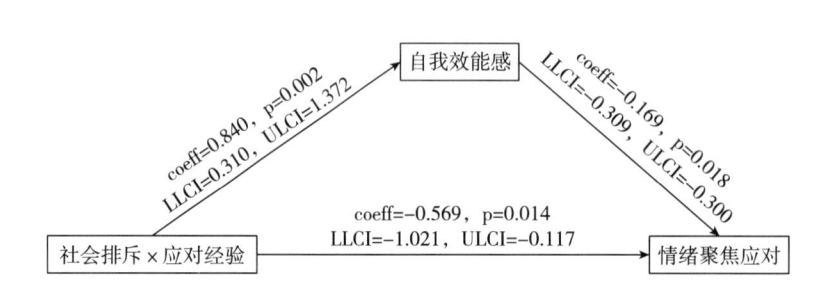

图 8-15　社会排斥×应对经验对情绪聚焦应对影响的中介效应检验

注：coeff 代表非标准化的路径系数；p 代表显著性水平；LLCI 代表 95% 置信区间的下限，ULCI 代表 95% 置信区间的上限，区间值不包含 0 代表达到 0.05 显著性水平；本图由笔者绘制。

五　实验 4 小结

在实验 4 中我们以社会排斥作为自我威胁的操纵方式发现：在自我威胁情境下，对所受威胁有积极应对经验的消费者比对所受威胁有消极应对经验的消费者具有更高的自我效能感，更可能采取问题聚焦的应对策略,并表现出对自我成长型商品的选择偏好;对所受威胁有消极应对经验的消费者比对所受威胁有积极应对经验的消费者具有更低的自我效能感,更可能采取情绪聚焦的应对策略,并表现出对自我享乐型商品的选择偏好,假设5和假设6得到了验证。以上发现进一步验证了多种来源的自我威胁和控制感之间的交互作用对消费者应对方式和商品偏好的影响,并且在实验1、实验2和实验3已经验证了消费者对威胁感觉是否可控、消费者的控制源对应对方式和商品偏好影响的基础上,进一步验证了消费者已有的应对经验和自我效能感对应对方式和商品偏好的作用。实验4还发现,即使在不存在自我威胁的情况下,应对经验和自我效能感对消费者应对方式和商品偏好的影响依然存在,但是这种影响小于自我威胁情境下的作用。

第六节 对研究一的总结与讨论

一 研究一总结

本研究通过四个实验验证了自我威胁情境下控制感对消费者应对方式和商品偏好的作用。这四个实验分别从死亡凸显、智力威胁、权力感威胁和社会排斥四个不同的威胁来源对自我威胁进行操纵,结果发现本研究的结论在以上自我威胁的情境下都是稳定的,即:控制感可以提升自我威胁情境下消费者问题聚焦应对的倾向和对自我成长型商品的偏好,而较低的控制感则会导致自我威胁情境下的消费者更倾向于采用情绪聚焦应对和偏好自我享乐型的商品。

在控制感的来源上,本研究从三个角度验证了不同控制感来源的作用,分别是消费者感觉威胁是否可控(威胁的特性)、控制源(消费者的特性)、应对经验和自我效能感(消费者的过往经历)。结果发现这些控制感的来源都会对自我威胁情境下消费者的应对方式和商品偏好产生影响,这为我们理解自我威胁情境下的消费者的应对方式和商品偏好提供了更立体的视角。也给了我们这样的启示：消费者的控制感来源是多元的，我们可以在消费者遭遇自我威胁时，通过操纵消费者不同来源的控制感来达到影响他们应对方式和商品偏好的目的。

在本研究中，我们还分别在实验 2 和实验 4 中验证了应对方式和自我效能感的中介效应。实验 2 发现：在自我威胁情境下，问题聚焦应对中介了控制感对自我成长型商品偏好的影响，情绪聚焦应对中介了控制感对自我享乐型商品偏好的影响。实验 4 发现：在自我威胁情境下，自我效能感中介了应对经验对应对方式和商品偏好的影响。这些发现让我们对自我威胁情境下控制感对消费者商品偏好的影响机制有了更深入的理解。

本研究还发现，有时在无自我威胁情境下，控制感也会影响消费者的应对方式和商品偏好。这样的现象说明控制感对消费者应对方式和商品偏好存在主效应，但是"自我威胁×控制感"的交互作用对消费者的应对方式和商品偏好的影响更为显著，说明无自我威胁情境下控制感的这种效应要小于有自我威胁的情境。从另一个角度来说是自我威胁放大了控制感对消费者应对方式和商品偏好的影响。

二 研究一结论与前人研究关系的讨论

在本研究中我们验证了四种自我威胁来源的作用，分别为死亡威胁、智力威胁、权力感威胁和社会排斥。尽管这些威胁的来源在已有的研究中已经被证明对个体的消费行为会产生独特性的影响，但是在本研究中我们发现当这些不同自我威胁的来源与控制感交互的时候却会对消费者的应对方式和商品选择偏好产生具有一致性的模式化影响，这种模式的发现可以为共性视角下自我威胁对消费者行为影响的研究方向提供启发。

Han 等（2015b）发现不同类型的威胁会导致个体采用不同的应对策略。在他们的研究中发现智力威胁和死亡威胁可以引发个体问题聚焦的应对策略，而控制感威胁和社会排斥可以引发个体情绪聚焦的应对策略。Han 等（2015b）用内隐理论对他们的发现进行了解释：个体在社会中通过观察学习已经形成了将不同的威胁与特定应对方式建立连接的内隐理论，在西方文化中，在学校和社会当中人们习得了在智力上要表现得更好和更加关注健康的观点，因此人们形成了要获取健康和智力优势的内隐理论，这使得人们在面对智力和健康威胁时会唤起趋近动机和选择问题聚焦的应对方式。相反，在西方文化中人们习得了避免控制感缺乏和被社会排斥的内隐理论，因此他们会在面对控制感威胁和社会排斥的情况下产生回避动机和选择情绪聚焦型的应对方式。然而，本研究发现无论是何种类型的威胁，当他们与控制感进行交互的时候，都会出现相对一致的模式：高控制感会引发问题聚焦应对，而低控制感会引发情绪聚焦应对。并且我们发现，不同来源的控制感都会起到相同的作用，包括威胁本身带来的控制感，消费者的控制源和消费者已有的应对经验。

第 九 章

实证研究二：自我威胁情境下控制感对个体消费倾向的影响

第一节 研究一遗留的问题与研究二的扩展和深化

在研究一中我们发现无论消费者在面对何种类型自我威胁的情况下，拥有较高控制感的消费者更倾向于偏好自我成长型的商品，而拥有较低控制感的消费者更倾向于偏好自我享乐型的商品，并且这种效应在多种控制感的来源上都存在。研究一的发现可以为我们预测自我威胁情境下消费者的商品偏好提供理论上的基础和实践上的指导。自我成长型商品作为指向问题解决的消费行为的代表，自我享乐型商品作为指向情绪调节的消费行为的代表，可以帮助我们从正反两个方面洞察控制感对自我威胁情境下消费者行为的影响。但是研究一还遗留了一个重要的问题，那就是研究一主要考察了消费者在自我成长型商品和自我享乐型商品二选一框架下的消费者行为。而当消费者只面对单一的自我成长型商品的时候他们会呈现何种消费行为，他们究竟会对其进行积极的接纳还是消极的防御，仍然是一个尚未解决的问题。

从引导消费者进行积极消费的立场上看,我们不仅要关注当他们同时面对具有积极和消极意义的商品类型时会如何选择,我们还要关注在只面对具有积极意义的商品时他们是否会接纳该商品,因为基于防御机制理论,即使消费者只面对宣称能够提升他们被威胁特质的商品时,也可能会产生拒绝和排斥的态度。因此,为了回答这个问题我们设计并开展了研究二。

研究二是对研究一的扩展与深化,在研究二中我们将研究一对自我成长型商品和自我享乐型商品的二选一的商品偏好框架,转化对宣称能够帮助消费者提升被威胁特质的商品接纳或排斥的单一维度的消费倾向框架,进一步聚焦于对消费者具有积极意义消费行为的探究。并且,进一步深入考察自我威胁情境下控制感的不同形式对消费者接纳或防御性消费倾向的影响。这种深化体现在以下两个方面。

一 在研究问题上的深化

一个好的消费者行为研究应该在研究问题上具有连续性与纵深性。研究一发现了自我威胁情境下控制感会影响消费者在自我成长型商品和自我享乐型商品二选一框架下的商品偏好,那么这样的研究结论很自然地可以引导出当消费者只面对自我成长型商品的时候他们会表现出接纳还是防御的消费倾向的问题。研究二的问题是对研究一问题的进一步聚焦和延伸,为如何引导消费者面对自我威胁时进行更具积极意义的消费提供更深入的理论基础。

在控制感方面,控制感作为影响消费者行为的重要变量可能会对多种消费者行为产生影响,探究控制感对不同消费者行为的影响将有利于深化消费者行为学对控制感的研究与理解。研究一关注了自我威胁情境下控制感对消费者商品偏好的影响,在研究二中我们将进一步关注自我威胁情境下控制感对消费者消费倾向的影响。

二 在理论基础上的深化

在研究一中我们主要以心理学的应对方式理论作为理论基础，测量了被试的问题聚焦应对倾向和情绪聚焦应对倾向，并且验证了它们在"自我威胁×控制感"的交互作用对消费者商品选择偏好影响中的中介作用。研究一将应对方式的理论引入消费者行为的研究，并且以它作为解释机制构建了自我威胁情境下控制感对消费者商品选择偏好影响的理论模型，这是本研究一个重要的理论贡献与研究创新。

然而，正如第六章的论述，防御机制和应对方式之间即存在着紧密的关系又是两个彼此不同的理论概念。应对方式是一个包含多种具体类型的集合性概念，已有研究主要探讨不同类型应对方式对个体行为的影响，防御机制虽然也包含着多个类型，但是相比应对方式，它倾向于是一个连续性更强的概念，可以对防御机制使用的多少或强弱进行度量。研究一是一个多元选择的框架，而研究二是一个单一维度的框架。因此，使用应对方式理论解释消费者商品选择偏好会更加突出不同应对方式对应不同商品偏好的逻辑，而使用防御机制理论解释个体的消费倾向会更加清晰地解释防御机制使用的多少与防御性消费倾向之间的关系。所以，在研究一中我们以应对方式作为理论基础，在研究二中我们以防御机制作为理论基础。由于使用防御机制的多少和应对方式的选择之间存在着紧密的关系，因此在研究二中引入防御机制理论不仅有利于将防御机制引入消费者行为学的研究，还有利于进一步深入地理解防御机制与应对方式之间的关系。

第二节 研究二的理论推演与假设提出

当消费者遭遇自我威胁时，面对一个宣称能帮助他解决被威胁特质的商品，他对这个商品的消费倾向会如何？一个刚刚在智力上受到威胁的消费者，面对一款宣称能够提升他智力的商品；一个刚刚遭遇社会排斥的消费者，面对一款宣称能够提升他社交能力的商品，他们究竟会对这样的商品持更加积极的态度，还是更加消极的态度，究竟是欣然的接纳，还是尴尬甚至愤怒的拒绝？

已有研究主要关注消费者如何通过自我提升商品来应对自我威胁（Kim and Gal，2014；Kim and Rucker，2012），却忽略了消费者在自我威胁情境下可能对宣称能帮助他解决被威胁特质的商品产生防御和拒接的态度。这是由于，当个体的自我受到威胁的时候，他们会采取各种方式来保护、维持和恢复对自己积极的自我认知（Tesser，2000；2001）。接纳宣称能帮助他解决被威胁特质的商品，在某些程度上意味着消费者要承认和面对自己在某些方面存在不足的事实，这可能会打破消费者对自己积极的自我认知，甚至会让消费者的自尊受到威胁，并带来很多情绪上的痛苦。因此，在面对自我威胁时除了接纳自己的不足然后获得成长之外，个体还经常使用防御机制来保护自我免受外在威胁的影响。

社会心理学的研究发现使用心理防御机制可以有效地帮助个体在自我威胁下保护自我（Baumeister et al.，1998；Cramer，2012）。但是，这些心理防御机制大多数情况下并不是解决威胁的来源，而是改变自己的认知来降低自我威胁对自我的影响。例如，在自我威胁的情境下，个体可能采取与某些方面不如自己的人进行社会比较的方式来维持自尊（Wills，1981），通过认为造成威胁的事情对自己根本不重要来维持他的自我价值，或者直接采用逃避的方式来防御威胁（Arndt et al.，1998），有的个体甚至通过攻击、敌视和污名化造成威胁的人或事来防御威胁（Campbell and Sedikides，1999）。这些行为的共同特点是，它们并不指向问题解决，而是防御外在的威胁对自我的影响。

综上所述，当消费者遭遇自我威胁的时候，他们可能会采用防御机制来维护自己积极的自我认知，进而对自我威胁进行否认或忽视。在这种情况下一个宣称能帮助他解决被威胁特质的商品,可能会提醒和强化消费者在某些方面存在不足的事实,反而会给消费者带来更大的威胁,进而让消费者对其产生消极的态度和拒绝的行为。例如,向消费者推销减肥产品的行为反而可能会成为提醒消费者体重超标的信号。所以,当消费者遭遇自我威胁时,他们既可能对宣称能够帮助他们提高受威胁方面的商品保持认可和接纳态度来进行接纳性消费,也可能对这些商品呈现出防御的姿态和排斥的态度来进行防御性消费(有关防御性消费和接纳性消费的理论阐释可以参见第六章)。那么何种因素会调节消费者自我威胁情境下防御机制的使用和消费倾向的选择便成为一个重要的理论问题。

一 威胁是否可控的调节作用

控制感会让个体认为自己所受的威胁是可以解决的或自己是有能力解决威胁的,而当个体对所受威胁缺乏控制感的时候,他更可能认为问题是无法解决的,自己是无能为力的(Burger and Cooper, 1979)。因此,当消费者认为所受威胁是不可控时,他更可能通过使用防御机制来降低自我威胁的影响,比如否认自我威胁的存在或将自己与自我威胁隔离开。此时消费者更可能把宣称能够帮助他们提高受威胁特质的商品看成一种提醒他们威胁存在的信号,进而表现出防御性消费倾向。而当消费者认为威胁可控时,他们更期待通过解决威胁的方式来应对自我威胁,进而更少地使用防御机制。此时消费者更可能把宣称能够帮助他们提高受威胁方面的商品看成一种自我提升的有效途径,进而表现出接纳性消费倾向。

因此,基于以上理论逻辑我们提出假设7和假设8:

假设7:在自我威胁情境下,感觉自我威胁可控的消费者比感觉自我威胁不可控的消费者使用更少的防御机制,进而表现出更强的接纳性消费倾向。

假设8:在自我威胁情境下,感觉自我威胁不可控的消费者比感觉自我威胁可控的消费者使用更多的防御机制,进而表现出更强的防御性消费倾向。

二 控制源的调节作用

控制源会影响个体对自我威胁的归因，内控的消费者更倾向于对自我威胁进行内部归因，而外控的消费者更倾向于对自我威胁进行外部归因。已有研究发现，对自我威胁进行外部归因本身就是一种常见的防御机制。例如，Crocker 等（1991）发现，当美国黑人接受来自白人的负面评价时，他们会通过把这种不好的评价归因于种族歧视来保护他们的自我价值。Ditto 和 Lopez（1992）发现当被试在测验中没有取得好成绩的时候，他们会质疑测验的有效性。由此可见，外控的个体会比内控的个体更多地使用防御机制。Rotter（1966）发现内控的个体比外控的个体具有更高的成就动机，他们更加相信通过自己的努力会获得积极的结果，这使得他们面对自我威胁时，会更加关注问题的积极方面，并更倾向于采取行动。对于外控的个体，他们更倾向于认为自我威胁是由环境和他人导致的，因此他们认为回避环境当中各种不利的因素是减少自我威胁的有效途径，而防御机制可以很好地帮助他们完成对自我威胁的防御。基于以上逻辑，控制源会影响自我威胁情境下消费者的防御机制，从而进一步影响他们对宣称能够帮助他们提高受威胁方面的商品的防御性消费或接纳性消费倾向。

因此，我们提出假设 9 和假设 10：

假设 9：在自我威胁情境下，控制源为内控的消费者比外控的消费者使用更少的防御机制，进而表现出更强的接纳性消费倾向。

假设 10：在自我威胁情境下，控制源为外控的消费者比内控的消费者使用更多的防御机制，进而表现出更强的防御性消费倾向。

三 应对经验的调节作用

由于积极的应对经验比消极的应对经验更能增加消费者面对自我威胁时的自我效能感。并且，自我效能感会增加消费者解决自我威胁的信心，进而降低消费者对防御机制的使用。因此，对自我威胁有积极应对经验的消费者会比有消极应对经验的消费者更少地使用防御机制。高自我效能感的消费者可能会把宣称能够帮助他们提升受威胁特质的商品当成一种解决自我威胁的有效途径，而低自我效能感的消费者可能会把这些商品当成一种提醒他们在该方面存在不足的信号。因此，对所受威胁具有积极应对经验的消费者比具有消极应对经验的消费者可能会表现出更强的接纳性消费倾向，而对所受威胁具有消极应对经验的消费者比具有积极应对经验的消费者可能会表现出更强的防御性消费倾向。

基于以上理论逻辑我们提出假设11和假设12：

假设11：在自我威胁情境下，对威胁具有积极应对经验的消费者比具有消极应对经验的消费者具有更高的自我效能感，进而使用更少的防御机制，表现出更强的接纳性消费倾向。

假设12：在自我威胁情境下，对威胁具有消极应对经验的消费者比具有积极应对经验的消费者具有更低的自我效能感，进而使用更多的防御机制，表现出更强的防御性消费倾向。

四 研究二的理论框架

在研究二中我们提出了以上6条假设，我们对这6条假设总结概括成图9-1中的理论框架。控制感会调节自我威胁情境下消费者防御机制的使用情况，进而影响他们的消费倾向。就自我威胁而言，在研究二中我们将检验四种自我威胁类型的影响：吸引力威胁（实验5）、智力威胁（实验6）、社会排斥（实验7）和地位威胁（实验8）。对于控制感，我们将检验以下三种控制感来源的作用：威胁是否可控（实验5、实验6）、内外控制源（实验7）和积极与消极应对经验（实验8）。消费倾向包含防御性消费和接纳性消费两种倾向。在实证研究中我们将对以上变量的各个水平以及各变量之间的关系进行系统的检验，其中实验5和实验6的主要目的是检验假设7和假设8，实验7的主要目的是检验假设9和假设10，实验8的主要目的是检验假设 11 和假设 12。

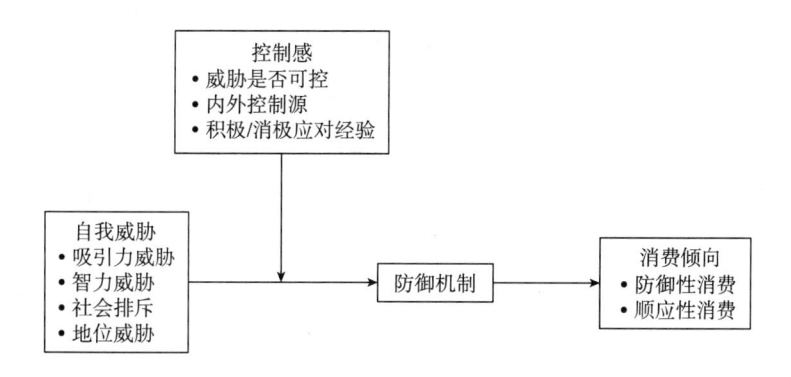

图 9-1 研究二的理论框架

注：本图由笔者绘制。

第三节 实验 5：自我威胁是否可控对消费者消费倾向的影响

一 实验目的

为了验证假设 7 和假设 8，我们设计并实施了实验 5。首先通过实验方法操纵了被试的自我威胁以及控制感，并且测量被试的防御机制和消费倾向，最后通过统计分析探究自我威胁情境下个体对威胁的可控程度是否会影响消费者防御机制使用情况和消费倾向。

二 实验设计与被试

实验 5 采取 2（自我威胁：实验组、控制组）×2（控制感：可控组、不可控组）的被试间实验设计。本实验招募了来自某所学校的 120 名本科生作为实验样本（$M_{年龄} = 21.31$，$SD = 1.25$），其中男生 56 人，女生 64 人，并将被试随机分配到 4 个实验组中进行实验，每个实验组各 30 人。

三 预实验

实验 5 采用让被试观看拥有完美身材和相貌的人物的图片来对被试的吸引力进行威胁的方式操纵自我威胁。预实验的目的是选取在正式实验中用于操纵被试吸引力威胁的实验材料。在与正式实验相同的样本中招募了 30 名女性 ($M_{年龄}$ = 20.89,SD = 0.93) 和 30 名男性 ($M_{年龄}$ = 21.22,SD = 1.04) 作为预实验的被试。在网络资源中分别寻找与被试年龄相近的 10 名女性人物的图片和 10 名男性人物的图片,然后分别让女性被试和男性被试对印有与自己相同性别的人物图片上人物的吸引力进行 10 点评分,1 代表毫无吸引力,10 代表非常具有吸引力。并且让他们对图片中人物和自己相比的吸引力程度进行 7 点评分,1 代表远远低于自己的吸引力,4 代表与自己的吸引力程度相同,7 代表远远高于自己的吸引力。分别选择 10 个图片中吸引力得分最高的男性人物图片和女性人物图片,以及吸引力得分最低的男性图片和女性图片作为男性和女性被试自我威胁组和控制组的实验材料。统计分析发现,男性实验组图片中人物的吸引力 (M = 7.97,SD = 1.38) 显著高于控制组图片中人物的吸引力 (M = 4.53,SD = 1.04),t (29) = 14.71,p < 0.001,并且实验组图片中人物与自己相比吸引力的程度的得分 (M = 5.27,SD = 0.87) 显著高于控制组的得分 (M = 3.87,SD = 0.94),t (29) = 7.17,p < 0.001;女性实验组图片中人物的吸引力 (M = 7.07,SD = 1.26) 也显著高于控制组图片中人物的吸引力 (M = 4.37,SD = 1.00),t (29) = 8.67,p < 0.001,并且实验组图片中人物与自己相比吸引力的程度的得分 (M = 4.63,SD = 0.93) 显著高于控制组的得分 (M = 3.71,SD = 0.90),t (29) = 4.02,p < 0.001。这说明预实验所选取的实验组的图片和控制组图片具有不同的吸引力。

四 正式实验程序

本实验分多个批次在实验室中进行,告诉被试他们即将完成多个独立的任务。我们首先使用预实验中选取的材料,让实验组和控制组的男性和女性被试分别观看相同性别的人物图片,然后在 7 点量表上对图片中人物的吸引力程度进行打分,1 代表完全没有吸引力,7 代表非常有吸引力。其次,让被试评价自己与图片中人物相比吸引力的相差程度如何,1 代表自己远远高于图片中的人物,7 代表自己远远低于图片中的人物。最后,让被试在 7 点量表上评价此时对自己吸引力程度的感知,1 代表完全没有吸引力,7 代表非常有吸引力。这三道题项不仅可以促进被试与图片中人物的对比,增加操纵的有效性,同时还可以用于对吸引力威胁的操纵进行操纵检验。为了进一步检验操纵方法的有效性,我们使用由 Fox 和 Corbin (1989) 编制的 PSPP 身体自尊量表(Physical Self-perception Profile)中身体吸引力维度的 6 个题项中的 5 个题项对被试进行测量:①与多数人相比我拥有富有吸引力的身体与容貌;②我觉得自己很难保持富有吸引力的身体与容貌;③别人总羡慕我,因为我有出众的身材与容貌;④与多数人相比我的身材与容貌看上去并不是最好的;⑤我对自己的身材与容貌感到十分自信,量表采取李克特 5 点计分,1 代表完全不同意,5 代表完全同意,其中第 2 题、第 4 题为反向计分题项,这五道题的一致性信度 $\alpha = 0.865$,由于原题项中第 3 题的一致性信度不高,因此将其删去。

回收问卷后,我们选取让被试阅读一篇虚拟文字材料的方法来操纵被试对威胁的可控感。对威胁不可控组提供一段 500 字左右的文字材料,描述了吸引力的先天观,内容大意为:经研究发现,人的相貌和吸引力是由先天条件决定的,后天改造的效果是非常有限的。对威胁可控组提供一段 500 字左右的文字材料,描述了吸引力的后天观,内容大意为:经研究发现,人身体的吸引力是受到后天改造的,良好的妆容和衣着搭配,个人行为和气质的训练都可以有效提升个体的吸引力。阅读文章后让被试回答两道有关文章内容的题项，一方面强化吸引力的先天观或后天观；另一方面考察被试阅读材料的仔细程度，并剔除未仔细阅读材料的被试。为了对被试控制感的操纵进行操纵检验，我们让被试在李克特 7 点量表上回答一道问题：此时你认为人的吸引力在多大程度上是可以自己控制的？1 代表完全不可控，7 代表完全可控。

五 变量测量

在对吸引力威胁和可控感进行操纵后，我们通过问卷对被试的防御机制进行测量。在防御机制的测量上，我们采取第六章第五节介绍的测量方法，即在实验情景中测量被试对自我威胁态度的方式来间接测量被试防御机制的使用情况。为了对本研究中被试所使用的防御机制进行测量，我们选取"否认"和"隔离"两类个体经常使用的防御机制，根据这两个防御机制的定义，针对本实验所设定的具体情境编制了 6 道题项对以上两种防御机制进行测量。对否认的防御机制我们根据"否认防御机制是指个体通过扭曲在创伤情境下的想法、情感及感觉来逃避心理上的痛苦，或将不愉快的事件否定，当作它根本没有发生，来获取心理上暂时的安慰"的定义，根据本实验情境编制了如下三个题项进行测量（一致性信度 $\alpha = 0.889$）：①我并不怀疑自己在吸引力上存在不足；②那些暗示我在吸引力上不足的信息往往都是不足采信的；③我不认为自己在吸引力上需要弥补什么。对隔离的防御机制我们根据"隔离防御机制是指个体把部分事实从意识中加以隔离，不让自己意识到，以免引起精神上的不愉快"的定义，根据本实验情境编制了如下三个题项进行测量（一致性信度 $\alpha = 0.807$）：①我不想考虑和吸引力有关的问题；②吸引力其实完全不重要；③是否有吸引力对我来讲完全无所谓。所有题项均采用李克特 7 点计分，1 代表完全不同意，7 代表完全同意。对这两种防御机制 6 个题项的得分进行平均，所得分数为被试的防御机制得分。

在对因变量的测量上，我们采用让被试选择他们所喜欢的广告语的形式来测量他们的防御性消费倾向。其中一条广告语客观介绍商品的属性，另一条广告语宣称商品可以提升他们的被威胁的特质。如果被试选择了那个宣称能够提升他们被威胁特质的广告语而不是客观介绍商品属性的广告语，则说明他们对宣称能够帮助他们提高受威胁特质的商品和品牌保持认可和接纳的态度，表现出了接纳性消费的行为。如果被试选择了那个客观介绍商品属性的广告语而不是宣称能够提升他们被威胁特质的广告语，则说明他们对宣称能够帮助他们提高受威胁方面的商品和品牌呈现出防御的姿态和排斥态度，表现出了防御性消费行为。

基于以上思想，我们向被试展示了一款商品的两个版本的广告语，告知被试这是某款商品投入市场前的广告调查，请被试选择他所喜欢的广告语，但实际上却是对被试的防御性消费和接纳性消费倾向进行测量。我们分别针对男性和女性被试虚拟了一款太阳镜的商品，并分别设计了两种类型的广告图片和广告语。其中一种类型的广告图片只呈现了商品本身，并且通过广告语"工匠精神，打造高品质的完美精品"来突出商品的工艺和质量，我们称为"非吸引力提升广告语"；另外一种类型的广告图片呈现了有吸引力的模特佩戴该款商品的图片，并且通过广告语"时尚设计，让你充满吸引力和魅力"来突出商品能够帮助消费者提升吸引力的功能，我们称为"吸引力提升广告语"。请被试在两种类型广告语中选择他所喜欢的广告语，并分别对不同广告图片的美观程度进行7点评分。

六 研究结果

（一）操纵检验

我们首先对吸引力威胁的操纵进行操纵检验，吸引力威胁组被试认为他们所观看模特的吸引力程度（$M = 5.53$, $SD = 1.08$）显著高于控制组被试（$M = 4.37$, $SD = 1.38$），$t(118) = 5.16$, $p < 0.001$，同时吸引力威胁组被试感知他们自己吸引力的程度（$M = $

3.85，$SD = 1.16$）显著低于控制组（$M = 4.55$，$SD = 1.56$），$t(118) = -2.79$，$p < 0.010$。以被试在 PSPP 量表身体吸引力维度得分为因变量进行 2（吸引力威胁：实验组、控制组）×2（控制感：可控组、不可控组）的被试间方差分析，结果发现只有吸引力威胁的主效应显著，$F(1,116) = 4.95$，$p < 0.050$，$\eta_p^2 = 0.04$；吸引力威胁×控制感的交互作用不显著，$F(1,116) = 2.47$，$p = 0.119$；控制感的主效应不显著，$F(1,116) = 0.03$，$p = 0.866$，这说明对吸引力威胁的操纵成功，并且并没有对其他实验变量产生干扰。

然后我们对控制感的操纵进行操纵检验，首先，所有被试都正确作答了文字材料后的题项，说明所有被试都认真阅读了文章。其次，以被试认为人的吸引力的可控程度为因变量进行 2（吸引力威胁：实验组、控制组）×2（控制感：可控组、不可控组）的被试间方差分析，结果发现只有控制感的主效应显著，$F(1,116) = 8.80$，$p < 0.010$，$\eta_p^2 = 0.07$；吸引力威胁×控制感的交互作用不显著，$F(1,116) = 1.57$，$p = 0.213$；吸引力威胁的主效应不显著，$F(1,116) = 0.98$，$p = 0.325$，这说明对控制感的操纵成功，且并没有对其他实验变量产生干扰。

（二）控制感对防御机制的影响

以被试否认和隔离防御机制得分为因变量进行 2（吸引力威胁：实验组、控制组）×2（控制感：可控组、不可控组）的被试间方差分析（描述统计结果见图 9-2）。结果发现，吸引力威胁的主效应显著，$F(1,116) = 9.83$，$p < 0.010$，$\eta_p^2 = 0.08$；控制感的主效应显著，$F(1,116) = 31.85$，$p < 0.001$，$\eta_p^2 = 0.22$；吸引力威胁×控制感的交互作用显著，$F(1,116) = 15.23$，$p < 0.001$，$\eta_p^2 = 0.12$。进行简单效应分析发现，在吸引力威胁条件下，不可控组被试防御机制得分（$M = 5.24$，$SD = 0.92$，$n = 30$）显著高于可控组（$M = 3.72$，$SD = 0.99$，$n = 30$），$F(1,116) = 45.56$，$p < 0.001$，$\eta_p^2 = 0.28$；在无吸引力威胁条件下，可控组（$M = 3.84$，$SD = 0.73$，$n = 30$）与不可控组

($M=4.12$, $SD=0.83$, $n=30$) 被试防御机制得分差异不显著，$F(1,116)=1.52$，$p=0.221$。这说明在吸引力威胁条件下，对吸引力威胁感觉不可控的消费者比对吸引力威胁感觉可控的消费者，使用了更多的防御机制。而在无吸引力威胁下，感觉吸引力可控的消费者和感觉吸引力不可控的消费者在防御机制上差异不显著。

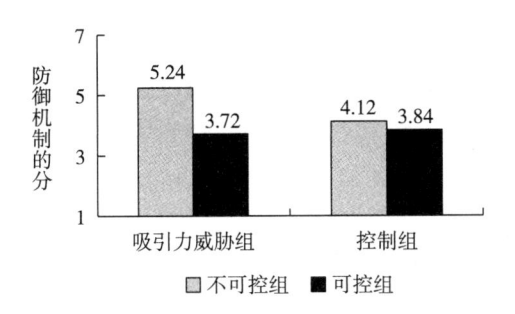

图 9-2 控制感×吸引力在威胁防御机制得分的描述统计

注：本图由笔者绘制。

（三）控制感对广告语偏好的影响

我们对被试认为两款广告语背景图片的美观程度进行评分，结果发现被试认为"无吸引力提升广告语"和"有吸引力提升广告语"背景图片的美观程度没有差异，$t(119)=-1.53$，$p=0.130$，这排除了背景图片美观程度对被试广告语选择倾向的影响。

我们使用 Pearson 卡方分析对吸引力威胁和控制感两个因素的独立性进行卡方检验（描述统计见表 9-1），结果发现吸引力威胁和控制感的交互作用对被试"非吸引力提升广告语"选择的影响显著，$\chi^2(1)=4.64$，$p<0.050$，对"吸引力提升广告语"选择的影响边际显著，$\chi^2(1)=3.79$，$p=0.051$。为了进一步了解交互作用的影响，我们以广告语类型为因变量（非吸引力提升广告语=0，吸引力提升广告语=1），将吸引力威胁（控制组=0，实验组=1）、控制感（不可控组=0，可控组=1）以及它们的交互作用纳入二元 Logistic 回归方程进行分析。结果发现：吸引力威胁×控制感的交互作用对

广告语选择的影响显著，Wald $\chi^2(1) = 8.08$，$p < 0.010$；吸引力威胁的主效应显著，Wald $\chi^2(1) = 4.31$，$p < 0.050$；可控感的主效应不显著，Wald $\chi^2(1) = 0.27$，$p = 0.603$。进一步进行配对比较分析发现：在吸引力威胁条件下，可控组被试选择"吸引力提升广告语"的比例[83% = 25/(5+25)]显著高于不可控组被试选择"吸引力提升广告语"的比例[27% = 8/(8+22)]，可控组被试选择"非吸引力提升广告语"的比例[17% = 5/(5+25)]显著低于不可控组被试选择"非吸引力提升广告语"的比例[73% = 22/(8+22)]，Wald $\chi^2(1) = 16.74$，$p < 0.001$；在控制组条件下，可控组和不可控组被试选择"非吸引力提升广告语"[40% = 12/(12+18) Vs. 47% = 14/(14+16)]和"吸引力提升广告语"[60% = 18/(12+18) Vs. 53% = 16/(14+16)]的差异不显著，Wald $\chi^2(1) = 0.27$，$p = 0.603$。这说明在吸引力威胁条件下，控制感促进了被试对"吸引力提升广告语"的偏好，抑制了被试对"非吸引力提升广告语"的偏好，即控制感提升了消费者的接纳性消费倾向，降低了消费者防御性消费倾向。

表9-1　被试对吸引力提升广告语和非吸引力提升广告语选择的描述统计

		非吸引力提升广告语		吸引力提升广告语		总计
		可控组	不可控组	可控组	不可控组	
死亡威胁组	频数	5	22	25	8	60
	百分比（%）	4.17	18.33	20.83	6.67	50
控制组	频数	12	14	18	16	60
	百分比（%）	10.00	11.67	15.00	13.33	50
总计	频数	17	36	43	24	120
	百分比（%）	14.17	30.00	35.83	20.00	100
	χ^2	4.64		3.79		
	p	0.031		0.051		

注：本表由笔者整理。

七 实验5小结

在实验5中我们以吸引力威胁作为自我威胁的操纵，分析了自我威胁与控制感的交互作用对个体防御机制和消费倾向的影响。通过实验和统计分析发现：在自我威胁情境下，对自我威胁感觉不可控的消费者比对自我威胁感觉可控的消费者更可能采用防御机制。

在消费倾向上，对自我威胁感觉不可控的消费者更可能选择客观介绍商品的广告语，表现出更强的防御性消费倾向；对自我威胁感觉可控的消费者更可能选择宣称能够提升被试被威胁方面的广告语，表现出更强的接纳性消费倾向，假设7和假设8得到了部分验证。但是，实验5并没有验证防御机制在自我威胁和控制感交互项对消费倾向影响中的中介效应，并且只选择了吸引力威胁作为自我威胁的操纵。为了解决以上问题，我们设计并实施了实验6，在实验6中，我们选择智力威胁作为自我威胁的操纵，并验证了防御机制的中介作用。

第四节 实验6：自我威胁是否可控对消费者消费倾向的影响

一 实验目的

为了进一步验证假设7和假设8，并且对可能存在的中介机制进行检验。我们设计并实施了实验6。首先对被试的自我威胁和控制感进行操纵，同时测量了被试的防御机制以及消费倾向，然后通过统计分析验证防御机制的中介效应。

二 实验设计与被试

实验6采取2（自我威胁：实验组、控制组）×2（控制感：可控组、不可控组）的被试间实验设计。本实验招募了来自某所高校140名本科生作为实验样本（$M_{年龄}=21.36$，$SD=1.21$），其中男生

62人，女生78人，并将被试随机分配到4个实验组中进行实验，每个实验组各35人。

三　实验程序

本实验分多个批次在实验室中进行，告诉被试他们即将完成多个独立的任务。我们首先对被试的自我威胁进行操纵，并且选取智力威胁作为自我威胁的操纵方法，其次对被试对智力威胁的可控感进行操纵。智力威胁和控制感所使用的操纵方法与实验2相同，并且测量被试的自尊（一致性信度 $\alpha=0.874$）作为检验自我威胁操纵是否成功的指标。在控制感的操纵检验上，我们用李克特7点量表让被试评价：你认为人的智力多大程度上是能自己控制的？1代表完全不可控，7代表完全可控。

实验操纵后使用和实验5相同的测量防御机制的6个题项测量被试的防御机制，将"吸引力"替换成"智力"（一致性信度 $\alpha=0.773$）。回收问卷后，向被试展示一款《推理迷宫》的书籍，并且通过文字描述强调"阅读这本书可以有效提升阅读者的推理能力和智力"，然后让被试在李克特5点量表上回答以下三个问题来测量被试对目标商品的购买意愿（1代表完全不同意，5代表完全同意）：①此时我感觉自己需要这本书；②此时我想要购买这本书；③这本书比较适合我。以上三个题项的平均分作为本实验的因变量指标（$\alpha=0.814$）：分数越高说明被试越倾向于接纳宣称能够提升自己被威胁方面的商品，即具有更强的接纳性消费倾向；分数越低说明被试越倾向于拒绝宣称能够提升自己被威胁方面的商品，即具有更强的防御性消费倾向。

四　研究结果

（一）操纵检验

我们首先对自我威胁的操纵进行操纵检验，以自尊得分为因变量进行2（智力威胁：实验组、控制组）×2（控制感：可控组、不可控组）的被试间方差分析。结果发现只有自我威胁的主效应显著，$F(1,136) = 11.99$，$p < 0.001$，$\eta_p^2 = 0.08$；自我威胁×控制感的交互作用不显著，$F(1,136) = 1.80$，$p = 0.182$；控制感的主效应不显著，$F(1,136) = 0.16$，$p = 0.694$，这说明对自我威胁的操纵成功，并且并没有对其他实验变量产生干扰。

然后对控制感的操纵进行操纵检验，首先所有被试都正确作答了文字材料后的题项，说明所有被试都认真阅读了文章。其次，以被试认为智力的可控程度为因变量进行2（智力威胁：实验组、控制组）×2（控制感：可控组、不可控组）的被试间方差分析，结果发现只有控制感的主效应显著，$F(1,136) = 8.96$，$p < 0.010$，$\eta_p^2 = 0.06$；智力威胁×控制感的交互作用不显著，$F(1,136) = 1.85$，$p = 0.176$；智力威胁的主效应不显著，$F(1,136) = 0.07$，$p = 0.786$，这说明对控制感的操纵成功，且并没有对其他实验变量产生干扰。

（二）对购买意愿的分析

以对宣称能够提升消费者智力的商品的购买意愿为因变量进行2（智力威胁：实验组、控制组）×2（控制感：可控组、不可控组）的被试间方差分析（描述统计结果如图9-3）。结果发现，智力威胁的主效应边际显著，$F(1,136) = 3.15$，$p = 0.078$；控制感的主效应不显著，$F(1,136) = 2.23$，$p = 0.138$；智力威胁×控制感的交互作用显著，$F(1,136) = 8.75$，$p < 0.010$，$\eta_p^2 = 0.06$。进行简单效应分析发现，在智力威胁条件下，可控组被试对该商品的购买意愿（$M = 3.24$，$SD = 1.07$，$n = 35$）显著高于不可控组（$M = 2.49$，$SD = 1.20$，$n = 35$），$F(1,136) = 9.93$，$p < 0.010$，$\eta_p^2 = 0.68$；在无智力威胁条件下，可控组（$M = 3.04$，$SD = 0.90$，$n = 35$）与不可控组（$M = 3.29$，$SD = 0.78$，$n = 35$）被试对该商品购买意愿差异不显著，$F(1,136) = 1.08$，$p = 0.300$。这说明在智力威胁条件下，对智力威胁感觉不可控的消费者比对智力威胁感觉可控的消费者，更不愿意购买宣称能够提升他们智力的商品，即表现出更强的防御性消费倾向。而在无智力威胁下，感觉智力可控的消费者和感觉智力不

可控的消费者对宣称能够提升他们智力的商品的购买意愿差异不显著。

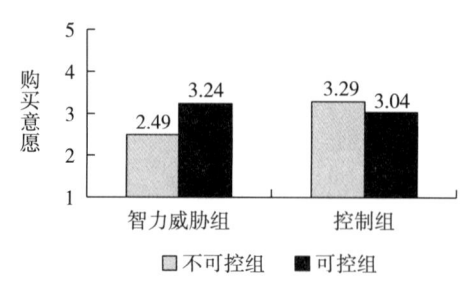

图 9-3 智力威胁×控制感的购买意愿得分的描述统计

注：本图由笔者绘制。

（三）防御机制的中介效应分析

我们使用 Hayes（2013）所提出的 Bootstrap 中介效应检验模型（Model8）分析防御机制在"自我威胁×控制源"交互项对消费倾向影响中的中介作用。使用 SPSS 程序，以被试对商品的购买意愿为因变量 Y，以控制感为自变量 X（可控组 = 1，不可控组 = 0），以自我威胁为调节变量 W（自我威胁组 = 1，控制组 = 0），以防御机制得分为中介变量 M，采用 Bootstrap 方法，进行 5000 次有放回的抽样，95% 置信区间（Bias Corrected 算法）的有调节的中介效应分析（如图 9-4）。

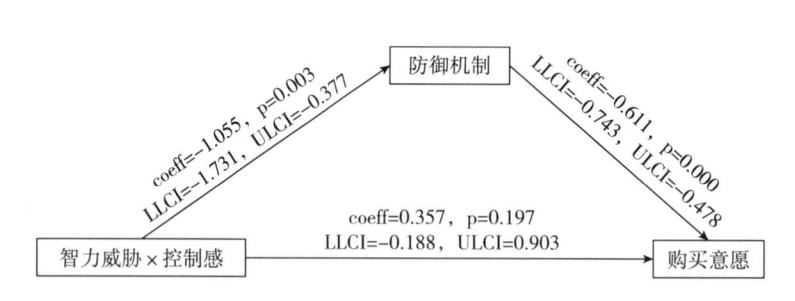

图 9-4 智力威胁×控制感对购买意愿影响的中介效应检验

注：coeff 代表非标准化的路径系数；p 代表显著性水平；LLCI 代表 95% 置信区间的下限，ULCI 代表 95% 置信区间的上限，区间值不包含 0 代表达到 0.05 显著性水平；本图由笔者绘制。

结果发现,防御机制得分在自我威胁×控制感交互作用对消费倾向影响中的间接效应显著(Indirect effect = 0.644,LLCI = 0.260,ULCI = 1.128)。进行简单斜率分析发现:当消费者处于自我威胁情境下时,防御机制得分在控制感对购买意愿影响中的中介效应显著(Indirect effect = 0.734,LLCI = 0.415,ULCI = 1.098),这说明当消费者感觉到自我威胁不可控时,比他们感觉自我威胁可控时,具有更高的防御机制,并降低了他们对宣称帮助消费者提升智力的商品的购买意愿,即表现出更强的防御性消费倾向。当不存在自我威胁时,防御机制得分在控制感对购买意愿影响中的中介效应不显著(Indirect effect = 0.090,LLCI = −0.200,ULCI = 0.351)。

五 实验6小结

实验6以智力威胁作为自我威胁的实验操纵,通过方差分析发现:在自我威胁条件下,对自我威胁感觉不可控的消费者比对自我威胁感觉可控的消费者对宣称能够提高他被威胁特质的商品的购买意愿更低,即具有更强的防御性消费倾向(Vs. 接纳性消费倾向)。实验5在吸引力威胁作为自我威胁操纵中得出的结论在实验6智力威胁作为自我威胁操纵的情境下进一步得到了验证,增加了本研究结论的稳定性。

通过一个有调节的中介效应模型,我们发现防御机制在"自我威胁×控制感"对消费倾向影响中的中介作用显著。具体来说,在自我威胁情境下,当消费者感觉到自我威胁不可控时,他们更多地使用防御机制,并表现更强的防御性消费倾向,当消费者感觉到自我威胁可控时,他们更少地使用防御机制,并表现出更强的接纳性消费倾向。假设7和假设8得到了验证。

实验5和实验6通过吸引力威胁和智力威胁两种自我威胁的方式,验证了自我威胁情境下控制感通过消费者的防御机制对消费倾向的影响。为了验证消费者的控制源是否也会起到相同的作用,我们设计并实施了实验7。

第五节 实验 7：自我威胁情境下消费者控制源对消费倾向的影响

一 实验目的

为了验证假设 9 和假设 10，我们设计并实施了实验 7。首先通过实验方法操纵了对被试的自我威胁，并且测量被试的控制源、防御机制以及消费倾向，通过统计分析验证自我威胁情境下个体的控制源是否会影响消费者的消费倾向，以及在此过程中防御机制的中介作用。

二 实验设计与被试

实验 7 采取单因素（自我威胁：实验组、控制组）的被试间实验设计。本实验招募了来自某所学校的 90 名 MBA 学生作为实验样本（$M_{年龄}=30.25$，$SD=1.35$），其中男生 42 人，女生 48 人。

三 实验程序

在实验开始前首先使用和实验 3 相同的"内在—外在心理控制源量表"测量被试的内控倾向和外控倾向（一致性信度 $\alpha=0.809$），然后将被试随机分配到实验组和控制组进行自我威胁的操纵。本实验选取社会排斥作为自我威胁的操纵方法，有关社会排斥的操纵程序与实验 4 相同，并让被试回答与实验 4 相同的用于操纵检验的题项。在对社会排斥进行操纵后，我们使用与实验 5 相同的测量工具测量被试的防御机制，将其中的"吸引力"改成"社会关系"（一致性信度 $\alpha=0.864$）。

在因变量的测量上，我们选取了一款真实的商品：一本纸质版的《跟任何人都聊得来：最受世界 500 强企业欢迎的沟通课》。我们向被试展示图书的实物，并通过文字介绍该书具有帮助读者提升沟通技巧和人际能力，变成一个更受欢迎的人的作用。在阅读完商品的介绍后让被试在李克特 7 点量表上回答以下三个问题：①我现在想阅读这本书；②我觉得这本书正是我需要的；③我愿意购买这本书，1 代表非常不同意，7 代表非常同意。三道题的平均分作为消费倾向的得分（一致性信度 $\alpha = 0.776$），分数越高说明被试越倾向于接纳性消费，分数越低说明被试越倾向于防御性消费。

四 研究结果

（一）操纵检验

分别以被试报告接到球的次数、接到球的比例、感觉被忽视和被拒绝的程度为因变量进行 2（社会排斥：实验组、控制组）×2（应对经验：积极经验组、消极经验组）的被试间方差分析。结果发现对于所有变量社会排斥的主效应显著（$Fs > 11.21$，$ps < 0.001$），应对经验的主效应和社会排斥×应对经验的交互作用均不显著（$Fs < 1.56$，$ps > 0.050$），这说明对社会排斥的操纵成功，并且并没有对其他实验变量产生干扰。

（二）控制源对消费倾向的影响

本研究使用两种方法对调节效应进行检验，首先使用温忠麟等（2005）建议的逐步回归法进行调节效应分析：第一步，将被试的控制源得分进行中心化处理作为自变量，将自我威胁作为调节变量（实验组 = 1，控制组 = 0），以消费倾向为因变量构建回归方程 Model 1；第二步，将控制源得分和自我威胁相乘构建交互项"自我威胁×控制源"纳入上一级的回归方程 Model 1 中形成 Model 2。结果发现，交互项的回归系数显著（$\beta = -0.372$，$p < 0.010$），Model 2 比 Model 的 R^2 改变显著（$\Delta R^2 = 0.064$，$p < 0.010$），这说明自我威胁×控制源的交互作用对消费者消费偏好的影响显著。

其次，我们使用 Hayes（2013）所提出的 Bootstrap 调节效应检验模型（Model 1）检验"自我威胁×控制源"交互项对被试消费倾向影响的作用。使用 SPSS 程序，以被试的消费倾向为因变量 Y，控制源得分为自变量 X，以自我威胁为调节变量 M（自我威胁组＝1，控制组＝0），采用 Bootstrap 方法，进行 5000 次有放回的抽样，95% 置信区间（Bias Corrected 算法）的调节效应检验。结果发现"自我威胁×控制源"对被试消费倾向的作用显著（具体统计量见表 9-2）。

表 9-2　　　　社会排斥×控制源 Bootstrap 调节作用分析结果

	coeff	se	t	p	LLCI	ULCI
自我威胁	2.895	1.071	2.71	0.008	0.777	5.015
控制源	0.073	0.07	0.99	0.325	-0.073	0.219
社会排斥×控制源	-0.2965	0.101	-2.95	0.004	-0.496	-0.097

注：coeff 代表非标准化的路径系数；LLCI 代表 95% 置信区间的下限，ULCI 代表 95% 置信区间的上限，区间值不包含 0 代表达到 0.05 显著性水平；本表由笔者整理。

进行简单斜率分析发现，在自我威胁条件下，控制源对消费者消费倾向的影响显著（Effect ＝ -0.224，LLCI ＝ -0.359，ULCI ＝ -0.088），在无自我威胁的条件下控制源对消费者消费倾向的影响不显著（Effect ＝ 0.073，LLCI ＝ -0.073，ULCI ＝ 0.219）。这说明，在自我威胁条件下，越外控的消费者越倾向于进行防御性消费，越内控的消费者越倾向于进行接纳性消费。

为了更清晰地理解控制源和自我威胁的交互作用，我们将被试的控制源得分以平均数为标准进行高低分组，分组后外控组 63 人，内控组 65 人。然后进行 2（自我威胁：实验组、控制组）×2（控制源：内控组、外控组）的被试间方差分析（描述统计结果如图 9-5）。结果发现，自我威胁的主效应不显著，$F(1,124)=0.27$，$p=0.608$；控制源的主效应不显著，$F(1,124)=2.23$，$p=0.138$；自我威胁×控制源的交互作用显著，$F(1,124)=7.29$，$p<0.010$，$\eta_p^2=0.06$。进行简单效应分析发现，在自我威胁条件下，内控组被试在消费倾向上的得分（$M=4.60$，$SD=1.57$，$n=33$）显著高于外

控组（$M=3.29$，$SD=1.53$，$n=31$），$F(1,124)=9.58$，$p<0.010$，$\eta_p^2=0.07$；在无自我威胁条件下，外控组（$M=4.25$，$SD=1.60$，$n=32$）与内控组（$M=3.95$，$SD=2.04$，$n=32$）被试在消费倾向上的得分差异不显著，$F(1,124)=0.52$，$p=0.471$。方差分析的结果再次验证了上述调节作用分析的结论。

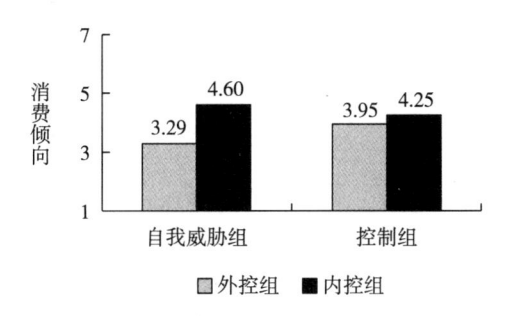

图 9-5 社会排斥 × 控制源的消费倾向得分的描述统计

注：本图由笔者绘制。

（三）对防御机制中介作用的分析

我们使用 Hayes（2013）所提出的 Bootstrap 中介效应检验模型（Model 8）分析防御机制在"自我威胁 × 控制源"交互项对消费倾向影响中的中介作用。使用 SPSS 程序，以被试对商品的购买意愿为因变量 Y，以控制源得分为自变量 X，以自我威胁为调节变量 W（自我威胁组 = 1，控制组 = 0），以防御机制得分为中介变量 M，采用 Bootstrap 方法，进行 5000 次有放回的抽样，95% 置信区间（Bias Corrected 算法）的有调节的中介效应分析（各路径系数如图 9-6）。

结果发现，防御机制得分在"自我威胁 × 控制源"交互作用对商品购买意愿影响中的间接效应显著（Indirect effect = -0.053，LLCI = -0.142，ULCI = -0.010）。进行简单斜率分析发现：当消费者处于自我威胁情境下时，防御机制得分在控制源对购买意愿影响中的中介效应显著（Indirect effect = -0.045，LLCI = -0.103，ULCI =

-0.040），这说明当消费者越外控时，越倾向于使用防御机制，进而对宣称能够帮助他们提升被威胁特质的商品的购买意愿越低；当消费者越内控时，越不倾向于使用防御机制，进而对宣称能够帮助他们提升被威胁特质的商品的购买意愿越高，假设9和假设10得到验证。当不存在自我威胁时，防御机制得分在控制感对购买意愿影响中的中介效应不显著（Indirect effect = 0.007，LLCI = -0.026，ULCI = 0.053）。

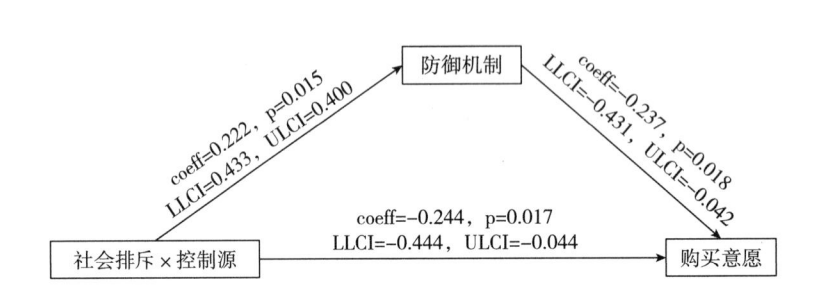

```
                          防御机制
          coeff=0.222, p=0.015        coeff=-0.237, p=0.018
          LLCI=0.433, ULCI=0.400      LLCI=-0.431, ULCI=-0.042

                  coeff=-0.244, p=0.017
        社会排斥×控制源 ─────────────────────── 购买意愿
                  LLCI=-0.444, ULCI=-0.044
```

图9-6　社会排斥×控制源对消费倾向影响的防御机制的中介效应检验

注：coeff代表非标准化的路径系数；p代表显著性水平；LLCI代表95%置信区间的下限，ULCI代表95%置信区间的上限，区间值不包含0代表达到0.05显著性水平；本图由笔者绘制。

五　实验7小结

在实验7中我们以社会排斥作为自我威胁的操纵方式发现：在自我威胁情境下，外控的消费者比内控的消费者具有更高的防御性消费倾向，即外控的消费者比内控的消费者对宣称能够提升他们被威胁特质的商品的购买意愿更低。通过中介效应分析发现，在自我威胁情境下，防御机制中介了以上过程：在自我威胁情境下，外控的消费者比内控的消费者更多地使用防御机制，进而表现出更强的防御性消费倾向，内控的消费者比外控的消费者更少地使用防御机制，进而表现出更强的接纳性消费倾向，假设9和假设10在本实验中得到了验证。

通过前三个实验我们已经从威胁的特点（威胁是否可控）和消费者个人特征（控制源）两个角度验证了控制感对消费倾向的影响，那么消费者已有的应对相同类型威胁的积极经验或消极经验是否对他们的行为产生相同模式的影响呢？为了回答这个问题我们设计并实施了实验8。

第六节 实验8：消费者自我威胁的应对经验对消费倾向的影响

一 实验目的

为了验证假设11和假设12，我们设计并实施了实验8。我们首先操纵对被试的自我威胁以及应对经验，并且测量被试的自我效能感、防御机制以及消费倾向，然后通过统计分析验证消费者对威胁已有的应对经验是否会通过影响消费者的自我效能感来影响他们的防御机制和消费倾向。

二 实验设计与被试

实验8采取2（自我威胁：实验组、控制组）×2（应对经验：积极经验组、消极经验组）的被试间实验设计。本实验招募了来自两所高校3个MBA班的143名学员作为实验样本（$M_{年龄}=29.61$，$SD=2.64$），其中男生73人，女生58人，12人的性别数据为缺失值。将被试随机分配到4个实验组中进行实验，其中自我威胁积极经验组、自我威胁消极经验组、无自我威胁积极经验组中每个组各包含36个被试，无自我威胁消极经验组包含35个被试。

三 实验程序

本实验以班级为单位在各自的班级中进行，并且选择操纵地位威胁作为自我威胁的操纵方法。对地位威胁的操纵我们参照金晓彤等（2017）的方法，告知每个班级的被试他们即将进行一项有关每个人在班级地位指数的测试，我们给每个被试一张印有班级同学名字的名单，然后让被试在5点量表上评价每个同学（包括自己）在班级内的地位水平，1代表处于班级的后20%，3代表处于班级中间水平的20%，5代表处于班级的前20%。问卷回收后，我们告诉被试我们会对每个人的得分进行统计：所有其他同学对其地位评价的平均分将构成他在班级内的地位指数，客观反映他在班级内的地位，统计结果将会在下节课公布。而实际上，我们随机将被试分配到两个实验组，并且分别向被试反馈他们虚拟的地位指数，我们告知地位威胁组被试他们是同学公认在班级内地位处于较低水平的人（排名在班级后20%），告知控制组被试他们是同学公认在班级地位处于平均水平的人（排名在班级中间20%）；实验操纵后，让被试在7点量表上评价"此时你多大程度上感觉自己在班级内是有地位的"，1代表地位感非常低，7代表地位感非常高。将在调查中获得的被试真实的地位指数以及每个被试自我评价的地位指数作为控制变量进行分析。

回收问卷后，使用实验4相同的方法对被试的应对经验进行操纵。告诉被试他们即将完成一个考察他们记忆的任务，让积极应对经验组回忆一件"自己亲身经历的在某个团体或某个场合下地位处于不利状况，但是凭借自己的努力扭转了这种不利局面的经历"，回忆得越详细越好，并且写下这件事情发生的经过和对这次事件的感受，不少于100字。让消极应对经验组回忆一件"自己亲身经历的在某个团体或某个场合下地位处于不利状况，但是无论自己做什么都没有办法扭转这种不利局面的经历"，回忆得越详细越好，并且写下这件事情发生的经过和对这次事件的感受，不少于100字。任务完成后为了检验上述操纵方法的有效性，我们询问被试：此时，你感觉到自己对地位受到威胁这类事件所拥有的应对经验如何？1代表具有非常消极的应对经验，7代表具有非常积极的应对经验。并采用与实验4相同的一般自我效能感量表（一致性信度 $\alpha = 0.901$）

对被试的自我效能感进行测量。使用与实验5相同的工具测量被试的防御机制得分，将"吸引力"替换成"地位"（一致性信度 $\alpha = 0.817$）。

在因变量的测量上，我们向被试展示两款商品，分别为宣称提升他们被威胁特质的商品和宣称提升他们其他没有被威胁特质的商品，在本文中我们分别称为"领域内提升商品"和"领域外提升商品"。根据对防御性消费的定义和之前的理论综述，消费者只会对他们被威胁的特质产生防御性行为，并且对领域内提升商品产生拒绝和排斥的防御性消费倾向；而对于那些没有被威胁的特质，由于他们没有遭受相应的自我威胁，所以他们并不会对领域外提升商品产生拒绝和排斥的防御性消费行为。而且无论是"领域内提升商品"还是"领域外提升商品"都作为自我成长类型的商品可以很好地控制商品类型的影响。

本实验虚拟了两款商品，对于领域内提升商品，我们通过文字向被试介绍了一期MBA增值课程，课程的内容是"卓越领导力提升"，课程由某重点大学研究个人领导力和组织内地位提升的教授主讲，课程目的是掌握个人领导力的技巧，达成个人在组织内的地位提升。对于领域外提升商品，我们通过文字向被试介绍另外一期MBA增值课程，课程的内容是"高效学习力提升"，课程由某重点大学研究组织内学习和学习效率提升的教授主讲，课程目的是帮助学员掌握如何在组织内尽快从经验中学习，从而促进个人业务能力的成长。在阅读完课程的介绍后，我们告诉被试这两节课会安排在周末的同一时间进行，因此他们只能选择一个参加，我们让被试使用7点量表评价此时他更想参加所选课程的程度：1代表喜欢参加"高效学习力提升"课程的程度远远大于"卓越领导力提升"，4代表对两个课程喜欢参加的程度一样，7代表喜欢参加"卓越领导力提升"课程的程度远远大于"高效学习力提升"。被试的分数越高代表他们越倾向于选择领域内提升商品，具有更高的接纳性消费倾向；分数越低说明他们越不倾向于选择领域内提升商品，具有更高的防御性消费倾向。

四　研究结果

（一）操纵检验

我们首先对地位威胁的操纵进行操纵检验，以地位威胁操纵后被试对自己地位感评价的得分为因变量进行2（地位威胁：实验组、控制组）×2（应对经验：积极经验组、消极经验组）的被试间方差分析。结果发现只有地位威胁的主效应显著，$F(1,139)=19.47$，$p<0.001$，$\eta_p^2=0.12$；地位威胁×控制感的交互作用不显著，$F(1,139)=0.06$，$p=0.807$；应对经验的主效应不显著，$F(1,139)=0.79$，$p=0.377$，这说明对地位威胁的操纵成功，并且并没有对其他实验变量产生干扰。

其次，我们对应对经验的操纵进行操纵检验，以应对经验操纵后被试感觉自己对这种威胁拥有应对经验的程度为因变量进行2（地位威胁：实验组、控制组）×2（应对经验：积极经验组、消极经验组）的被试间方差分析。结果发现只有应对经验的主效应显著，$F(1,139)=11.88$，$p<0.001$，$\eta_p^2=0.08$；自我威胁×控制感的交互作用不显著，$F(1,139)=1.52$，$p=0.219$；自我威胁的主效应不显著，$F(1,139)=1.21$，$p=0.273$，这说明对应对经验的操纵成功，并且并没有对其他实验变量产生干扰。

（二）应对经验对个体消费倾向的影响

以被试的消费倾向为因变量进行2（地位威胁：实验组、控制组）×2（应对经验：积极经验组、消极经验组）的被试间方差分析（描述统计结果见图9-7），结果发现：自我威胁的主效应显著，$F(1,139)=77.53$，$p<0.001$，$\eta_p^2=0.36$；应对经验的主效应显著，$F(1,139)=11.13$，$p<0.001$，$\eta_p^2=0.07$；自我威胁×应对经验的交互作用显著，$F(1,139)=5.65$，$p<0.050$，$\eta_p^2=0.04$。进行简单效应分析发现，在自我威胁条件下，积极应对经验组被试在消费倾向

上的得分（$M=3.22$，$SD=1.27$，$n=36$）显著高于消极应对经验组（$M=2.11$，$SD=1.14$，$n=36$），$F(1,139)=16.44$，$p<0.001$，$\eta_p^2=0.11$；在无自我威胁条件下，积极应对经验组（$M=4.47$，$SD=1.38$，$n=36$）与消极应对经验组（$M=4.29$，$SD=0.75$，$n=35$）被试在消费倾向上的得分差异不显著，$F(1,139)=0.46$，$p=0.500$。这说明在自我威胁条件下，对所受威胁有积极应对经验的消费者比对所受威胁有消极应对经验的消费者更倾向于选择领域内提升商品，即表现出更强的接纳性消费倾向；对所受威胁有消极应对经验的消费者比对所受威胁有积极应对经验的消费者，更不倾向于选择领域内提升商品，即表现出更强的防御性消费倾向。

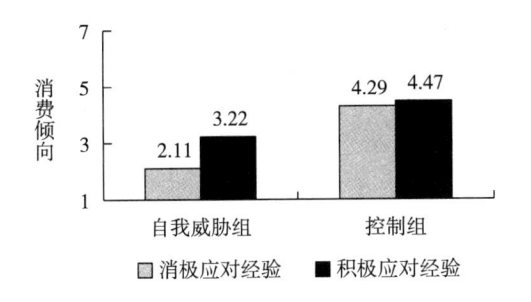

图 9-7　地位威胁×应对经验的消费倾向得分的描述统计

注：本图由笔者绘制。

（三）自我效能感的中介作用

我们首先使用 Hayes（2013）所提出的 Bootstrap 中介效应检验模型（Model 8），分析自我效能感在"自我威胁×应对经验"交互项对消费倾向影响中的中介作用。使用 SPSS 程序，以被试消费倾向得分为因变量 Y，以应对经验为自变量 X（积极应对经验=1，消极应对经验=0），以自我威胁为调节变量 W（实验组=1，控制组=0），以自我效能感为中介变量 M，采用 Bootstrap 方法，进行 5000 次有放回的抽样，95%置信区间（Bias Corrected 算法）的有调节的中介效应分析（各路径系数如图 9-8）。

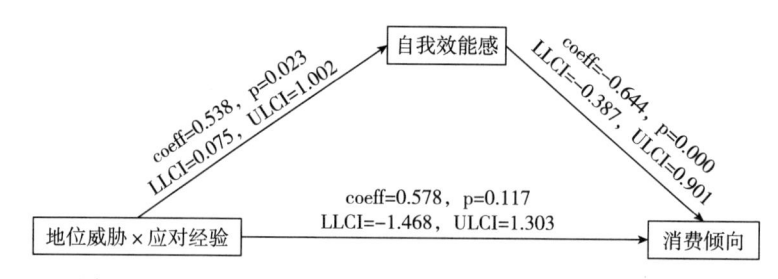

图 9-8　地位威胁 × 应对经验对消费倾向影响的中介效应检验

注：coeff 代表非标准化的路径系数；p 代表显著性水平；LLCI 代表 95% 置信区间的下限，ULCI 代表 95% 置信区间的上限，区间值不包含 0 代表达到 0.05 显著性水平；本图由笔者绘制。

结果发现，自我效能感在"自我威胁 × 应对经验"交互作用对消费倾向的影响中的间接效应显著（Indirect effect = 0.347，LLCI = 0.065，ULCI = 0.735）。进行简单斜率分析发现，在自我威胁条件下，自我效能感在应对经验对消费倾向影响中的中介效应显著（Indirect effect = 0.432，LLCI = 0.193，ULCI = 0.771），在无自我威胁条件下，自我效能感在应对经验对消费倾向影响中的中介效应不显著（Indirect effect = 0.085，LLCI = −0.086，ULCI = 0.280），这说明当消费者对所受威胁有积极应对经验时，比他们对所受威胁有消极应对经验时，具有更高的自我效能感，并提升了他们对宣称能够提升他们被威胁特质商品的偏好，表现出接纳性消费倾向。当消费者对所受威胁有消极应对经验时，比他们对所受威胁有积极应对经验时，具有更低的自我效能感，并降低他们对宣称能够提升他们被威胁特质商品的偏好，表现出防御性消费倾向。

采用上述相同的模型，以被试的防御机制为因变量进行分析（各路径系数如图 9-9），结果发现，自我效能感在"自我威胁 × 应对经验"交互作用对防御机制的影响中的间接效应也显著（Indirect effect = −0.317，LLCI = −0.630，ULCI = −0.097）。进行简单斜率分析发现，在自我威胁条件下，自我效能感在应对经验对防御机制影响中的中介效应显著（Indirect effect = −0.622，LLCI = −1.080，ULCI = −0.165），在无自我威胁条件下，自我效能感在应对经验对防御机制影响中的中介效应不显著（Indirect effect = -0.078，LLCI = -0.275，ULCI = 0.073）。这说明在自我威胁情境下，当消费者对所受威胁有消极应对经验时，比他们对所受威胁有积极应对经验时，具有更低的自我效能感，并更可能采用防御机制。

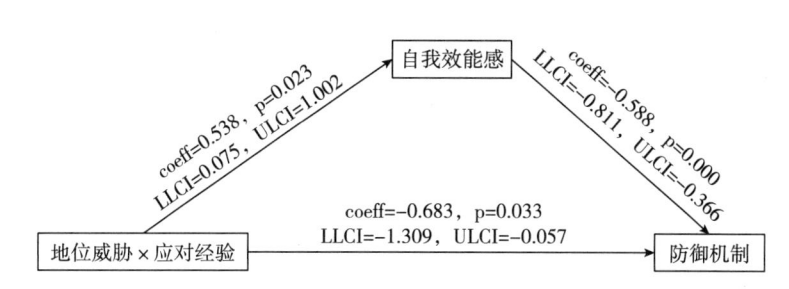

图 9-9 地位威胁×应对经验对防御机制影响的中介效应检验

注：coeff 代表非标准化的路径系数；p 代表显著性水平；LLCI 代表 95% 置信区间的下限，ULCI 代表 95% 置信区间的上限，区间值不包含 0 代表达到 0.05 显著性水平；本图由笔者绘制。

五　实验 8 小结

在实验 8 中我们以地位威胁作为自我威胁的操纵方式发现：在自我威胁情境下，对所受威胁有积极应对经验的消费者比对所受威胁有消极应对经验的消费者具有更高的自我效能感，进而更少地使用防御机制，并且表现出接纳性消费倾向。对所受威胁有消极应对经验的消费者比对所受威胁有积极应对经验的消费者具有更低的自我效能感，进而更多地使用防御机制，并且表现出防御性消费倾向，假设 11 和假设 12 得到了验证。以上发现进一步验证了多种来源的自我威胁和控制感之间的交互作用对消费倾向的影响。

第七节　对研究二的总结与讨论

一　研究二总结

研究二通过四个实验验证了自我威胁情境下控制感对消费者防

御机制以及消费倾向的影响。这四个实验分别从吸引力威胁、智力威胁、社会排斥和地位威胁四个不同的自我威胁的来源对自我威胁进行操纵,结果发现研究结论在以上自我威胁的情境下都是稳定的,即:较高的控制感可以降低自我威胁情境下消费者对防御机制的使用,并提升他们对宣称能够提升被威胁特质商品的接纳性消费倾向;较低的控制感可以提升自我威胁情境下消费者对防御机制的使用,并降低他们对宣称能够提升被威胁特质商品的购买意愿,出现防御性消费倾向。

在控制感的来源上,研究二也从感觉威胁是否可控(威胁的特性)、控制源(消费者的特性)、应对经验和自我效能感(消费者的过往经历)三个角度验证了不同控制感来源的作用。结果发现这些控制感的来源都会对自我威胁情境下消费者的防御机制和消费倾向产生影响。

研究二还验证了自我威胁情境下,防御机制在控制感对消费倾向影响中的中介作用。结果证明了控制感可以通过影响消费者的防御机制的使用影响他们的防御性消费和接纳性消费倾向。在实验 8 中我们还验证了自我威胁情境下,自我效能感在应对经验对消费倾向和防御机制影响中的中介作用。这些发现让我们对自我威胁情境下消费者的控制感、消费倾向和防御机制之间的关系有了更深入的理解。

二 研究二结论与前人研究关系的讨论

在已有研究中,研究者主要关注消费者对一个商品正向的购买意愿和接纳程度。尤其是针对自我威胁的研究,已有研究主要关注在自我威胁后消费者购买能够帮助他解决所受威胁的商品的行为(Kim and Rucker,2012;Kim and Gal,2014)。但是,在现实生活中我们却常常观察到在消费者遭受自我威胁后,不仅不会接纳宣称能帮助他解决被威胁特质的商品或品牌,反而会对这样的商品和品牌产生反感和拒绝的消极态度,甚至会对该品牌产生诋毁和攻击的现象。然而，这样的视角在已有研究中却被忽略了。本书将自我威胁情境下消费者接纳并使用宣称能帮助他解决被威胁特质的商品的行为定义成接纳性消费行为，将排斥和拒绝这种商品的行为定义成防御性消费行为，并且引入防御机制的理论来解释这种现象。有关防御机制的研究，在心理学当中已经成为一个成熟的领域，但是在消费者行为的研究中却相对较少，研究二的理论框架和研究结论可能会为一个新的研究领域的产生提供启发。

第十章

对实证研究的总结与未来研究展望

第一节 对实证研究一和实证研究二之间关系的总结

本书通过第八章和第九章的两个实证研究从共性的研究视角探究了自我威胁对消费者行为影响的问题。下面我们将对这两个实证研究的关系进行总结。

研究一和研究二都探究了自我威胁情境下控制感对消费者行为的影响，但是研究一和研究二分别研究了消费者行为的不同方面。研究一主要关注消费者对不同类型商品的偏好，而研究二主要关注消费者对同一类型商品接纳还是防御的消费倾向。研究一主要探讨遭受自我威胁的消费者面对两种不同类型的商品（自我成长型商品和自我享乐型商品），控制感会如何影响他们对这两者的偏好；研究二主要探讨遭受自我威胁的消费者面对宣称能够提升他们被威胁特质的商品，控制感会让他们更倾向于接纳还是拒绝。从某种程度上说，研究二中"宣称能够帮助消费者提升被威胁特质的商品"与研究一中"自我成长型商品"存在紧密关联，因此，研究二实际上是对研究一的延伸。研究一虽然探究了消费者对自我成长型和自我享乐型两种商品的偏好，但研究一其实隐含着一个重要的价值立场，那就是关注如何引导消费者在自我威胁情境下通过积极健康的消费完成自我成长。在研究二中，我们进一步聚焦于这一价值立场，结果发现即使在消费者只面对宣称能够帮助他们提升被威胁特质的商品时，他们依然可能会拒绝和排斥。然而我们发现提升消费者的控制感会降低他们的这种防御性消费倾向。所以，研究一和研究二的共同点在于都关注了如何让个体面对自我威胁通过消费更好地完成自我成长的问题，并且都验证了控制感的积极作用。

研究一和研究二的不同点在于，研究一关注的是商品本身的功能，研究二更侧重商家的营销策略。对于一个自我成长型的商品，商家既可以客观介绍商品的功能，也可以大肆宣传和鼓吹帮助消费者提升某方面特质的作用。根据实验5的结果发现，如果对方因为控制感缺失而存在防御倾向的时候，后者可能会诱发消费者的防御性消费行为。研究一和研究二的另外一个不同点在于，我们分别使用了不同的理论作为解释机制。研究一主要基于应对方式的理论，检验了问题聚焦应对和情绪聚焦应对的中介作用。研究二主要基于防御机制理论，检验了防御机制的中介作用。引用不同的理论是为了让我们能够在不同的层面更清晰地理解现象，但是并不代表这些理论之间是彼此独立或互斥的，相反这些理论之间却存在着紧密的联系。因此，本书的实证研究在某些程度上为未来研究对这些理论和变量之间关系的探究提供了启发。

第二节　本书实证研究的理论贡献

首先，本书的实证研究丰富了消费者行为学对自我威胁研究的共性视角。研究一和研究二通过8个实验操纵了被试的死亡凸显、智力威胁、吸引力威胁、权力感威胁、地位威胁和社会排斥，结果发现当这些不同来源的自我威胁与控制感交互的情况下会对消费者的商品选择偏好和消费倾向产生一致性的影响。尽管已有的研究发现这些不同类型的威胁会对个体的消费行为产生独特性的影响，然而，正如本研究所发现的那样，这些不同类型的威胁还可能对消费者的行为产生共性影响。在传统的研究文献中，相比从独特性视角展开的研究而言，从共性的视角研究自我威胁对消费者行为影响的文献相对较少。因此，本书的实证研究具有丰富共性视角下消费者行为研究文献的理论贡献。

其次，研究一和研究二分别验证了应对方式理论和防御机制理论在解释自我威胁情境下个体消费行为的作用。以往对自我威胁情境下消费者行为的研究主要是从补偿性消费视角展开的，象征性自我完善理论是补偿性消费的理论基础。象征性自我完善理论认为，当个体感知到自己某些方面存在不足时，会通过购买具有象征意义的商品来进行补偿性消费。然而，本研究通过引入应对方式理论和防御机制理论发现自我威胁情境下的消费者不仅可能会借助商品的象征意义来进行补偿性消费，还可能通过问题聚焦或情绪聚焦的方式来进行应对性消费，同时还可能对宣称能够帮助他们提升被威胁特质的商品产生防御性消费反应。由于理论可以为我们提供看待问题的结构化视角，不同的理论可以为我们提供看待问题的不同视角，新的理论可以为我们提供看待问题的新的视角，因此，对于一个研究领域而言，引入该领域的理论越多，那么看待该领域现象的视角越多元、越全面。在这个意义上，本研究引入应对方式理论和防御机制理论具有扩宽该领域理论视角的价值，并且为后续的实证研究提供了前期的探索。在未来的研究中应对方式理论和防御机制理论将有可能与象征性自我完善理论一同成为该研究领域重要的理论基石。

最后，研究一和研究二通过引入控制感作为边界条件构建了两个自我威胁情境下消费者行为的理论模型。引入控制感作为边界条件的价值在于可以很好地区分和预测个体在面对自我威胁时不同的消费选择。并且研究一和研究二还对不同形式的控制感进行了系统的检验，具体包括：消费者感觉到所受威胁是否可控，消费者面对自我威胁会进行内控归因还是外控归因，以及消费者对所受威胁的应对经验。这两个模型的建立与验证不仅是对相关领域已有研究的深化和延伸，也可以为日后的研究提供理论基础和参照，具有重要的理论价值。

第三节　本书实证研究的实践启示

一　对消费者个人的实践启示

消费者如何通过消费应对所受到的威胁不仅会影响到他们的自我成长，还会影响到他们的心理和生理健康以及财务状况。基于本研究的发现，如果消费者的控制感缺乏，则他们可能进行自我享乐型的消费，这些方式往往并不利于消费者的身心健康。例如，已有研究发现高糖和高热量的食品往往会给个体带来快乐，成为他们自我享乐的重要消费方式，但是这些食品往往是导致个体高血糖、高血压和心脑血管等疾病的诱因，成为消费者身体健康的重要杀手。再例如，酗酒、蹦迪、打游戏、通宵聚会等消费方式也是消费者自我享乐的常见方式，这些方式不仅会对消费者的身体健康造成损害，还会对他们的精神健康产生影响，甚至这些消费还会让消费者陷入财务危机，进而面对更大的压力和自我威胁。除此之外，自我享乐型的消费往往不能解决导致威胁的根源，如果某个自我威胁持续得不到解决的话，就会产生慢性压力，也会对消费者的身心健康产生不良影响。

在研究二中我们还发现，在控制感缺乏的情况下，即使消费者面对能够帮助他们解决威胁的商品，他们也可能采取防御性的姿态，拒绝购买能够帮助他们自我成长的商品。来自心理学的研究发现，防御机制的使用与个体的心理健康甚至是心理病理之间都有紧密的关系。而控制感可以起到降低消费者防御机制的作用，并能提高消费者对自我提升商品的接纳态度，帮助他们更好地应对威胁并完成自我成长。由此可见，提升消费者的控制感，不仅有利于消费者避免不健康的消费方式，还可以帮助消费者更好地完成自我成长。

根据本研究结论，消费者可以通过三个方面来提升自己的控制感。首先，消费者可以尝试改变自己对威胁的看法，任何类型的威胁都不是完全不可控的，面对威胁时可以尝试去思考这些威胁哪些部分是可以受自己控制和改变的，先从自己可控的内容做起，可以逐步恢复控制感。其次，消费者可以尝试改变自己对威胁的内外归因，选择自己可以承担的责任来进行内部归因，并尝试行动起来，恢复自己对事情的主动性。最后，消费者可以通过尝试回忆自己对威胁的积极应对经验，而不是消极应对经验，当把注意力关注到积极应对经验时，个体的自我效能感就会恢复或提升，从而帮助他们进行更积极的应对和消费。

二 对商家和营销者的实践启示

对于商家和营销者而言，首先要了解的是：很多消费者其实是在自我威胁的背景下进行消费决策的，甚至对于某些消费者而言自我威胁往往是他们进行消费的主要诱因。除此之外，自我威胁往往还是商家常用的营销手段之一。但是根据本研究的结果，如果消费者的控制感较低，这种引发消费者自我威胁的营销方式可能会产生相反的效果，消费者可能对采取该营销策略的商品进行排斥和拒绝，甚至会出现攻击和负面口碑。根据本研究的结论，对于销售自我成长型商品的商家，在让消费者体验到自我威胁的同时，需要帮助他们恢复或建立控制感，才能起到更好的营销效果。实践者可以通过广告和宣传告诉消费者他所遭受的威胁是可控和可以改变的，或者通过类似于"你的命运就在你手中"这样的广告词来唤起消费者的内控倾向，或者通过"曾经你战胜过多少挫折?!"的广告语来唤起消费者的积极应对经验。以上方式都可能通过提升消费者的控制感来提升他们自我威胁情境下对自我成长型商品的偏好，并且还可以降低消费者对自我成长型商品的防御倾向。对于销售自我享乐型商品的商家，则需要降低消费者的控制感。例如，通过"生命中有很多事情是你无法控制的，但是你却可以选择你的心情"的广告语来降低消费者对自我威胁的控制感，进而提升对享乐型商品的偏好。

第四节　本书实证研究的局限与未来研究展望

首先，在研究方法上，研究一和研究二主要采用实验法，研究数据主要来自实验，这使得研究一和研究二可以较好地控制无关变量的干扰，提高内部效度。但是，这不可避免地导致了外部效度的降低。由于实验法主要通过操纵变量来测量被试的行为倾向，在研究一和研究二中的自我威胁和控制感是被实验操纵所诱发出来的，这使得本研究的结论更具有情境性，而对于长时间处于自我威胁情境下的消费者，对本研究结论的推广应该慎重。在未来的研究中，我们会采用多种方法结合的方式对上述问题进行补充，例如，通过对消费者日常所受的压力水平和遭遇自我威胁的频率、消费者日常平均的控制感水平以及消费者日常消费结构进行一手数据采集，然后通过建模来分析相对稳定的自我威胁和控制感是否会长时间影响消费者的商品选择偏好和消费倾向。当然，还可以通过质性研究的方法对以上情境下消费者的心理与行为进行更加详细的描述，进而探索出新的理论或新的研究问题。这些方法都可以在某些方面拓展本研究的外部效度。

其次，在本研究中我们对六种不同类型的自我威胁进行了系统的检验，这些自我威胁的来源在已有的文献中都得到过相对丰富的研究，并且本研究对这些变量的操纵基本上都是使用成熟的操纵方法，这在一定程度上保证了本研究的效度。但是理论上来说还有很多值得研究的自我威胁类型没有得到关注。例如，已有的研究还对性别角色威胁、身份认同威胁等威胁形式进行过研究。因此，我们未来的研究将会关注更多类型的自我威胁。除了自我威胁的来源以外,自我威胁的属性也是一个可以探索的方向。例如,自我威胁是在私下的情况下产生的还是在公众的情况下产生的,自我威胁是情境性的还是长期性的,所受威胁的特质是否是消费者比较在乎的,这些变量都可能成为调节自我威胁情境下消费者行为的重要变量,也可以是未来相关课题研究的探索方向。

再次,本研究的被试主要来自大学生和 MBA 学生,这也是目前消费者行为学实验研究中最常使用的被试群体。这一定程度上方便于实验的进行,并且有利于实验的内部效度,但是会忽略群体之间的差异。例如,老年人群体、低收入和低社会经济地位群体、不同文化背景下的群体等。因此,在样本的选择上,未来的研究既可以通过扩充样本的多样性,也可以通过跨文化、跨群体的对比探索出更多的理论模型。

最后,在研究一中我们只研究了消费者对自我成长型和自我享乐型两种类型商品的偏好,但是除了以上两种类型的商品以外,消费者还可能通过对其他类型商品的消费来应对自我威胁。因此,探索消费者在自我威胁的情境下还可能表现出对何种商品的偏好,并把这些偏好整合到一个更加广泛和通用的模型中,可以是未来研究的一个重要方向。在研究二中我们只研究了当消费者面对宣称能够帮助他们提升被威胁特质的商品时的防御性消费和接纳性消费倾向,但是当消费者对这些商品表现出拒绝和排斥的同时,是否会对其他类型的商品也会表现出这种防御性的姿态,或者是否反而提升了他们对其他类型商品的接纳和消费倾向,这些问题都是值得探究的问题,但是在本研究中并未得到充分的回答。在未来研究中,我们会将其作为进一步探索的方向。

参考文献

一 中文参考文献

毕圣、庞隽、吕一林：《压力对怀旧偏好的影响机制》，《营销科学学报》2016年第12卷第1期。

崔宏静、金晓彤、赵太阳、王天新：《自我认同对地位消费行为意愿的双路径影响机制研究》，《管理学报》2016年第13卷第7期。

崔宏静、徐尉、赵太阳、王天新：《自我认同威胁对消费者地位产品选择的影响研究——基于权力距离信念的调节效应和地位需求的中介效应》，《南开管理评论》2018年第21卷第6期。

陈增祥、杨光玉：《哪种品牌拟人化形象更受偏爱——归属需要的调节效应及边界》，《南开管理评论》2017年第20卷第3期。

车文博：《弗洛伊德主义论评》，吉林教育出版社1992年版。

程苏、刘璐、郑涌：《社会排斥的研究范式与理论模型》，《心理科学进展》2011年第19卷第6期。

丁瑛、宫秀双：《社会排斥对产品触觉信息偏好的影响及其作用机制》，《心理学报》2016年第48卷第10期。

高伟娟：《对控制感的心理学理解》，硕士学位论文，吉林大学，2005年。

高晓倩、刘聪、熊建勇：《社会排斥与自我建构对怀旧偏好的影响：自我关注的中介作用》，《辽宁工程技术大学学报》（社会科学版）2019年第21卷第1期。

宫秀双、丁瑛：《营销视角下的社会排斥研究回顾和展望》，《营销科学学报》2016 年第 12 卷第 4 期。

古典、于方静、蒋奖、张玥：《社会排斥类型对拟人化消费的影响》，《中国临床心理学杂志》2019 年第 27 卷第 6 期。

贾彦茹、张守臣、金童林、张璐、赵思琦、李琦：《大学生社会排斥对社交焦虑的影响：负面评价恐惧与人际信任的作用》，《心理科学》2019 年第 42 卷第 3 期。

金晓彤、崔宏静：《新生代农民工社会认同建构与炫耀性消费的悖反性思考》，《社会科学研究》2013 年第 4 期。

金晓彤、赵太阳、崔宏静、徐尉、李广政：《地位感知变化对消费者地位消费行为的影响》，《心理学报》2017 年第 49 卷第 2 期。

雷玉菊、王琳、周宗奎、朱晓伟、窦刚：《社会排斥对关系攻击的影响：自尊及内隐人格观的作用》，《中国临床心理学杂志》2019 年第 27 卷第 3 期。

刘尊礼、余明阳：《内隐自我作用下社会排斥对炫耀性消费的影响》，《工业工程与管理》2016 年第 21 卷第 4 期。

柳武妹、王海忠、陈增祥：《补偿性消费研究回顾与展望》，《外国经济与管理》2014 年第 36 卷第 9 期。

柳武妹、王海忠、何浏：《人之将尽，消费国货？死亡信息的暴露增加国货选择的现象、中介和边界条件解析》，《心理学报》2014 年第 46 卷第 11 期。

柳武妹、王静一、邵建平：《消费者触摸渴望的形成机制解析——基于认知体验视角》，《心理学报》2016 年第 48 卷第 4 期。

陆可心、王旭、李虹：《恐惧管理中死亡焦虑不同防御机制之间的关系》，《心理科学进展》2019 年第 27 卷第 2 期。

陆可心、沈可汗、李虹：《恐惧管理理论中情绪的作用》，《心理科学进展》2017 年第 25 卷第 1 期。

石伟、刘杰：《自我肯定研究述评》，《心理科学进展》2009 年第 17 卷第 6 期。

童璐琼：《权力状态对消费者边界偏好的影响》，《心理学报》2015年第47卷第11期。

王登峰：《罗特心理控制源量表大学生试用常模修订》，《心理学报》1991年第23卷第3期。

王垒、郑英烨、高凡：《青年自我差异与情绪关系的实验研究——自我认知对情绪的启动效应》，《心理发展与教育》1994年第10卷第1期。

汪涛、谢志鹏：《拟人化营销研究综述》，《外国经济与管理》2014年第36卷第1期。

王紫薇、涂平：《寂寞让人如此美丽——社会排斥对女性外表消费的促进作用》，《营销科学学报》2015年第11卷第3期。

翁智刚、张睿婷、宋利贞：《基于恐怖管理理论的灾后消费行为及群体归属感研究》，《中国软科学》2011年第1期。

吴莹皓、蒋晶：《仆人还是伙伴：拟人化品牌角色对社会排斥影响的缓解作用》，《营销科学学报》2018年第14卷第1期。

徐四华、杨钒：《大学生的愤怒情绪在社会排斥与行为冲动性间的中介作用》，《中国心理卫生杂志》2016年第30卷第3期。

于海涛、张雁军、金盛华：《种族内隐理论：回顾与展望》，《心理科学》2014年第37卷3期。

左世江等：《意义维持模型：理论发展与研究挑战》，《心理科学进展》2016年第24卷第1期。

张鼎昆、方俐洛、凌文辁：《自我效能感的理论及研究现状》，《心理学动态》1999年第7卷第1期。

郑晓莹、彭泗清、戴珊姗：《社会比较对炫耀性消费的影响：心理补偿的视角》，《营销科学学报》2014年第10卷第3期。

朱振中、程钧谟、刘福：《消费者独特性需求研究：回顾与展望》，《华东经济管理》2017年第33卷第11期。

周文霞、郭桂萍：《自我效能感：概念、理论和应用》，《中国人民大学学报》2006年第1期。

二 英文参考文献

Adams, G., Tormala, T. T., and O'Brien, L. T., 2006, "The Effect of Self-affirmation on Perceptions of Racism", *Journal of Experimental Social Psychology*, Vol. 42, No. 5.

Allport, G. W., 1937, *Personality: A Psychological Interpretation*, New York: Henry Holt.

Almeida, J. S., 2005, "The Emergence of the ERC" *Science*, Vol. 307, No. 5713.

Amirkhan, J. H., 1990, "A Factor Analytically Derived Measure of Coping: The Coping Strategy Indicator", *Journal of Personality and Social Psychology*, Vol. 59, No. 5.

Anderson, C., and Berdahl, J. L., 2002, "The Experience of Power: Examining the Effects of Power on Approach and Inhibition Tendencies", *Journal of Personality and Social Psychology*, Vol. 83, No. 6.

Anderson, C., John, O. P., and Keltner, D., 2012, "The Personal Sense of Power", *Journal of Personality*, Vol. 80, No. 2.

Angle, J. W., 2012, *A Unified Theory of Consumer Response to Self-Concept Threat*, University of WashingtonPress.

April, K. A., Dharani, B., and Kai, P., 2006, "Impact of Locus of Control Expectancy on Level of Well-Being", *Review of European Studies*, Vol. 4, No. 2.

Argo, J. J., White, K., and Dahl, D. W., 2006, "Social Comparison Theory and Deception in the Interpersonal Exchange of Consumption Information", *Journal of Consumer Research*, Vol. 33, No. 1, 2006.

Armitage, C. J., Harris, P. R., Hepton, G, and Napper, L., 2008, "Self-affirmation Increase Acceptance of Health-risk Information among UK Adult Smokers with Low Socioeconomic Status", *Psychology of Addictive Behaviors*, Vol. 22, No. 1.

Arndt, J., Greenberg, J, and Cook, A., 2002, "Mortality Salience and the Spreading Activation of Worldview – relevant Constructs: Exploring the Cognitive Architecture of Terror Management", *Journal of Experimental Psychology General*, Vol. 131, No. 3.

Arndt, J., Greenberg, J., and Simon, L., 1998, "Terror Management and Self – Awareness: Evidence that Mortality Salience Provokes Avoidance of the Self – Focused State", *Personality and Social Psychology Bulletin*, Vol. 24, No. 11.

Arndt, J., Greenberg, J., Solomon, S., Pyszczynski, T., and Simon, L, 1997, "Suppression, Accessibility of Death – related Thoughts, and Cultural Worldview Defense: Exploring the Psychodynamics of Terror Management", *Journal of Personality and Social Psychology*, Vol. 73, No. 1.

Arndt, J., Schimel, J., and Goldenberg, J. L., 2003, "Death Can Be Good for Your Health: Fitness Intentions as a Proximal and Distal Defense Against Mortality Salience", *Journal of Applied Social Psychology*, Vol. 33, No. 8.

Arndt, J., Solomon, S., Kasser, T., and Sheldon, K. M., 2004, "The Urge to Splurge: A Terror Management Account of Materialism and Consumer Behavior", *Journal of Consumer Psychology*, Vol. 14, No. 3.

Atalay, A. S., and Meloy, M. G., 2011, "Retail Therapy: A Strategic Effort to Improve Mood", *Psychology andMarketing*, Vol. 28, No. 6.

Banerjee, A. V., and Duflo, E., 2007, "The Economic Lives of the Poor", *Journal of Economic Perspectives*, Vol. 21, No. 1.

Bandura, A., 1995, *Self – efficacy in Changing Societies*, Cambridge university press.

Barkow, J. H., 1989, *Darwin, Sex, and Status: Biological Approaches to Mind and Culture*, University of Toronto Press.

Baumeister, R. F., Brewer, L. E., Tice, D. M., and Twenge, J. M.,

2007, "Thwarting the Need to Belong: Understanding the Interpersonal and Inner Effects of Social Exclusion", *Social and Personality Psychology Compass*, Vol. 1, No. 1.

Baumeister, R. F., Dale, K., and Sommer, K. L., 1998, "Freudian Defense Mechanisms and Empirical Findings in Modern Social Psychology: Reaction Formation, Projection, Displacement, Undoing, Isolation, Sublimation, and Denial", *Journal of Personality*, Vol. 66, No. 6.

Baumeister, R. F., Dewall, C. N., Ciarocco, N. J., and Twenge, J. M., 2005, "Social Exclusion Impairs Self – Regulation", *Journal of Personality and Social Psychology*, Vol. 88, No. 4.

Baumeister, R. F., Heatherton, T. F., and Tice, D. M., 1993, "When Ego Threats Lead to Self – regulation Failure: Negative Consequences of High Self – esteem", *Journal of Personality and Social Psychology*, Vol. 64, No. 1.

Baumeister, R. F., and Leary, M. R., 1995, "The Need to Belong: Desire for Interpersonal Attachments as a Fundamental Human Motivation", *Psychological Bulletin*, Vol. 117, No. 3.

Becker, G. S., and Lewis, H. G., 1973, "On the Interaction between the Quantity and Quality of Children", *Journal of political Economy*, Vol. 81 No. 2.

Belk, R. W., 1988, "Possessions and the Extended Self", *Journal of Consumer Research*, Vol. 15, No. 2.

Ben – Artzi, E., and Hamburger, Y. A., 2001, "Private Self – consciousness Subscales: Correlates with Neuroticism, Extraversion, and Self – discrepancy", *Imagination, Cognition and Personality*, Vol. 21, No. 1.

Bernstein, M. J., Sacco, D. F., Young, S. G., Hugenberg, K., and Cook, E., 2010, "Being 'in' with the in – Crowd: The Effects of Social Exclusion and Inclusion are Enhanced by the Perceived Essentialism of Ingroups and Outgroups", *Personality and Social Psychology Bulletin*, Vol. 36, No. 8.

Blackhart, G. C., Nelson, B. C., Knowles, M. L., and Baumeister, R. F., 2009, "Rejection Elicits Emotional Reactions but Neither Causes Immediate Distress nor Lowers Self-Esteem: A Meta-Analytic Review of 192 Studies on Social Exclusion", *Personality and Social Psychology Review*, Vol. 13, No. 4.

Blair, S., Roese, N. J., 2012, "Balancing the Basket: The Role of Shopping Basket Composition in Embarrassment", *Journal of Consumer Research*, Vol. 40, No. 4.

Bolger, N., and Zuckerman, A., 1995, "A Framework for Studying Personality in the Stress Process", *Journal of Personality and Social Psychology*, Vol. 69, No. 5.

Braun, O. L., and Wicklund, R. A., 1989, "Psychological Antecedents of Conspicuous Consumption", *Journal of Economic Psychology*, Vol. 10, No. 2.

Brewer, M. B., Hong, Y. Y., and Li, Q., 2004, "Dynamic Entitativity: Perceiving Groups as Actors", In V. Yzerbyt, C. M. Judd, and O. Corneille (Eds.), *The Psychology of Group Perception: Perceived variability, entitativity, and essentialism*, Psychology Press.

Brown, S., Sherry Jr, J. F., and Kozinets, R. V., 2003, "Teaching Old Brands New Tricks: Retro Branding and the Revival of Brand Meaning", *Journal of Marketing*, Vol. 67, No. 3.

Brick, D. J., and Fitzsimons, G. J., 2017, "Oppositional Brand Choice: Using Brands to Respond to Relationship Frustration", *Journal of Consumer Psychology*, Vol. 27, No. 2.

Brim, O. G., 1974, "The Sense of Personal Control over One's Life", paper delivered to 82nd Annual Convention of the American Psychological Association, New Orleans, LA.

Buckley, K. E., Winkel, R. E., and Leary, M. R., 2004, "Reactions to Acceptance and Rejection: Effects of Level and Sequence of Relational Evaluation", *Journal of Experimental Social Psychology*, Vol. 40, No. 1.

Burger, J. M., 1989, "Negative Reactions to Increases in Perceived Personal Control", *Journal of Personality and Social Psychology*, Vol. 56, No. 2.

Burger, J. M., and Arkin, R. M., 1980, "Prediction, Control, and Learned Helplessness", *Journal of Personality and Social Psychology*, Vol. 38, No. 3.

Burger, J. M., and Cooper, H. M., 1979, "The Desirability of Control", *Motivation and Emotion*, Vol. 3, No. 4.

Cai, F., and Wyer, R. S., 2015, "The Impact of Mortality Salience on the Relative Effectiveness of Donation Appeals", *Journal of Consumer Psychology*, Vol. 25, No. 1.

Campbell, W. K., and Sedikides, C., 1999, "Self–threat Magnifies the Self–serving Bias: A Meta–analytic Integration", *Review of General Psychology*, Vol. 3, No. 1.

Carney, D. R., Cuddy, A. J. C., and Yap, A. J., 2010, "Power Posing: Brief Nonverbal Displays Affect Neuroendocrine Levels and Risk Tolerance", *Psychological Science*, Vol. 21, No. 10.

Cassidy, J., 1988, "Child–mother Attachment and the Self in Six–year–olds", *Child Development*, Vol. 59, No. 1.

Castano, E., Yzerbyt, V., Paladino, M. P., and Sacchi, S., 2002, "I Belong, therefore, I Exist: Ingroup Identification, Ingroup Entitativity, and Ingroup Bias", *Personality and Social Psychology Bulletin*, Vol. 28, No. 2.

Castano, E., 2004, "In Case of Death, Cling to the Ingroup", *European Journal of Social Psychology*, Vol. 34, No. 4.

Castano, E., and Dechesne, M., 2005, "On Defeating Death: Group Reification and Social Identification as Immortality Strategies", *European Review of Social Psychology, Vol. 16, No. 1.

Carver, C. S., Scheier, M. F., and Weintraub, J. K., 1989, "Assessing Coping Strategies: A Theoretically Based Approach", *Journal of Personality and Social Psychology*, Vol. 56, No. 2.

Chae, B. G., Dahl, D. W., and Zhu, R. J., 2017, ""Our" Brand's Failure Leads to "Their" Product Derogation", *Journal of Consumer Psychology*, Vol. 27, No. 4.

Chang, C. C., 2008, "Choice, Perceived Control, and Customer Satisfaction: The Psychology of Online Service Recovery", *Cyber Psychology and Behavior Assessing Coping Strategies: A Theoretically Based Approach*, Vol. 11, No. 3.

Chen, C. Y., Lee, L., and Yap, A. J., 2017a, "Control Deprivation Motivates Acquisition of Utilitarian Products", *Journal of Consumer Research*, Vol. 43, No. 6.

Chen, S., Langner, C. A., and Mendoza-Denton, R., 2009, "When Dispositional and Role Power Fit: Implications for Self-expression and Self-other Congruence", *Journal of Personality and Social Psychology*, Vol. 96, No. 3.

Chen, S., Lee-Chai, A. Y., and Bargh, J. A., 2001, "Relationship Orientation as a Moderator of the Effects of Social Power", *Journal of Personality and Social Psychology*, Vol. 80, No. 2.

Chen, R. P., Wan, E. W., and Levy, E., 2017b, "The Effect of Social Exclusion on Consumer Preference for Anthropomorphized Brands", *Journal of Consumer Psychology*, Vol. 27, No. 1.

Cheung, S. K., 1997, "Self-discrepancy and Depressive Experiences among Chinese Early Adolescents: Significance of Identity and the Undesired Self", *International Journal of Psychology*, Vol. 32, No. 5.

Chow, R. M., Tiedens, L. Z., and Govan, C. L., 2008, "Excluded Emotions: The Role of Anger in Antisocial Responses to Ostracism",

Journal of Experimental Social Psychology, Vol. 44, No. 3.

Cohen, J. I., 1991, "Epstein – Barr Virus Lymphoproliferative Disease Associated with Acquired Immunodeficiency", *Medicine*, Vol. 70, No. 2.

Cohen, J., 1993, "Jitters jeopardize AIDS vaccine trials", *Science*, Vol. 262, No. 5136.

Cohen, G. L., Garcia, J., Apfel, N., and Master, A., 2006, "Reducing the Racial Achievement Gap: A Social – psychological Intervention", *Science*, Vol. 313, No. 5791.

Conte, H. R., Weiner, M. B., and Plutchik, R., 1982, "Measuring Death Anxiety: Conceptual, Psychometric, and Factor – analytic Aspects", *Journal of Personality and Social Psychology*, Vol. 43, No. 4.

Copeland, J. T., 1994, "Prophecies of Power: Motivational Implications of Social Power for Nehavioral Confirmation", *Journal of Personality and Social Psychology*, Vol. 67, No. 2.

Cornil, Y., and Chandon, P., 2013, "From fan to fat? Vicarious losing increases unhealthy eating, but self – affirmation is an effective remedy", *Psychological Science*, Vol. 24, No. 10.

Cozzolino, P. J., Staples, A. D., Meyers, L. S., and Samboceti, J., 2004, "Greed, Death, and Values: From Terror Management to Transcendence Management Theory", *Personality and Social Psychology Bulletin*, Vol. 30, No. 3.

Cramer, P., 1987, "The Development of Defense Mechanisms", *Journal of Personality*, Vol. 55, No. 4.

Cramer, P., 1998, "Coping and Defense Mechanisms: What's the Difference?", *Journal of Personality*, Vol. 66, No. 6.

Cramer, P., 2000, "Defense Mechanisms in Psychology Today: Further Processes for Adaptation", *American Psychologist*, Vol. 55, No. 6.

Cramer, P., 2012, *The Development of Defense Mechanisms: Theory, Re-*

search, *and Assessment*, Springer Science and Business Media.

Critcher, C. R., Dunning, D., and Armor, D. A., 2010, "When Self-affirmations Reduce Defensiveness: Timing is Key", *Personality and Social Psychology Bulletin*, Vol. 36, No. 7.

Crocker, J., Voelkl, K., Testa, M., and Major, B., 1991, "Social Stigma: The Affective Consequences of Attributional Ambiguity", *Journal of Personality and Social Psychology*, Vol. 60, No. 2.

Cui, G., Bao, W., and Chan, T., 2009, "Consumers' Adoption of New Technology Products: The Role of Coping Strategies", *Journal of Consumer Marketing*, Vol. 26, No. 2.

Cutright, K. M., 2012, "The Beauty of Boundaries: When and Why We Seek Structure in Consumption" *Journal of Consumer Research*, Vol. 38, No. 5.

Cutright, K. M., Bettman., and Fitzsimons, G. J., 2013, "Putting Brands in Their Place: How a Lack of Control Keeps Brands Contained", *Journal of Marketing Research*, Vol. 50, No. 3.

Cutright, K. M., and Samper, A., 2014, "Doing It the Hard Way: How Low Control Drives Preferences for High-Effort Products and Services", *Journal of Consumer Research*, Vol. 41, No. 3.

Cutright, K. M., Wu, E. C., Banfield, J. C., Kay, A. C., and Fitzsimons, G. J., 2011, "When Your World Must Be Defended: Choosing Products to Justify the System", *Journal of Consumer Research*, Vol. 38, No. 1.

D'Ailly, H., 2003, "Children's Autonomy and Perceived Control in Learning: A Model of Motivation and Achievement in Taiwan", *Journal of Educational Psychology*, Vol. 95, No. 1.

Dalton, A. N., 2008, *Look on the Bright side: Self-expressive Consumption and Consumer Self-worth*, Ph. D. Duke University.

Dalton, A. N., and Huang, L., 2014, "Motivated Forgetting in Response to Social Identity Threat", *Journal of Consumer Research*, Vol. 40, No. 6.

Davidson, K., and MacGregor, M. W., 1998, "A Critical Appraisal of Self-report Defense Mechanisms Measures", *Journal of Personality*, Vol. 66, No. 6.

DeWall, C. N., and Baumeister, R. F., 2006, "Alone But Feeling No Pain: Effects of Social Exclusion on Physical Pain Tolerance and Pain Threshold, Affective Forecasting, and Interpersonal Empathy", *Journal of Personality and Social Psychology*, Vol. 91, No. 1.

DeWall, C. N., Baumeister, R. F., Stillman, T. F., and Gailliot, M. T., 2007, "Violence Restrained: Effects of Self-Regulation and Its Depletion on Aggression", *Journal of Experimental Social Psychology*, Vol. 43, No. 1.

DeWall, C. N., Twenge, J. M., Gitter, S. A., and Baumeister, R. F., 2009, "It's the Thought That Counts: The Role of Hostile Cognition in Shaping Aggressive Responses to Social Exclusion", *Journal of Personality and Social Psychology*, Vol. 96, No. 1.

Dickerson, S. S., and Kemeny, M. E., 2004, "Acute Stressors and Cortisol Responses: A Theoretical Integration and Synthesis of Laboratory Research", *Psychological Bulletin*, Vol. 130, No. 3.

Dimofte, C. V., Goodstein, R. C., and Brumbaugh, A. M., 2015, "A Social Identity Perspective on Aspirational Advertising: Implicit Threats to Collective Self-esteem and Strategies to Overcome Them", *Journal of Consumer Psychology*, Vol. 25, No. 3.

Ditto, P. H., and Lopez, D. F., 1992, "Motivated Skepticism: Use of Differential Decision Criteria for Preferred and Nonpreferred Conclusions", *Journal of Personality and Social Psychology*, Vol. 63, No. 4.

Dixon, J. C., and Street, J. W., 1975, "The Distinction between Self and Not-self in Children and Adolescents", *Journal of Genetic Psychology, Vol. 127, No. 2d Half.

Dodgson, P. G., and Wood, J. V., 1998, "Self-esteem and the Cognitive Accessibility of Strengths and Weaknesses after Failure", *Journal of Personality and Social Psychology*, Vol. 75, No. 1.

Dommer, S. L., and Swaminathan, V., 2013, "Explaining the Endowment Effect through Ownership: The Role of Identity, Gender, and Self-Threat", *Journal of Consumer Research*, Vol. 39, No. 5.

Dommer, S. L., Swaminathan, V., and Ahluwalia, R., 2013, "Using Differentiated Brands to Deflect Exclusion and Protect Inclusion: The Moderating Role of Self-Esteem on Attachment to Differentiated Brands", *Journal of Consumer Research*, Vol. 40, No. 4.

Dubois, D., Rucker, D. D., and Galinsky, A. D., 2010, "The Accentuation Bias: Money Literally Looms Larger (and Sometimes Smaller) to the Powerless", *Social Psychological and Personality Science*, Vol. 1, No. 3.

Dubois, D., Rucker, D. D., and Galinsky, A. D., 2012, "Super Size Me: Product Size as a Signal of Status", *Journal of Consumer Research*, Vol. 38, No. 6.

Dubois. D., Rucker, D. D., and Galinsky, A. D., 2016, "Dynamics of Communicator and Audience Power: The Persuasiveness of Competence versus Warmth", *Journal of Consumer Research*, Vol. 43, No. 1.

Duclos, R., Wan, E. W., and Jiang, Y., 2013, "Show Me the Honey! Effects of Social Exclusion on Financial Risk-taking", *Journal of Consumer Research*, Vol. 40, No. 1.

Duhachek, A., 2005, "Coping: A Multidimensional, Hierarchical Framework of Responses to Stressful Consumption Episodes", *Journal of Consumer Research*, Vol. 32, No. 1.

Duhachek, A., Agrawal, N., and Han, D., 2012, "Guilt Versus Shame: Coping, Fluency, and Framing in the Effectiveness of Responsible Drinking Messages", *Journal of Marketing Research*, Vol. 49, No. 49.

Duhachek, A., and Iacobucci, D., 2005, "Consumer Personality and Coping: Testing Rival Theories of Process", *Journal of Consumer Psychology*, Vol. 15, No. 1.

Durante, K. M., and Laran, J., 2016, "The Effect of Stress on Consumer Saving and Spending", *Journal of Marketing Research*, Vol. 53, No. 5.

Endler, N. S., and Parker, J. D., 1990, "Multidimensional Assessment of Coping: A Critical Evaluation", *Journal of Personality and Social Psychology*, Vol. 58, No. 5.

Faraji-Rad, A., Melumad, S., and Johar, G. V., 2017, "Consumer Desire for Control as a Barrier to New Product Adoption", *Journal of Consumer Psychology*, Vol. 27, No. 3.

Ferraro, R., Shiv, B., and Bettman, J. R., 2005, "Let Us Eat and Drink, for Tomorrow We Shall Die: Effects of Mortality Salience and Self-Esteem on Self-Regulation in Consumer Choice", *Journal of Consumer Research*, Vol. 32, No. 1.

Florian, V., Mikulincer, M., and Hirschberger, G., 2002, "The Anxiety-Buffering Function of Close Relationships: Evidence that Relationship Commitment Acts as a Terror Management Mechanism", *Journal of Personality and Social Psychology*, Vol. 82, No. 4.

Folkman, S., 1984, "Personal Control and Stress and Coping Processes: A Theoretical Analysis", *Journal of Personality and Social Psychology*, Vol. 46, No. 4.

Fox, K. R., and Corbin, C. B., 1989, "The Physical Self-Perception Profile: Development and Preliminary Validation", *Journal of Sport and Exercise Psychology*, Vol. 11, No. 4.

Fransen, M. L., Smeesters, D., and Fennis, B. M., 2011, "The Role of Social Presence in Mortality Salience Effects", *Journal of Business Research*, Vol. 64, No. 1.

Frazier, P., Keenan, N., Anders, S., and Perera, S., 2011, "Perceived Past, Present, and Future Control and Adjustment to Stressful Life Events", *Journal of Personality and Social Psychology*, Vol. 100, No. 4.

Fredrickson, B. L., 2001, "The Role of Positive Emotions in Positive Psychology: The Broaden – and – Build Theory of Positive Emotions", *American Psychologist*, Vol. 56, No. 3.

Freud, A., 1936, *The Ego and the Mechanisms of Defense*, New York, NY: International Universities Press.

Friedman, M., and Rholes, W. S., 2009, "Religious Fundamentalism and Terror Management: Differences by Interdependent and Independent Self – construal", *Self and Identity*, Vol. 8, No. 1.

Friese, M., and Hofmann, W., 2008, "What Would You Have as a Last supper? Thoughts about Death Influence Evaluation and Consumption of Food Products", *Journal of Experimental Social Psychology*, Vol. 44, No. 5.

Gailliot, M. T., Schmeichel, B. J., and Baumeister, R. Y., 2006, "Self – regulatory Processes Defend against the Threat of Death: Effects of Self – control Depletion and Trait Self – control on Thoughts and Fears of Dying", *Journal of Personality and Social Psychology*, Vol. 91, No. 1.

Galinsky, A. D., Gruenfeld, D. H., and Magee, J. C., 2003, "From Power to Action", *Journal of Personality and Social Psychology*, Vol. 85, No. 3.

Galinsky, A. D., Magee, J. C., Gruenfeld, D. H., Whitson, J. A., and Liljenquist, K. A., 2008, "Power Reduces the Press of the Situation: Implications for Creativity, Conformity, and Dissonance",

Journal of Personality and Social Psychology, Vol. 95, No. 6.

Galinsky, A. D., Rucker, D. D., and Magee, J. C., 2015, "Power: Past Findings, Present Considerations, and Future Directions", In M. M. J. Simpson (assoc. ed.) and P. Shaver (ed.), *APA Handbook of Personality and Social Psychology*, *Vol.* 3, Washington, DC: American Psychological Association.

Gao, L., Wheeler, S. C., and Shiv, B., 2009, "The "Shaken Self": Product Choices as a Means of Restoring Self – View Confidence", *Journal of Consumer Research*, Vol. 36, No. 1.

Gest, S. D., Graham – Bermann, S. A., and Hartup, W. W., 2001, "Peer Experience: Common and Unique Features of Number of Friendships, Social Network Centrality, and Sociometric Status", *Social Development*, Vol. 10, No. 1.

Gilman, R., and Anderman, E. M., 2006, "The Relationship between Relative Levels of Motivation and Intrapersonal, Interpersonal, and Academic Functioning among Older Adolescents", *Journal of School Psychology*, Vol. 44, No. 5.

Goldenberg, J. L., Mccoy, S. K., Pyszczynski, T., Greenberg, J., and Solomon, S., 2000, "The body as a Source of Self – esteem: The effect of Mortality Salience on Identification with One's Body, Interest in Sex, and Appearance Monitoring", *Journal of Personality and Social Psychology*, Vol. 79, No. 1.

Greenberg, J., and Pyszczynski, T., 1985, "Compensatory self – inflation: A Response to the Threat to Self – regard of Public Failure", *Journal of Personality and Social Psychology*, Vol. 49, No. 1.

Greenberg, J., Pyszczynski, T., and Solomon, S., 1986, *The Causes and Consequences of a Need for Self – esteem: A Terror Management Theory*, New York: Springer.

Greenberg, J., Pyszczynski, T., Solomon, S., Pinel, E., Simon, L., and Jordan, K., 1993, "Effects of Self - esteem on Vulnerability - denying Defensive Distortions: Further Evidence of an Anxiety - buffering Function of Self - esteem", *Journal of Experimental Social Psychology*, Vol. 29, No. 3.

Greenberg, J., Pyszczynski, T., Solomon, S., Simon, L., and Breus, M., 1994, "Role of Consciousness and Accessibility of Death - related Thoughts in Mortality Salience Effects", *Journal of Personality and Social Psychology*, Vol. 67, No. 4.

Greenberg, J., Solomon, S., Pyszczynski, T., Rosenblatt, A., Burling, J., Lyon, D., and Pinel, E., 1992a, "Why do People Need Self - esteem? Converging Evidence that Self - esteem Serves an Anxiety - buffering Function", *Journal of Personality and Social Psychology*, Vol. 63, No. 6.

Groesz, L. M., Levine, M. P., and Murnen, S. K., 2002, "The Effect of Experimental Presentation of Thin Media Images on Body Satisfaction: A Meta - analytic Review", *International Journal of Eating Disorders*, Vol. 31, No. 1.

Hamerman, E. J., and Johar, G. V., 2013, "Conditioned Superstition: Desire for Control and Consumer Brand Preferences", *Journal of Consumer Research*, Vol. 40, No. 3.

Han, D. H., Duhachek, A., and Agrawal, N., 2015a, "Coping Research in the Broader Perspective: Emotions, Threats, Mindsets and More", In M. I. Norton, D. D. Rucker, and C. Lamberton (Eds.), *The Cambridge Handbook of Consumer Psychology*, Cambridge University Press.

Han, D. H., Duhachek, A., and Rucker, D. D., 2015b, "Distinct Threats, Common Remedies: How Consumers Cope with Psychological Threat", *Journal of Consumer Psychology*, Vol. 25, No. 4.

Hansen, J., Winzeler, S., and Topolinski, S., 2010, "When the Death

Makes You Smoke: A Terror Management Perspective on the Effectiveness of Cigarette On – pack Warnings", *Journal of Experimental Social Psychology*, Vol. 46, No. 1.

Harris, P. R., and Napper, L., 2005, "Self – affirmation and the Biased Processing of Threatening Health – risk Information", *Personality and Social Psychology Bulletin*, Vol. 31, No. 9.

Harter, S., 2001, *The Construction of the Self: A Developmental Perspective*, New York: Guilford Press.

Hayes, A. F., 2013, *Introduction to Mediation, Moderation, and Conditional Process Analysis: A Regression – Based Approach*, New York, NY: The Guilford Press.

Hayes, J., Schimel, J., Arndt, J., and Faucher, E. H., 2010, "A Theoretical and Empirical Review of the Death – thought Accessibility Concept in Terror Management Research", *Psychological Bulletin*, Vol. 136, No. 5.

Heatherton, T. F., and Baumeister, R. F., 1991, "Binge Eating as Escape from Self – awareness", *Psychological Bulletin*, Vol. 110, No. 1.

Heckhausen, J., and Schulz, R., 1995, "A Life – span Theory of Control", *Psychological Review*, Vol. 102, No. 2.

Heerdink, M. W., van Kleef, G. A., Homan, A. C., and Fischer, A. H., 2015, "Emotional Expressions as Social Signals of Rejection and Acceptance: Evidence from the Affect Misattribution Paradigm", *Journal of Experimental Social Psychology*, Vol. 56, No. 1.

Heine, S. J., Proulx, T., and Vohs, K. D., 2006, "The Meaning Maintenance Model: on the Coherence of Social Motivations", *Personality and Social Psychology Review*, Vol. 10, No. 2.

Herzenstein, M., Horsky, S., and Posavac, S. S., 2015, "Living with Terrorism or Withdrawing in Terror: Perceived Control and Consumer Avoidance", *Journal of Consumer Behaviour*, Vol. 14, No. 4.

Higgins, E. T., 1987, "Self-discrepancy: A Theory Relating Self and Affect", *Psychological Review*, Vol. 94, No. 3.

Hoegg, J. A., Scott, M. L., Morales, A. C., and Dahl, D., 2014, "The Flip side of Vanity Sizing: How Consumers Respond to and Compensate for Larger than Expected Clothing Sizes", *Journal of Consumer Psychology*, Vol. 24, No. 1.

Hofmann, S. G., 2005, "Perception of Control over Anxiety Mediates the Relation between Catastrophic Thinking and Social Anxiety in Social Phobia", *Behaviour Research and Therapy*, Vol. 43, No. 7.

Hokanson, J. E., Burgess, M., and Cohen, M. F., 1963, "Effect of Displaced Aggression on Systolic Blood Pressure", *The Journal of Abnormal and Social Psychology*, Vol. 67, No. 3.

Holmes, T. H., and Rahe, R. H., 1967, "The Social Readjustment Rating Scale", *Journal of Psychosomatic Research*, Vol. 11, No. 2.

Hu, M., Qiu, P., Wan, F., and Stillman, T., 2018, "Love or Hate, Depends on Who's Saying It: How Legitimacy of Brand Rejection Alters Brand Preferences", *Journal of Business Research*, Vol. 90.

Huang, X., Huang, Z., and Wyer, R. S., 2017, "The Influence of Social Crowding on Brand Attachment", *Journal of Consumer Research*, Vol. 44, No. 5.

Hui, M. K., and Bateson, J. E. G., 1991, "Perceived Control and the Effects of Crowding and Consumer Choice on the Service Experience", *Journal of Consumer Research*, Vol. 18, No. 2.

Inesi, M. E., Botti, S., Dubois, D., Rucker, D. D., and Galinsky, A. D., 2011, "Power and Choice: Their Dynamic Interplay in Quenching the Thirst for Personal Control", *Psychological Science*, Vol. 22.

Infurna, F. J., Gerstorf, D., Ram, N., Schupp, J., and Wagner, G. G., 2011, "Long-Term Antecedents and Outcomes of Perceived

Control", *Psychology and Aging*, Vol. 26, No. 3.

Ivanic, A. S., Overbeck, J. R., and Nunes, J. C., 2011, "Status, Race, and Money: The Impact of Racial Hierarchy on Willingness to Pay", *Psychological Science*, Vol. 22, No. 12.

Jackson, B. R., and Bergeman, C. S., 2011, "How does Religiosity Enhance Well – being? The Role of Perceived Control", *Psychology of Religion and Spirituality*, Vol. 3, No. 2.

Jacobs – Lawson, J. M., Waddell, E. L., and Webb, A. K., 2011, "Predictors of Health Locus of Control in Older Adults", *Current Psychology*, Vol. 30, No. 2.

Jiang, Y., Zhan, L., and Rucker, D. D., 2014, "Power and Action Orientation: Power as a Catalyst for Consumer Switching Behavior", *Journal of Consumer Research*, Vol. 41, No. 1.

Jin, L., He, Y., and Zhang, Y., 2014, "How Power States Influence Consumers' Perceptions of Price Unfairness", *Journal of Consumer Research*, Vol. 40, No. 5.

Jonas, E., Schimel, J., Greenberg, J., and Pyszczynski, T., 2002, "The Scrooge effect: Evidence that Mortality Salience Increases Prosocial Attitudes and Behavior", *Personality and Social Psychology Bulletin*, Vol. 28, No. 10.

Jonas, E., Sullivan, D., and Greenberg, J., 2013, "Generosity, Greed, Norms, and Death – Differential Effects of Mortality Salience on Charitable Behavior", *Journal of Economic Psychology*, Vol. 35.

Jordan, A. H., and Monin, B., 2008, "From Sucker to Saint: Moralization in Response to Self – threat", *Psychological Science*, Vol. 19, No. 8.

Kammeyer – Mueller, J. D., Judge, T. A., and Scott, B. A., 2009, "The Role of Core Self – evaluations in the Coping Process", *Journal of Applied Psychology*, Vol. 94, No. 1.

Kammrath, L. K., and Dweck, C., 2016, "Voicing Conflict: Preferred Conflict Strategies Among Incremental and Entity Theorists", *Personality and Social Psychology Bulletin*, Vol. 32, No. 11.

Kates, D. B., and Varzos, N., 1987, "Aspects of the Priapic Theory of Gun Ownership", paper delivered to Popular Culture Association Meeting, Montreal, Quebec, Canada

Kaus, W., 2013, "Conspicuous Consumption and "Race": Evidence from South Africa", *Journal of Development Economics*, Vol. 100, No. 1.

Kay, A. C., Gaucher, D., Mcgregor, I, and Nash, K., 2010a, "Religious Belief as Compensatory Control", *Personality and Social Psychology Review*, Vol. 14, No. 1.

Kay, A. C., Gaucher, D., Napier, J. L., Callan, M. J., and Laurin, K., 2008, "God and the Government: Testing a Compensatory Control Mechanism for the Support of External Systems", *Journal of Personality and Social Psychology*, Vol. 95, No. 1.

Kay, A. C., Moscovitch, D. A., and Laurin K., 2010b, "Randomness, Attributions of Arousal, and Belief in God", *Psychological Science*, Vol. 21, No. 2.

Kay, A. C., Shepherd, S., Blatz C W, Sook N. C., and Galinsky, A. D., 2010c, "For God (or) Country: The Hydraulic Relation between Government Instability and Belief in Religious Sources of Control", *Journal of Personality and Social Psychology*, Vol. 99, No. 5.

Kay, A. C., Whitson, J. A., Gaucher, D., and Galinsky, A. D. 2010d, "Compensatory Control: Achieving Order Through the Mind, Our Institutions, and the Heavens", *Current Directions in Psychological Science*, Vol. 18, No. 5.

Keller, P. A., Lipkus, I. M., and Rimer, B. K., 2002, "Depressive Realism and Health Risk Accuracy: The Negative Consequences of

Positive Mood", *Journal of Consumer Research*, Vol. 29, No. 1.

Kernis, M. H., Cornell, D. P., Sun, C. R., Berry, A., and Harlow, T., 1993, "There's More to Self–esteem than Whether It is High or Low: The Importance of Stability of Self–esteem", *Journal of Personality and Social Psychology*, Vol. 65, No. 6.

Kim, S., and Gal, D., 2014, "From Compensatory Consumption to Adaptive Consumption: The Role of Self–Acceptance in Resolving Self–Deficits", *Journal of Consumer Research*, Vol. 41, No. 2.

Kim, S., and McGill, A. L., 2011, "Gaming with Mr. Slot or Gaming the Slot Machine? Power, anthropomorphism, and risk perception", *Journal of Consumer Research*, Vol. 38, No. 1.

Kim, S., and Rucker, D. D., 2012, "Bracing for the Psychological Storm: Proactive versus Reactive Compensatory Consumption", *Journal of Consumer Research*, Vol. 39, No. 4.

Kirschbaum, C., Pirke, K. M., and Hellhammer, D. H., 1993, "The 'Trier Social Stress Test' – a Tool for Investigating Psychobiological Stress Responses in a Laboratory Setting", *Neuropsychobiology*, Vol. 28, No. 1–2.

Kong, D. T., 2016, "Ostracism Perception as a Multiplicative Function of Trait Self–Esteem, Mindfulness, and Facial Emotion Recognition Ability", *Personality and Individual Differences*, Vol. 93.

Koole, S. L., Tjew–A–Sin, M., and Schneider, I. K., 2014, "Embodied Terror Management: Interpersonal Touch Alleviates Existential Concerns among Individuals with Low Self–esteem", *Psychological Science*, Vol. 25, No. 1.

Kuiper, N. A., and Derry, P. A., 1982, "Depressed and Nondepressed Content Self–reference in Mild Depression", *Journal of Personality*, Vol. 50, No. 1.

Landau, M. J., Solomon, S., Greenberg, J., Cohen, F., Pyszczynski,

T. , Arndt, J. , Miller, G. H. , Ogilvie, D. M. , and Cook, A. , 2004, "Deliver Us From Evil: The Effects of Mortality Salience and Reminders of 9/11 on Support for President George W. Bush", *Personality and Social Psychology Bulletin*, Vol. 30, No. 9.

Lazarus, R. S. , and Folkman, S. , 1984, *Stress, Appraisal, and Coping*, Springer Publishing Company.

Leary, M. R. , Tambor, E. S. , Terdal, S. K. , and Downs, D. L. , 1995, Self-esteem as an Interpersonal Monitor: The Sociometer Hypothesis. *Journal of Personality and Social Psychology*, Vol. 68, No. 3.

Lee, J. , and Shrum, L. J. , 2012, "Conspicuous Consumption versus Charitable Behavior in Response to Social Exclusion: A Differential Needs Explanation", *Journal of Consumer Research*, Vol. 39, No. 3.

Lee, J. , Shrum, L. J. , 2013, "Self-threats and Consumption", In A. A. Ruvio and R. W. Belk (Eds.), *The Routledge Companion to Identity and Consumption*, Routledge.

Lee, J. , Shrum, L. J. , and Yi, Y. , 2017, "The Role of Cultural Communication Norms in Social Exclusion Effects", *Journal of Consumer Psychology*, Vol. 27, No. 1.

Lefcourt, H. M. , 1980, "Locus of Control and Coping with Life's Events", In E. Staub (Ed.), *Personality: Basic Aspects and Current Research*, Prentice Hall.

Levav, J. , and Zhu, R. , 2009, "Seeking Freedom through Variety", *Journal of Consumer Research*, Vol. 36, No. 4.

Lewin, K. , Heider, F. T. , and Heider, G. M. , 1936, *Principles of Topological Psychology*. McGraw-Hill.

Liang, S. , and Chang, Y. , 2016, "Social Exclusion and Choice: The Moderating Effect of Power State: Social Exclusion and Power on Choice", *Journal of Consumer Behaviour*, Vol. 15, No. 5.

Liberman, A. , and Chaiken, S. , 1992, "Defensive Processing of Personally Relevant Health Messages", *Personality and Social Psychology Bulletin*, Vol. 18, No. 6.

Lin, Y. C., Lin, C. H., and Raghubir, P., 2003, "Avoiding Anxiety, Being in Denial, or Simply Stroking Self – esteem: Why Self – positivity?", *Journal of Consumer Psychology*, Vol. 13, No. 4.

Lisjak, M., Bonezzi, A., Kim, S., and Rucker, D. D., 2015, "Perils of Compensatory Consumption: Within – Domain Compensation Undermines Subsequent Self – Regulation", *Journal of Consumer Research*, Vol. 41, No. 5.

Locander, W., Sudman, S., and Bradburn, N., 1976, "An Investigation of Interview Method, Threat and Response Distortion", *Journal of the American Statistical Association*, Vol. 71, No. 354.

Lowery, B. S., Knowles, E. D., and Unzueta, M. M., 2007, "Framing Inequity Safely: The Motivated Denial of White Privilege", *Personality and Social Psychology Bulletin*, Vol. 33, No. 9.

Loveland, K. E., Smeesters, D., and Mandel, N., 2010, "Still Preoccupied with 1995: The Need to Belong and Preference for Nostalgic Products", *Journal of Consumer Research*, Vol. 37, No. 3.

Magee, J. C., and Galinsky, A. D., 2008, "Social hierarchy: The Self – reinforcing Nature of Power and Status", *Academy of Management Annals*, Vol. 2, No. 1.

Magee, J. C., and Smith, P. K., 2013, "The Social Distance Theory of Power", *Personality and Social Psychology Review*, Vol. 17, No. 2.

Maheswaran, D., and Agrawal, N., 2004, "Motivational and Cultural Variations in Mortality Salience Effects: Contemplations on Terror Management Theory and Consumer Behavior", *Journal of Consumer Psychology*, Vol. 14, No. 3.

Ma – Kellams. C., and Blascovich, J., 2012, "Enjoying Life in the Face of Death: East – West Differences in Responses to Mortality Salience", *Journal of Personality and Social Psychology*, Vol. 103, No. 5.

Mandel, N., and Heine, S. J., 1999, "Terror Management and Marketing: He Who Dies with the Most Toys Wins", *Advances in Consumer Research*, Vol. 26.

Mandel, N., and Smeesters, D., 2008, "The Sweet Escape: Effects of Mortality Salience on Consumption Quantities for High – and Low – Self – Esteem Consumers", *Journal of Consumer Research*, Vol. 35, No. 2.

Mandel, N., Rucker, D. D., Levav, J., and Galinsky, A. D., 2017, "The Compensatory Consumer Behavior Model: How Self – Discrepancies Drive Consumer Behavior", *Journal of Consumer Psychology*, Vol. 27, No. 1.

Maner, J. K., DeWall, C. N., Baumeister, R. F., and Schaller, M., 2007, "Does Social Exclusion Motivate Interpersonal Reconnection? Resolving thePorcupine Problem", *Journal of Personality and Social Psychology*, Vol. 92, No. 1.

Manian, N., Strauman, T. J., and Denney N., 1998, "Temperament, Recalled Parenting Styles, and Self – regulation: Testing the Developmental Postulates of Self – discrepancy Theory", *Journal of Personality and Social Psychology*, Vol. 75, No. 5.

Markman, K., Proulx, T. J., and Lindberg, M., 2013, *The Psychology of Meaning*, American Psychological Association.

Markus H. R., and Kitayama, S., 1991, "Culture and the Self: Implications for Cognition, Emotion, and Motivation", *Psychological Review*, Vol. 98, No. 2.

Martens, A., Johns, M., Greenberg, J., and Schimel, J., 2006, "Combating Stereotype Threat: The Effect of Self – Affirmation on Women's Intellectual Performance", *Journal of Experimental Social*

Psychology, Vol. 42, No. 2.

Martin, B. A. S., Veer, E., and Pervan, S. J., 2007, "Self-referencing and Consumer Evaluations of Larger-sized Female Models: A Weight Locus of Control Perspective", *Marketing Letters*, Vol. 18, No. 3.

Mathews, A., Mackintosh, B., and Fulcher, E. P., 1997, "Cognitive Biases in Anxiety and Attention to Threat", *Trends in Cognitive Sciences*, Vol. 1, No. 9.

Maxfield, M., Pyszczynski, T., Kluck, B., Cox, C. R., Greenberg, J., Solomon, S., and Weise, D., 2007, "Age-related Differences in Responses to Thoughts of One's Own Death: Mortality Salience and Judgments of Moral Transgressions", *Psychology and Aging*, Vol. 22, No. 2.

Maxwell, J. A., Spielmann, S. S., Joel, S., and MacDonald, G., 2013, "Attachment Theory as a Framework for Understanding Responses to Social Exclusion", *Social and Personality Psychology Compass*, Vol. 7, No. 7.

McClelland, D. C., 1951, *Personality*. New York: Holt, Rinehart, and Winston.

McCracken, G., 1986, "Culture and Consumption: A Theoretical Account of the Structure and Movement of the Cultural Meaning of Consumer Goods", *Journal of Consumer Research*, Vol. 13, No. 1.

Mead, N. L., Baumeister, R. F, Stillman, T. F., Rawn, C. D., and Vohs, K. D., 2011, "Social Exclusion Causes People to Spend and Consume Strategically in the Service of Affiliation", *Journal of Consumer Research*, Vol. 37, No. 5.

Mick, D. G., and Fournier, S., 1998, "Paradoxes of Technology: Consumer Cognizance, Emotions, and Coping Strategies", *Journal of Consumer Research*, Vol. 25, No. 2.

Mikulincer, M., Florian, V., and Hirschberger, G., 2003, "The Existential Function of Close Relationships: Introducing Death into the Science of Love", *Personality and Social Psychology Review*, Vol. 7, No. 1.

Miller, E. G., Kahn, B. E., and Luce, M. F., 2008, "Consumer Wait Management Strategies for Negative Service Events: A Coping Approach", *Journal of Consumer Research*, Vol. 34, No. 5.

Molden, D. C., Lucas, G. M., Gardner, W. L., Dean, K., and Knowles, M. L., 2009, "Motivations for Prevention or Promotion Following Social Exclusion: Being Rejected Versus Being Ignored", *Journal of Personality and Social Psychology*, Vol. 96, No. 2.

Moos, R. H., Holahan, C. J., and Beutler, L. E., 2003, "Dispositional and Contextual Perspectives on Coping: Introduction to the Special Issue", *Journal of Clinical Psychology*, Vol. 59, No. 12.

Moretti, M. M., and Higgins, E. T., 1990, "Relating Self-discrepancy to Self-esteem: The Contribution of Discrepancy beyond Actual-self Ratings", *Journal of Experimental Social Psychology*, Vol. 26, No. 2.

Morrison, K. R., and Johnson, C. S., 2011, "When What You Have Is Who You Are: Self-Uncertainty Leads Individualists to See Themselves in Their Possessions", *Personality and Social Psychology Bulletin*, Vol. 37, No. 5.

Moschis, G. P., 2007, "Stress and Consumer Behavior", *Journal of the Academy of Marketing Science*, Vol. 35, 2007.

Mourali, M., and Nagpal, A., 2013, "The Powerful Select, the Powerless Reject: Power's Influence in Decision Strategies", *Journal of Business Research*, Vol. 66, No. 7.

Mourey, J. A., Olson, J. G., and Yoon, C., 2017, "Products as Pals: Engaging with Anthropomorphic Products Mitigates the Effects of Social Exclusion", *Journal of Consumer Research*, Vol. 44, No. 2.

Munro, G. D., and Ditto, P. H., 1997, "Biased Assimilation, Attitude Polarization, and Affect in Reactions to Atereotype – relevant Scientific Information", *Personality and Social Psychology Bulletin*, Vol. 23, No. 6.

Murphy, M. C., Steele, C. M., and Gross, J. J., 2010, "Signaling Threat: How Situational Cues Affect Women in Math, Science, and Engineering Settings", *Psychological Science*, Vol. 18, No. 10.

Mussweiler, T., 2003, "Comparison Processes in Social Judgment: Mechanisms and Consequences", *Psychological Review*, Vol. 110, No. 3.

Neel, R., and Shapiro, J. R., 2012, "Is Racial Bias Malleable? Whites' Lay Theories of Racial Bias Predict Divergent Strategies for Interracial Interactions", *Journal of Personality and Social Psychology*, Vol. 103, No. 1.

Nelson, T. E., and Clawson, R. A., 1997, "Media Framing of a Civil Liberties Conflict and its Effect on Tolerance", *American Political Science Review*, Vol. 91, No. 3.

Oaten, M. M., Williams, K. D., Jones, A., and Zadro, L., 2008, "The Effects of Ostracism on Self – Regulation in the Socially Anxious", *Journal of Social and Clinical Psychology*, Vol. 27, No. 5.

O'Brien, L. T., and Crandall, C. S., 2003, "Stereotype Threat and Arousal: Effects on Women's Math Performance", *Personality and Social Psychology Bulletin*, Vol. 29, No. 6.

Otgaar, H., Romeo, T., Ramakers, N., and Howe, M. L. (2018). Forgetting Having Denied: The "Amnesic" Consequences of Denial, *Memory and Cognition*, Vol. 46, No. 4.

Pan, C., Pettit, N. C., Sivanathan, N., and Blader, S. L., 2014, "Low – status Aversion: The Effect of Self – threat on Willingness to

Buy and Sell", *Journal of Applied Social Psychology*, Vol. 44, No. 11.

Park, L. E., and Maner, J. K., 2009, "Does Self – threat Promote Social Connection? The Role of Self – esteem and Contingencies of Self – worth", *Journal of Personality and Social Psychology*, Vol. 96, No. 1.

Parkes, K. R., 1984, "Locus of Control, Cognitive Appraisal, and Coping in Stressful Episodes", *Journal of Personality and Social Psychology*, Vol. 46, No. 3.

Perloff, L. S., and Fetzer, B. K., 1986, "Self – other Judgments and Perceived Vulnerability to Victimization", *Journal of Personality and Social Psychology*, Vol. 50, No. 3.

Perry, J. C., and Lanni, F. F., 1998, "Observer – rated Measures of Defense Mechanisms", *Journal of Personality*, Vol. 66, No. 6.

Pfundmair, M., Graupmann, V., and Frey, D., 2015, "The Different Behavioral Intentions of Collectivists and Individualists in Response to Social Exclusion", *Personality and Social Psychology Bulletin*, Vol. 41, No. 3.

Piaget, J., and Garcia, R., 1989, *Psychogenesis and the History of Science*, Columbia University Press.

Prelinger, E., 1959, "Extension and Structure of the Self", *The Journal of Psychology*, Vol. 47, No. 1.

Proulx, T., Inzlicht, M., and Harmon – Jones, E., 2012, "Understanding all Inconsistency Compensation as a Palliative Response to Violated Expectations", *Trends in Cognitive Sciences*, Vol. 16, No. 5.

Pyszczynski, T., Abdollahi, A., Solomon, S., Greenberg, J., Cohen, F., and Weise, D., 2006, "Mortality Salience, Martyrdom, and Military Might: The Great Satan versus the Axis of Evil", *Personality and Social Psychology Bulletin*, Vol. 32, No. 4.

Pyszczynski, T., Greenberg, J., and Solomon, S., 1999, "A Dual – process Model of Defense against Conscious and Unconscious Death –

related Thoughts: An Extension of Terror Management Theory", *Psychological Review*, Vol. 106, No. 4.

Pyszczynski, T., Solomon, S., and Greenberg, J., 2015, "Thirty Years of Terror Management Theory", *Advances in Experimental Social Psychology*, Vol. 52.

Qiu, P., 2010, *Defensive Reactions to Self Threat in Consumption: The Moderating Role of Affirmation*. Ph. D. The University of Manitoba.

Ramanathan, S., and Menon, G., 2006, "Time-Varying Effects of Chronic Hedonic Goals on Impulsive Behavior", *Journal of Marketing Research*, Vol. 43, No. 4.

Renkema, L. J., Stapel, D. A., Maringer, M., and van Yperen, N. W., 2008, "Terror Management and Stereotyping: Why do People Stereotype When Mortality is Salient?", *Personality and Social Psychology Bulletin*, Vol. 34, No. 4.

Richins, M. L., 1991, "Social Comparison and the Idealized Images of Advertising", *Journal of Consumer Research*, Vol. 18, No. 1.

Richman, L. S., and Leary, M. R., 2009, "Reactions to Discrimination, Stigmatization, Ostracism, and Other Forms of Interpersonal Rejection: A Multimotive Model", *Psychological Review*, Vol. 116, No. 2.

Rindfleisch, A., Burroughs, J. E., and Denton, F., 1997, "Family Structure, Materialism, and Compulsive Consumption", *Journal of Consumer Research*, Vol. 23, No. 4.

Rodin, J., and Langer, E. J., 1977, "Long-term Effects of a Control-relevant Intervention with the Institutionalized Aged", *Journal of Personality and Social Psychology*, Vol. 35, No. 12.

Rodin, J., Rennert, K., and Solomon, S. K., 1980, "Intrinsic Motivation for Control: Fact or Fiction", *Advances in Environmental Psychology*, Vol. 2.

Rodríguez, I. , Bravo, M. J. , and Peiró, J. M, Schaufeli, W. , 2001, "The Demands – Control – Support Model, Locus of Control and Job Dissatisfaction: A Longitudinal Study", *Work and Stress*, Vol. 15, No. 2.

Roese, N. J. , and Olson, J. M. , 1993, "The Structure of Counterfactual Thought", *Personality and Social Psychology Bulletin*, Vol. 19, No. 3.

Rosenberg, M. , 1965, *Society and the Adolescent Self – image*. Princeton, NJ: Princeton university press.

Rosenblatt, A. , Greenberg, J. , Solomon, S. , Pyszczynski, T. , and Lyon, D. , 1989, "Evidence for Terror Management Theory: The Effects of Mortality Salience on Reactions to Those Who Violate or Uphold Cultural Values", *Journal of Personality and Social Psychology*, Vol. 57, No. 4.

Rosenblatt, P. C. , Walsh, R. P. , and Jackson, D. A. , 1976, *Grief and Mourning in Cross – cultural Perspective*, Human Relations Area Files.

Rothbaum, F. , Weisz, J. R. , and Snyder, S. S. , 1982, "Changing the World and Changing the Self: A Two – Process Model of Perceived Control", *Journal of Personality and Social Psychology*, Vol. 42, No. 1.

Rotter, J. B. , 1966, "Internal – External Locus of Control Scale", *Psychological Monographs*, Vol. 80, No. 1.

Routledge, C. , Arndt, J. , and Goldenberg, J. J. , 2004, "A Time to Tan: Proximal and Distal Effects of Mortality Salience on Sun Exposure Intentions", *Personality and Social Psychology Bulletin*, Vol. 30, No. 10.

Routledge, C. , Arndt, J. , Sedikides, C. , and Wildschut, T. , 2008, "A Blast from the Past: The Terror Management Function of Nostalgia", *Journal of Experimental Social Psychology*, Vol. 44, No. 1.

Rucker, D. D., and Galinsky, A. D., 2008, "Desire to Acquire: Powerlessness and Compensatory Consumption", *Journal of Consumer Research*, Vol. 35, No. 2.

Rucker, D. D., and Galinsky, A. D., 2009, "Conspicuous Consumption versus Utilitarian Ideals: How Different Levels of Power Shape Consumer Behavior", *Journal of Experimental Social Psychology*, Vol. 45, No. 3.

Rucker, D. D., Dubois, D., and Galinsky, A. D., 2011, "Generous Paupers and Stingy Princes: Power Drives Consumer Spending on Self versus Others", *Journal of Consumer Research*, Vol. 37, No. 6.

Rucker, D. D., Galinsky, A. D., 2013, "Compensatory consumption", In A. A. Ruvio and R. W. Belk (Eds.), *The Routledge Companion to Identity and Consumption*, Routledge.

Rucker, D. D., Galinsky, A. D., and Dubois, D., 2012, "Power and Consumer Behavior: How Power Shapes Who and What Consumers Value", *Journal of Consumer Psychology*, Vol. 22, No. 3.

Rudert, S. C., Reutner, L., Walker, M., and Greifeneder, R., 2015, "An Unscathed Past in the Face of Death: Mortality Salience Reduces Individuals' Regrets", *Journal of Experimental Social Psychology*, Vol. 58.

Ruttan, R. L., and Nordgren, L. F., 2016, "The Strength to Face the Facts: Self – regulation Defends against Defensive Information Processing", *Organizational Behavior and Human Decision Processes*, Vol. 137.

Salisbury, L. C., and Nenkov, G. Y., 2016, "Solving the Annuity Puzzle: The Role of Mortality Salience in Retirement Savings Decumulation Decisions", *Journal of Consumer Psychology*, Vol. 26, No. 3.

Sani, F., Herrera, M., and Bowe, M., 2009, "Perceived Collective Continuity and Ingroup Identification as Defence against Death Awareness", *Journal of Experimental Social Psychology*, Vol. 45, No. 1.

Schaubroeck, J., and Merritt, D. E., 1997, "Divergent Effects of Job Control on Coping with Work Stressors. The Key Role of Self – Efficacy", *Academy of Management Journal*, Vol. 40, No. 3.

Schiffmann, R., and Nelkenbrecher, D., 1994, "Reactions to Self – Discrepant Feedback: Feminist Attitude and Symbolic Self – Completion", *European Journal of Social Psychology*, Vol. 24, No. 2.

Schimel, J., Simon, L., Greenberg, J., Pyszczynski, T., Solomon, S., Waxmonsky, J., and Arndt, J., 1999, "Stereotypes and Terror Management: Evidence that Mortality Salience Enhances Stereotypic Thinking and Preferences", *Journal of Personality and Social Psychology*, Vol. 77, No. 5.

Schwarzer, R., Mueller, J., and Greenglass, E., 1999, "Assessment of Perceived General Self – efficacy on the Internet: Data Collection in Cyberspace", *Anxiety, Stress and Coping*, Vol. 12, No. 2.

Seligman, M. E. P., 1972, "Learned Helplessness", *Annual review of medicine*, Vol. 23, No. 1.

Selye, H., 1956, "Stress and Psychiatry", *American Journal of Psychiatry*, Vol. 113, No. 5.

Shackman, A. J., Salomons, T. V., and Slagter, H. A., Fox, A. S., Winter, J. J., and Davidson, R. J., 2011, "The Integration of Negative Affect, Pain and Cognitive Control in the Cingulate Cortex", *Nature Reviews Neuroscience*, Vol. 12, No. 3.

Sharma, E., and Alter, A. L., 2012, "Financial Deprivation Prompts Consumers to Seek Scarce Goods", *Journal of Consumer Research*, Vol. 39, No. 3.

Shavelson, R. J., Hubner, J. J., and Stanton, G. C., 1976, "Self – concept: Validation of Construct Interpretations", *Review of Educational Research*, Vol. 46, No. 3.

Shavitt, S. , and Torelli, C. J. , Wong, J. , 2009, "Identity – based Motivation: Constraints and Opportunities in Consumer Research", *Journal of Consumer Psychology*, Vol. 19, No. 3.

Sherman, D. K. , Bunyan, D. P. , Creswell, J. D. , and Jaremka, L. M. , 2009, "Psychological Vulnerability and Stress: The Effects of Self – affirmation on Sympathetic Nervous System Responses to Naturalistic Stressors", *Health Psychology*, Vol. 28, No. 5.

Sherman, D. K. , and Cohen, G. L. , 2006, "The Psychology of Self – defense: Self – affirmation Theory", *Advances in Experimental Social Psychology*, Vol. 38.

Sherman, D. K. , and Kim, H. S. , 2005, "Is There an "I" in "team"? The Role of The Self in Group – serving Judgments", *Journal of Personality and Social Psychology*, Vol. 88, No. 1.

Sherman, D. K. , Kinias, Z. , Major, B. , Kim, H. S. , and Prenovost, M. , 2007, "The Group as a Resource: Reducing Biased Attributions for Group Success and Failure via Group Affirmation", *Personality and Social Psychology Bulletin*, Vol. 33, No. 8.

Sherman, D. A. K. , Nelson, L. D. , and Steele, C. M. , 2000, "Do Message about Health Risks Threaten the Self? Increasing the Acceptance of Threatening Health Messages via Self – affirmation", *Personality and Social Psychology Bulletin*, Vol. 26, No. 9.

Shrira, I. , and Martin, L. L. , 2005, "Stereotyping, Self – affirmation, and the Cerebral Hemispheres", *Personality and Social Psychology Bulletin*, Vol. 31, No. 6.

Sinha, J. , and Lu, F. C. , 2019, "Ignored or Rejected: Retail Exclusion Effects on Construal Levels and Consumer Responses to Compensation", *Journal of Consumer Research*, Vol. 46, No. 4.

Sirgy, M. J. , 1982, "Self – concept in Consumer Behavior: A Critical Review", *Journal of Consumer Research*, Vol. 9, No. 3.

Sivanathan, N., Molden, D. C., Galinsky, A. D., and Ku, G., 2008, "The Promise and Peril of Self-affirmation in De-escalation of Commitment", *Organizational Behavior and Human Decision Processes*, Vol. 107, No. 1.

Sivanathan, N., and Pettit, N. C., 2010, "Protecting the Self through Consumption: Status Goods as Affirmational Commodities", *Journal of Experimental Social Psychology*, Vol. 46, No. 3.

Skinner, E. A., 1995, *Perceived Control, Motivation, and Coping*, Sage Publications.

Skinner, E. A., Edge, K., Altman, J., and Sherwood, H., 2003, "Searching for the Structure of Coping: A Review and Critique of Category Systems for Classifying Ways of Coping", *Psychological Bulletin*, Vol. 129, No. 2.

Smith, K. M., and Apicella, C. L., 2017, "Winners, Losers, and Posers: The Effect of Power Poses on Testosterone and Risk-taking Following Competition", *Hormones and Behavior*, Vol. 92.

Smith, P. K., and Trope, Y., 2006, "You Focus on the Forest When you're in Charge of the Trees: Power Priming and Abstract Information Processing", *Journal of personality and social psychology*, Vol. 90, No. 4.

Smith, A., and Williams, K. D., 2004, "R U There? Ostracism by Cell Phone Text Messages", *Group Dynamics*, Vol. 8, No. 4.

Sobol, K., and Darke, P. R., 2014, "I'd Like to Be That Attractive, but At Least I'm Smart": How Exposure to Ideal Advertising Models Motivates Improved Decision-Making", *Journal of Consumer Psychology*, Vol. 24, No. 4.

Solomon, S., Greenberg, j., andPyszczynski, t., 1991, *A Terror Management Theory of Social Behavior: The Psychological Functions of Self-esteem and Cultural Worldviews*, Salt Lake City: Academic

Press.

Song, X., Huang, F., and Li, X., 2016, "The Effect of Embarrassment on Preferences for Brand Conspicuousness: The Roles of Self–esteem and Self–brand Connection", *Journal of Consumer Psychology*, Vol. 27, No. 1.

Sreekrishnan, A., Herrera, T. A, Wu, J., Borelli, J. L., White, L. O., Rutherford, H. J. V., Mayes, L. C., and Crowley, M. J., 2014, "Kin Rejection: Social Signals, Neural Response and Perceived Distress During Social Exclusion", *Developmental Science*, Vol. 17, No. 6.

Stanton, A. L., Kirk, S. B., Cameron, C. L., and Danoff–Burg, S., 2000, "Coping through Emotional Approach: Scale Construction and Validation", *Journal of Personality and Social Psychology*, Vol. 78, No. 6.

Steele, C. M., 1988, *The Psychology of Self–affirmation: Sustaining the Integrity of the Self*, New York: Academic Press.

Strauman, T. J., and Higgins, E. T., 1988, "Automatic Activation of Self–discrepancies and Emotional Syndromes: When Cognitive Structures Influence Affect", *Journal of Personality and Social Psychology*, Vol. 53, No. 6.

Su, L., Jiang, Y., Chen, Z., and DeWall, C. N., 2017, "Social Exclusion and Consumer Switching Behavior: A Control Restoration Mechanism", *Journal of Consumer Research*, Vol. 44, No. 1.

Sujan, M., Sujan, H., and Bettman, J, et al., 1999, "Sources of Consumers Stress and Their Coping Strategies", *European Advances in Consumer Research*, No. 4.

Tajfel, H., and Turner, J. C., 2004, "The Social Identity Theory of Intergroup Behavior", *Political Psychology*, Vol. 13, No. 3.

Tangsrud, R. R. J., and Smith, M. C., 2001, "Me, We, or Thee? A

Perceived Control Perspective on Consumer Decision Autonomy", *Academy of Marketing Studies Journal*, Vol. 51, No. 1.

Taylor, S. E., 1983, "Adjustment to Threatening Events: A Theory of Cognitive Adaptation", *American Psychologist*, Vol. 38, No. 11.

Taylor, V. J., and Walton, G. M., 2011, "Stereotype Threat Undermines Academic Learning", *Personality and social psychology bulletin*, Vol. 37, No. 8.

Tesser, A., 2000, "On the Confluence of Self-Esteem Maintenance Mechanisms", *Personality and Social Psychology Review*, Vol. 4, No. 4.

Tesser, A., 2001, "On the Plasticity of Self-defense", *Current Directions in Psychological Science*, Vol. 10, No. 2.

Tesser, A., and Paulhus, D., 1982, "The Definition of Self: Private and Public Self Evaluation Management Strategies", *Journal of Personality and Social Psychology*, Vol. 44, No. 4.

Thompson, S. C., and Schlehofer, M. M., 2008, "Control, Denial, and Heightened Sensitivity Reactions to Personal Threat: Testing the Generalizability of the Threat Orientation Approach", *Personality and Social Psychology Bulletin*, Vol. 34, No. 8.

Torelli, C. J., Shavitt, S., Johnson, T. P., Holbrook, A., Cho, Y., Chavez, N., and Beebe, T., 2012, "Culture, Concepts of Power, and Attitudes toward Power holders: Consequences for Consumer Satisfaction in Ongoing Service Interactions", *Advances in Consumer Psychology*, Vol. 4.

Townsend, C., and Sood, S., 2012, "Self-Affirmation through the Choice of Highly Aesthetic Products", *Journal of Consumer Research*, Vol. 39, No. 2.

Troisi, J. D., and Gabriel, S., 2011, "Chicken Soup Really Is Good for the Soul: "Comfort Food" Fulfills the Need to Belong", *Psychological Science, Vol. 22, No. 6.

Tuan, Y. F., 1980, "The Significance of the Artifact", *Geographical Review*, Vol. 70, No. 4.

Tully, S. M., Hershfield, H. E., and Meyvis, T., 2015, "Seeking Lasting Enjoyment with Limited Money: Financial Constraints Increase Preference for Material Goods over Experiences", *Journal of Consumer Research*, Vol. 42, No. 1.

Twenge, J. M., Baumeister, R. F., Tice, D. M., and Stucke, T. S., 2001, "If You Can't Join Them, Beat Them: Effects of Social Exclusion on Aggressive Behavior", *Journal of Personality and Social Psychology*, Vol. 81, No. 6.

Twenge, J. M., Catanese K. P., and Baumeister R. F., 2003, "Social Exclusion and the Deconstructed State: Time Perception, Meaninglessness, Lethargy, Lack of Emotion, and Self-Awareness", *Journal of Personality and Social Psychology*, Vol. 85, No. 3.

Twenge, J. M., Ciarocco, N. J., Baumeister, R. F., DeWall, C. N., and Bartels, J. M., 2007, "Social Exclusion Decreases Prosocial Behavior", *Journal of Personality and Social Psychology*, Vol. 92, No. 1.

Vandevelde, L., and Miyahara, M., 2005, "Impact of Group Rejections from a Physical Activity on Physical Self-Esteem among University Students", *Social Psychology of Education*, Vol. 8, No. 1.

Vazquez, E. L., 2001, "Risk Perception Interactions in Stress and Coping Facing Extreme Risks", *Environmental Management and Health*, Vol. 12, No. 2.

Veblen, T., 1899, *The Theory of the Leisure Class*, New York: AM Kelley Bookseller.

Verplanken, B., and Sato, A., 2011, "The Psychology of Impulse Buying: An Integrative Self-Regulation Approach", *Journal of Consum-*

er Policy, Vol. 34, No. 2.

Vohs, K. D., and Heatherton, T. F., 2003, "The Effects of Self-esteem and Ego Threat on Interpersonal Appraisals of Men and Women: A Naturalistic Study", *Personality and Social Psychology Bulletin*, Vol. 29, No. 11.

Von Hippel, W., von Hippel, C., Conway, L., Preacher, K. J., Schooler, J. W., and Radvansky, G. A., 2005, "Coping with Stereotype Threat: Denial as an Impression Management Strategy", *Journal of Personality and Social Psychology*, Vol. 89, No. 1.

Wan, E. W., Xu, J., and Ding, Y., 2014, "To Be or Not to Be Unique? The Effect of Social Exclusion on Consumer Choice", *Journal of Consumer Research*, Vol. 40, No. 6.

Wang, Z. W., and Tu, P., 2015, "Money or Attention? Sex Differences in Reactions to Social Exclusion", *Social Behavior and Personality: An International Journal*, Vol. 43, No. 5.

Wang, J., Zhu, R., and Shiv, B., 2012, "The Lonely Consumer: Loner or Conformer?", *Journal of Consumer Research*, Vol. 38, No. 6.

Warburton, W. A., Williams, K. D., and Cairns, D. R., 2005, "When Ostracism Leads to Aggression: The Moderating Effects of Control Deprivation", *Journal of Experimental Social Psychology*, Vol. 42, No. 2.

Ward, M. K., and Broniarczyk, S. M., 2011, "It's Not Me, It's You: How Gift Giving Creates Giver Identity Threat as a Function of Social Closeness", *Journal of Consumer Research*, Vol. 38, No. 1.

Ward, M. K., and Dahl, D. W., 2014, "Should the Devil Sell Prada? Retail Rejection Increases Aspiring Consumers' Desire for the Brand", *Journal of Consumer Research*, Vol. 41, No. 3.

Webber, D., Schimel, J., Faucher, E. H., Hayes, J., Zhang, R., and Martens, A, 2015, Emotion as a Necessary Component of Threatinduced Death Thought Accessibility and Defensive Compensation", *Motivation and Emotion*, Vol. 39, No. 1.

White, K., and Argo, J. J., 2009, "Social Identity Threat and Consumer Preferences", *Journal of Consumer Psychology*, Vol. 19, No. 3.

White, K., Argo, J. J., and Sengupta, J., 2012, "Dissociative versus Associative Responses to Social Identity Threat: The Role of Consumer Self – Construal", *Journal of Consumer Research*, Vol. 39, No. 4.

Whitson, J. A., and Galinsky, A. D., 2008, "Lacking Control Increases Illusory Pattern Perception", *Science*, Vol. 322, No. 5898.

Wicklund, R. A., and Gollwitzer, P. M., 1981, "Symbolic Self – Completion, Attempted Influence, and Self – Deprecation", *Basic and Applied Social Psychology*, Vol. 2, No. 2.

Willer, R., Rogalin, C. L., Conlon, B., and Wojnowicz, M. T., 2013, "Overdoing Gender: A Test of the Masculine Over compensation Thesis", *American Journal of Sociology*, Vol. 118, No. 4.

Williams, K. D., 2007, "Ostracism", *Annual Review of Psychology*, Vol. 58, No. 1.

Williams, K. D., 2009, "Ostracism: A Temporal Need – Threat Model", *Advances in Experimental Social Psychology*, Vol. 41.

Williams, K. D., Cheung, C. K. T., and Choi, W., 2000, "Cyberostracism: Effects of Being Ignored Over the Internet", *Journal of Personality and Social Psychology*, Vol. 79, No. 5.

Williams, K. D., Govan, C. L., Croker, V., Tynan, D., Cruickshank, M., and Lam, A., 2002, "Investigations Into Differences Between Social – and Cyberostracism", *Group Dynamics*, Vol. 6, No. 1.

Williams, K. D., and Sommer, K. L., 1997, "Social Ostracism by Coworkers: Does Rejection Lead to Loafing or Compensation?", *Personality and Social Psychology Bulletin*, Vol. 23.

Williams, E. F., and Steffel, M., 2014, "Double Standards in the Use of Enhancing Products by Self and Others", *Journal of Consumer Research*, Vol. 41, No. 2.

Wills, T. A., 1981, "Downward Comparison Principles in Social Psychology", *Psychological Bulletin*, Vol. 90, No. 2.

Wisman, A., and Koole, K., 2003, "Hiding in the Crowd: Can Mortality Salience Promote Affiliation with Others who Oppose one's Worldviews?", *Journal of Personality and Social Psychology*, Vol. 84, No. 3.

Yaakobi, E., Mikulincer, M., and Shaver, P. R., 2014, "Parenthood as a Terror Management Mechanism: The Moderating Role of Attachment Orientations" *Personality and Social Psychology Bulletin*, Vol. 40, No. 6.

Yi, S., and Baumgartner, H., 2004, "Coping with Negative Emotions in Purchase – Related Situations", *Journal of Consumer Psychology*, Vol. 14, No. 3.

Zadro, L. I., Williams, K. D., and Richardson, R., 2005, "Riding the 'O' Train: Comparing the Effects of Ostracism and Verbal Dispute on Targets and Sources", *Group Processes and Intergroup Relations*, Vol. 8, No. 2.

Zayas, V., Shoda, Y., Mischel, W., Osterhout, L., and Takahashi, M., 2009, "Neural Responses to Partner Rejection Cues", *Psychological Science*, Vol. 20, No. 7.

Zuckerman, M., 1979, "Attribution of Success and Failure Revisited, or: The Motivational Bias is Alive and Well in Attribution Theory", *Journal of Personality*, Vol. 47, No. 2.

Zhao, T., Jin, X., Song, W., Cui, H. J., and Ding, J. L., 2018, "How a Perceived Status Change Increases Consumers' Tendency Toward Consumption through Double Psychological Mechanisms", *Asian Journal of Social Psychology*, Vol. 21, No. 1 – 2.

索 引

B

补偿控制理论 40,41,157

C

初级评估 83,120
初级与次级控制理论 12,150
次级评估 83,120
从众性消费 59

D

独特性消费 58,59,114

F

反社会动机 47,48
防御机制 6,11 – 18,41,44,49,
　55,63 – 65,69 – 71,88,92,
　109,119,131 – 148,201 – 207,
　210,212,213,215,216,218 –
　220,223 – 225,227,230 – 233,
　235 – 237
防御性消费 11,13,16,19,131,
　140 – 144,201,202,204 – 206,
　211,214 – 217,219,221,222,
　224,227,229 – 233,235,
　236,240
符号补偿性消费 9,41,107 –
　110,115 – 117,135

G

归属需求 34,40 – 42,46,53,
　54,57,60,117

H

怀旧消费 32,34,45,58,60,61,
　73,86,87,117

J

接纳性消费 11,13,19,131,
　140,142,204 – 206,211,214 –

216,219,221,222,224,227,229-233,240

近端防御 65

K

恐惧管理理论 40,41,63,64,98

控制源 7,12,150-153,161,162,164,180-186,197,199,205,206,218-225,232

L

流动补偿性消费 9,41,108,109,111

N

能动—公共导向模型 74

拟人化消费 58,60

P

品牌排斥 61,62

Q

亲社会动机 47,48

情绪聚焦应对 10-12,17,86,118,123-125,130,135,159,164,166,167,169-173,176-184,187,189,192,193,195-199,202,235

趋近—规避理论 73

S

社会比较 2,33,96,143,203

社会排斥 4,5,8,9,12-14,32,34,35,40-42,45-61,87,106-108,112-115,117,120,127,128,160,164,187-199,203,206,220-224,232,235

顺应 101,124,142,151

死亡凸显 8,9,12,14,32,36,40-42,46,55,56,62-73,87,102,104,106,111-113,115,120,127,164,165,167-171,180,197,235

T

同化 101

W

文化世界观 41,42,63-68,70-72

问题聚焦应对 10-12,17,86,118,123-125,127,130,135,159,164,166-169,171-173,176-180,182-184,189,191,192,195,197-199,202,235

X

象征性自我完善理论 6,9,14,

41-43,88-91,97,98,107,236

Y

延伸自我理论 8,27
厌恶唤起 99-101
意义维持模型 6,9,14,41,44,56,88,98-102
应对方式 6,9-12,14-18,20,39,41,44,82-84,86,88,93,109,110,112,114,118-129,131-135,143,144,155,159-168,173,180,181,183,186,189,191,197-199,201,202,235,236
远端防御 65,66

Z

自我差异理论 8,22-24
自我成长型商品 10,12,118,124,125,130,159,161-165,167,170-182,185-187,189-191,194,197,198,200,201,234,238
自我概念 21-23,25,26,33,38,44,45,61,92,94,129,142
自我肯定理论 6,9,14,41,43,88,92,93,97,98,101,102,108
自我认同 31-34,37,93
自我完整性 30,43,92,93,95,108
自我威胁 1-27,30,31,33-46,53-57,62,73,81-84,86-89,91-98,102-118,120,124,125,128-135,137-143,147-149,158-165,171-175,177-181,185-187,196-198,200-208,210,214-225,227-240
自我享乐型商品 10,12,118,125,130,160-165,167,170-176,178-182,185-187,189-191,194,197,198,200,201,234,238
自我效能感 12,24,127,150,153,154,156,162,163,187-189,193-198,205,206,225-227,229-232,238